Les Living Labs

Logiques sociales

Collection dirigée par Bruno Péquignot

En réunissant des chercheurs, des praticiens et des essayistes, même si la dominante reste universitaire, la collection « Logiques Sociales » entend favoriser les liens entre la recherche non finalisée et l'action sociale.

En laissant toute liberté théorique aux auteurs, elle cherche à promouvoir les recherches qui partent d'un terrain, d'une enquête ou d'une expérience qui augmentent la connaissance empirique des phénomènes sociaux ou qui proposent une innovation méthodologique ou théorique, voire une réévaluation de méthodes ou de systèmes conceptuels classiques.

Dernières parutions

Georges JOURDAM, *Au croisement du travail et du politique : l'emploi salarié. Le cas français : mutations et transformations*, 2020.
Jacqueline FELDMAN, *Françoise Laborie (1938-2016), Histoire d'une femme en science*, 2020.
Mathieu SORDET, *La demande d'asile en France, La pénitence civilisée,* 2020.
Lionel CLARIANA, *Laïcité, radicalisation et protection de l'enfant. Articulations et enjeux sociopolitiques*, 2020.
Eguzki URTEAGA, *L'essor du vote nationaliste basque*, 2020.
Alexander María LEROY, *Penser la sexualité des personnes âgées. De Disney à l'EHPAD du XXIe siècle*, 2020.
Mélody JAN-RÉ (dir.), *L'œuvre du genre*, 2019.
Gilles VIEILLE-MARCHISET, *La conversion des corps*, 2019.
Aurélie NETZ, *Les Cercles de Femmes, Ritualiser l'identité de genre dans les spiritualités alternatives,* 2019.
Roland GUILLON, *La question sociale face à la globalisation*, 2019.
François SICOT (coord.), *Les parcours de soins en psychiatrie au prisme d'une analyse sociologique,* 2019.
Nicole LUCAS et Danielle OHANA, *Ces Françaises venues de l'Est*, 2019.

Sous la direction de
Juan-Luis Klein et Bernard Pecqueur

Les Living Labs

Une perspective territoriale

L'Harmattan

5-7, rue de l'École-Polytechnique ; 75005 Paris
http://www.editions-harmattan.fr
ISBN : 978-2-343-19940-5
EAN : 9782343199405

Avant-propos

Cet ouvrage résulte de la collaboration de chercheurs rattachés à deux laboratoires de recherche, à savoir le Centre de recherche sur les innovations sociales (CRISES) et le laboratoire Politiques publiques, ACtion politique, TErritoires (PACTE) avec divers partenaires. En effet, la convergence théorique entre les travaux sur la dimension territoriale des Living Labs menés par ces deux équipes a débouché sur un programme de séminaires tenus dans les années 2017 et 2018 ce qui a permis de joindre des chercheurs d'autres équipes, dont le Centre de recherche sur le développement territorial (CRDT) et le Centre d'innovation sociale en agriculture (CISA). Les chercheures Danielle Lafontaine et Juliette Rochman ont, à divers niveaux, contribué à la richesse des débats tenus lors de ces séminaires. L'ensemble des auteurs de ce livre ont participé à ces débats. Ces travaux ont d'ailleurs été présentés lors de plusieurs colloques scientifiques tenus dans le cadre des congrès de l'Association de sciences régionales de langue française (ASRDLF) et l'Association ACFAS. Quant à la réalisation de cet ouvrage collectif, celle-ci a grandement bénéficié de l'ouverture, de la disponibilité et de la collaboration des auteurs, que nous tenons à remercier. Les auteurs remercient aussi le Fonds de recherche du Québec – Société et culture (FRQSC) dont le financement du programme de recherche *Les nouveaux modèles d'action en développement territorial dans le contexte de la transition sociétale et écologique : vers la coconstruction des capacités collectives permettant d'accroître de façon durable le bien-être des communautés* a facilité la réalisation des travaux qui ont mené à cet ouvrage. Soulignons en dernier que la réalisation de celui-ci est largement redevable à la contribution Sébastien Templier qui a assuré la correction linguistique des chapitres et de Matthieu Roy qui a assuré la révision, la normalisation des textes, la réalisation de l'index, ainsi que la mise en page du manuscrit.

Sommaire

Liste des figures

Liste des tableaux

Liste des sigles et acronymes

ACA	Association cantonale d'animation
AOC	Appellation d'origine contrôlée
AOP	Appellation d'origine protégée
ASP	Ateliers des savoirs partagés
C@R	Collaboration at Rural
CAPÉ	Coopérative pour l'agriculture de proximité écologique
CBA	Center for Bits and Atoms
CCTT	Centres collégiaux de transfert et de technologie
CDDRA	Contrat de développement durable Rhône-Alpes
CDEC	Corporation de développement économique communautaire
CHU	Centre hospitalier universitaire
CIB	Carrefour d'innovation bioalimentaire
CISA	Centre d'innovation sociale en agriculture
CLT	Centre de liaison et de transfert
CNRTL	Centre national de ressources textuelles et lexicales
COPERNIC	Organisme de concertation pour l'eau des bassins versants de la rivière Nicolet
CNC	Computer Numerical Control
CPIE	Centre permanent d'initiatives pour l'environnement

CRDT	Centre de recherche sur le développement territorial
CRE	Conférence régionale des élus
CRIR	Centre de recherche interdisciplinaire en réadaptation du Montréal métropolitain
CRISES	Centre de recherche sur les innovations sociales
CRSNG	Conseil de recherches en sciences naturelles et en génie du Canada
CSCW	Computer Supported Cooperative Work
DIY	Do It Yourself
DSPM	Direction de la santé publique de Montréal
ENoLL	European Network of Living Lab
FCE	Future Computing Environnements
GIEC/IPCC	Groupe d'experts intergouvernemental sur l'évolution du climat / Intergovernmental Panel on Climate Change
GREMI	Groupe de recherche européen sur les milieux innovateurs
GUST	Governance of Urban Sustainability Transitions
IAAC	Institute for Advanced Architecture of Catalonia
IO	Innovation ouverte
INM	Institut du Nouveau Monde
IST	International Sustainable Transitions
ISTAG	Information Society Technologies Advisory Group
IVI	Institut du véhicule innovant
JAD	Joint Application Design
JRP	Joint Requirements Planning

LABIS	Laboratoire d'innovation sociale
LEADER	Liaison entre actions de développement de l'économie rurale
LL	Living Lab
LLIO	Living Lab en innovation ouverte
LOV	Laboratoire ouvert vivant
MAPAM (loi)	Modernisation de l'action publique territoriale et d'affirmation des métropoles (loi de)
MAPAQ	Ministère de l'Agriculture, des Pêcheries et de l'Alimentation du Québec
MI	Milieux innovateurs
MIT	Massachusetts Institute of Technology
MRC	Municipalité régionale de comté
OBA	Openbare Bibliotheek Amsterdam
OBNL	Organisme à but non lucratif
OCDE	Organisation de coopération et de développement économiques
OGD	Organisation de gestion de destination
OLTIS	Organisme de liaison et de transfert en innovation sociale
OPCI	Office du patrimoine culturel immatériel
OYG	Open Your Ganbara
PARC	Centre de recherche de Palo Alto
PDZA	Plans de développement de la zone agricole
R&D	Recherche et développement
RdL	Revue de littérature
RFID	Radio Frequency Identification

RNCEQ	Regroupement national des conseils régionaux de l'environnement
ROBVQ	Regroupement des organismes de bassins versants du Québec
SAC	Service aux collectivités (UQAM)
SAT	Société des arts technologiques
SCL	Système culturel localisé
SIVOM	Syndicats intercommunaux à vocation multiple
SIVU	Syndicat intercommunal à vocation unique
SLL	Sustainable LivingLab
SPL	Systèmes productifs localisés
SusLabNRW	Sustainable LivingLabs Nord-Rhin-Wesphalie
SusLabNWE	Sustainable LivingLabs North West Europe
SVU	Société de valorisation universitaire
TEP	Test and Experimentation Platforms
TIC	Technologies de l'information et de la communication
TIM	Technology Innovation Management Review
TSASA	Table de sécurité alimentaire de la municipalité régionale de comté d'Argenteuil
Ubicomp	Ubiquitous Computing
ULL	Urban Living Lab
UQAM	Université du Québec à Montréal
UQAR	Université du Québec à Rimouski
ZAWP	Zorrotzaurre Art Work in Progres
ZICO	Zone importante pour la conservation des oiseaux au Québec

Introduction

Juan-Luis Klein et Bernard Pecqueur

Ce livre cherche à explorer de nouvelles modalités de développement territorial en prenant appui sur l'approche Living Lab (LL), approche qui préside à des initiatives orientées en même temps vers l'innovation et vers la mobilisation de ressources ancrées localement. L'objectif du livre est de réfléchir sur la possibilité que l'approche mise en œuvre par les Living Labs ou par les expériences qui s'y rattachent constitue un ferment pour un nouveau modèle d'action en développement territorial. Cette réflexion est motivée, d'une part, par la constatation de l'inefficacité des modèles traditionnellement appliqués pour le développement des territoires dans le contexte des transitions sociotechniques actuelles et, d'autre part, par la prolifération des différents types d'expériences associées à des laboratoires vivants, au-delà des Living Labs comme tels, qui mobilisent les citoyens.

Le développement territorial et la réponse à la crise sociétale actuelle

Rappelons que l'éveil au développement des territoires a été consubstantiel à celui sur le développement tout court. La mise à jour dans l'après-guerre des inégalités au niveau international et de l'existence d'espaces habités par des populations ne disposant pas des moyens pour subvenir à leurs besoins essentiels a généré une préoccupation politique et théorique pour les inégalités sociales et économiques au niveau infranational. C'est ainsi que, dans les années 1960, sous l'inspiration keynésienne, se mettent en œuvre des approches et politiques de développement régional axées sur la redistribution et le rattrapage. L'objectif de ces politiques était d'amener les populations des régions considérées comme défavorisées à rejoindre les standards de rémunération et de consommation des régions plus riches.

Dès la fin des années 1970, les remises en question du keynésianisme et l'adoption de politiques néolibérales dans la plupart des pays ont amené les gouvernements à modifier leurs politiques publiques, y compris celles concernant le développement régional, et à se désengager, du moins partiellement, de la responsabilité de diminuer les différences entre les régions les plus riches et les plus pauvres. Il faut dire que ces politiques étaient en même temps dénoncées par les acteurs locaux comme étant inefficaces et trop centralisées. C'est ainsi qu'émergent, dans les années 1980, des approches inspirées par des perspectives plus ascendantes, tels le développement auto-centré, le développement par le bas, le développement autonome, l'auto-développement, toutes des variantes de ce qui a été désigné comme le développement local. Cette perspective mobilise des acteurs aussi bien dans le tiers-monde que dans les pays dits développés. Dans ces derniers, cette nouvelle approche inspire des revendications chez les acteurs autant dans les quartiers urbains affectés par des mutations dans leurs tissus industriels, provoquées par le redéploiement industriel au niveau international, que dans les régions rurales affectées par des tendances au déclin démographique et économique.

Sur un plan davantage économique, le développement local prend plusieurs variantes. Les stratégies orientées vers la croissance locale en termes de création d'entreprises et d'emplois ciblaient essentiellement la mise en œuvre de systèmes productifs ancrés localement et mettant en œuvre des collaborations variées entre entreprises, acteurs intermédiaires et universités. Un aspect important dans cette approche a été celui de l'innovation. La plupart des conceptualisations des systèmes productifs locaux, notamment l'école dite des milieux innovateurs, ont insisté sur le dynamisme économique engendré par la collaboration entre les producteurs de connaissances, essentiellement les centres de recherche et les universités, et les entreprises locales pouvant valoriser ces connaissances. Cette collaboration était conçue comme un moyen de favoriser l'innovation, notamment l'innovation technologique, afin de rendre les territoires plus compétitifs à un moment où, dans les pays industrialisés, dominait la délocalisation des entreprises et des investissements. Une deuxième variante prend appui sur l'économie sociale, laquelle est vue comme un moyen d'activer le capital social des acteurs et citoyens dans des espaces délaissés par le capital privé. Les acteurs de l'économie sociale (organismes sans but lucratif, diverses formules coopératives) inscrits dans la société civile mettent en œuvre des actions collectives socio-territoriales porteuses d'innovations sociales afin d'assurer un développement à la fois économique et social.

Ces deux variantes du développement local ont constitué l'essence d'un modèle de développement des territoires conçu dans les années 1990 pour répondre aux pressions globalisantes qui amenaient les investisseurs à délocaliser leurs entreprises vers des régions du monde plus rentables à cause du faible coût de leur main-d'œuvre et de leur souplesse sur le plan réglementaire. Ce modèle résulte d'une conception du développement où production et société s'imbriquent et peuvent être la base de systèmes configurés par l'attachement au territoire local. L'effet institutionnel et organisationnel de ces systèmes territoriaux incite en effet à la mise en place de coopérations locales, permettant de prendre en charge collectivement un ensemble de problèmes productifs individuels et d'assurer ainsi une gouvernance locale.

Des recherches nombreuses ont montré cependant que, lorsqu'elles sont appliquées d'une façon distincte, ces deux variantes du développement local sont socialement limitées. En premier lieu, sur le plan strictement économique, il a été montré que l'augmentation de la compétitivité régionale génère par le fait même des gagnants, mais aussi des perdants. En deuxième lieu, toujours sur le même plan, le maintien de la compétitivité exige des innovations ciblant l'intensification de la productivité, ce qui limite l'augmentation des emplois dans les activités à haute valeur ajoutée. Par ailleurs, en ce qui concerne le soutien au territoire apporté par l'économie sociale, il a été montré que, dans plusieurs cas, le capital social mobilisé pour lancer des initiatives locales cède la place au capital privé, notamment le capital immobilier, lorsque les espaces redeviennent rentables. De plus, bien que l'économie sociale génère une activité qui peut être intense et socialement intéressante, les revenus ainsi que la protection de ses travailleurs demeurent précaires, ce qui affecte la pérennité des processus ainsi initiés.

Par contre, la convergence de ces deux approches peut donner lieu à des territoires au développement hybride où l'économie sociale, le capital privé et les instances publiques des divers niveaux collaborent et assurent un dynamisme économique et social. Ce modèle hybride de développement a été la base, entre autres, de la régénération du « modèle québécois » dans les années 1980 et 1990, et de plusieurs expérimentations locales et régionales en Europe. Or, le dynamisme qu'il a pu engendrer, quoi qu'intense dans certains milieux, n'arrive pas à soutenir un modèle plus global capable d'endiguer les grands problèmes qui persistent et qui se sont intensifiés pendant les deux premières décennies du XXIe siècle. Nous sommes en présence de fractures sociales et territoriales qui ne trouvent pas réponse dans les modèles existants, ni en termes de revenus, de services, d'habitat ou de pouvoir. Ces fractures se traduisent par de fortes inégalités territoriales à l'échelle des villes et des régions où les hauts revenus et les services de qualité se concentrent dans certains espaces alors que d'autres en sont dépourvus. Les domaines de l'alimentation et de l'industrie culturelle en sont de bons exemples.

Il est de plus en plus évident que les différentes déclinaisons de l'approche du développement local répondaient aux problèmes initiés par la crise de la société industrielle, voire du fordisme, des années 1980, laquelle se manifestait par la délocalisation d'activités productives et d'emplois et par la fragilisation socio-économique conséquente des milieux locaux urbains et ruraux. Cependant, depuis le tournant du siècle, une crise d'un tout autre ordre a pris forme. Si la bonne tenue des indicateurs de performance économique, tels la croissance du PIB ou le déclin des taux de chômage, semble pointer vers une embellie générale, elle occulte cependant un climat délétère qui règne dans la plupart des sociétés occidentales qui n'arrivent pas à retrouver les niveaux de cohésion sociale et de bien-être d'autrefois. Cette crise est de type civilisationnel, avec des conséquences sociétales majeures, qui risquent d'être accentuées par les formes que prend la 4e révolution industrielle en cours. Cette crise présente une forte dimension environnementale dont la principale manifestation est le réchauffement climatique avec ses conséquences en ce qui concerne diverses catastrophes naturelles, lesquelles ont des effets sociaux majeurs.

La tentative de solution à la crise civilisationnelle dont nous parlons passe au moins partiellement par les modèles territoriaux, lesquels subissent une évolution des concepts. Ainsi on ne parle plus de développement « local », qui évoque surtout des caractéristiques d'échelle, pour lui préférer la notion de développement « territorial » qui renvoie non pas au territoire préétabli de type politico-administratif, ou territoire « donné », mais à un construit social par les acteurs, c'est-à-dire au territoire « construit » où s'imposent de nouvelles règles de gouvernance d'acteurs. De plus, la performance des territoires s'obtient par spécificité (recherche de la différenciation et de la qualité) plus que par la seule productivité.

Dans ce contexte, les approches dirigées essentiellement vers la compétitivité territoriale et la création d'entreprises et d'emplois doivent être revues en ce qui concerne aussi bien les types de ressources que l'on cherche à mettre en valeur que l'échelle des actions. Nous avons besoin de modèles de développement des territoires en syntonie avec les transitions écologique et sociétale qu'exige la crise civilisationnelle en cours.

Les Living Labs et l'innovation *in situ*

Ce livre a pour objectif d'identifier des modalités d'actions qui procurent aux acteurs locaux des capacités leur permettant de s'inscrire dans ces transitions, mais dans une perspective favorisant le bien commun des collectivités par des formes innovantes de mise en valeur du territoire où la valeur d'usage prime sur la valeur d'échange, ce qui met en exergue la qualité de vie des citoyens. Dans cette perspective, l'usage essentiel d'un territoire réside dans le fait qu'on y vit, que des communautés l'habitent. L'importance de l'usage du territoire dans l'élaboration des modèles alternatifs de développement territorial nous a amenés à explorer le modèle du Living Lab et les diverses formes d'expérimentation qui, d'une certaine façon, s'y rattachent, et qui prennent la forme de lieux d'expérimentation où les usagers ont une place importante.

Rappelons que l'expression Living Lab représente une démarche de recherche centrée sur l'usager. Le terme a été utilisé d'abord en Amérique du Nord dans des expérimentations réalisées par le Massachusetts Institute of Technology (MIT) au début des années 2000 pour désigner une démarche favorisant la formulation de solutions complexes dans des contextes de vie réelle dans une perspective essentiellement entrepreneuriale. À partir de 2005, le modèle Living Lab se diffuse en Europe. Après plusieurs investissements et projets pilotes d'échelle locale, le Programme européen de soutien à l'innovation par les Living Labs est lancé en 2006. Ce programme est accompagné par la création de l'European Network of Living Labs (ENoLL) afin de reconnaître et de regrouper les Living Labs par l'homologation des projets. Ces homologations ont lieu par vagues successives. De 2006, année de la première vague, à 2018, 12 vagues ont été complétées, homologuant 440 expériences. Or, bien que ces expériences soient réparties dans une quarantaine de pays dans le monde, elles se concentrent fortement en Europe, notamment en Espagne, en France et en Italie. À eux seuls, ces pays concentrent le tiers des cas homologués.

L'objectif de coproduire des innovations avec les usagers induit plusieurs dérivations de l'idée de laboratoire vivant, voire de lieu d'expérimentation. En syntonie et en synchronie avec les Living Labs, d'autres formules favorisant l'innovation ouverte et collective *in situ* aux échelles locale et régionale ont été mises en œuvre et sont réparties beaucoup plus largement que les Living Labs comme tels, aussi bien en Europe qu'ailleurs. Ces espaces de partage sont des creusets de pratiques collaboratives et innovantes, qui contribuent notamment à redessiner la spatialité de l'entrepreneuriat. Ces expériences ont lieu dans des territoires urbains, périurbains et ruraux. Elles mobilisent des organisations formelles et informelles qui interagissent entre elles et avec le tissu économique, spatial et socio-culturel local, dans le but de générer une dynamique systémique et ouverte d'innovation. Cet objectif donne lieu à des types d'associations centrées sur le partage de connaissances, la collaboration et la socialisation des acteurs. Parmi ces lieux d'expérimentation, nous distinguons les suivants :

- *Hacker Spaces* : lieux de partage et de collaboration entre des personnes ayant un intérêt commun (souvent autour de l'informatique, de la technologie, des sciences, des arts...). Il s'agit de laboratoires communautaires ouverts dans lesquels des gens peuvent partager ressources et savoirs ;

- *Fab Labs* : ateliers de fabrication qui mettent à la disposition des utilisateurs des machines-outils pilotées par ordinateurs, des outils traditionnels et le savoir-faire nécessaire pour les accompagner. Ils reposent sur le principe du design ouvert qui revendique la démocratisation de l'accès aux connaissances et aux moyens de production ;

- Espaces de *coworking* : espaces dans lesquels des professionnels ou des entrepreneurs travaillent côte à côte en partageant des ressources et en étant disposés à partager leurs connaissances ;

- Les tiers-lieux : de nouveaux lieux, intermédiaires entre le domicile et le travail et adaptés à un style de vie urbain, individualisé et mobile. Les tiers-lieux représentent des points d'ancrage de la vie communautaire qui favorisent des échanges plus larges et plus créatifs au niveau local et permettent ainsi d'entretenir la sociabilité urbaine ;

- *Fab City* : une vision de la ville qui combine tous les niveaux nécessaires à l'autosuffisance.

Bien qu'il n'y ait pas de définition commune à toutes ces expériences, il existe quelques référents conceptuels partagés auxquels elles se rattachent. Un de ces référents, probablement le plus important, est celui de l'innovation ouverte. À l'origine, cette expression était appliquée à des expériences dans lesquelles des entreprises pouvaient intégrer des idées, connaissances, manières de faire et technologies développées par d'autres organisations ainsi que par des usagers de leurs produits ou services. L'idée était que les entreprises et organisations puissent bénéficier de nouveaux apports de connaissance ou d'expertise leur permettant d'augmenter la valeur de l'offre, de diminuer les coûts de développement de produits, de raccourcir le temps de commercialisation et d'optimiser les gains.

Cependant, telle qu'elle est actuellement mobilisée dans le cadre de nombreuses expériences, la notion d'innovation ouverte déborde le cadre de l'entreprise. L'innovation ouverte est affirmée comme un principe qui, en rendant l'organisation perméable aux dynamiques des milieux où elle évolue, permet le partage des capacités créatrices de la collectivité et favorise une plus grande participation citoyenne.

L'innovation en temps et en lieux réels

Toutes ces variantes d'une idée simple, celle de l'expérimentation sociale en temps réel et dans des lieux réels, s'inscrivent dans une remise à jour de la notion d'innovation. Longtemps traitée comme un paramètre complémentaire ou marginal des systèmes territoriaux, l'innovation s'est progressivement imposée comme un élément structurant fondamental, provoquant des dynamiques ascendantes et de déclin des territoires. La production de travaux portant plus spécifiquement sur la part du social dans le processus d'innovation sort des sentiers tracés par les travaux des économistes évolutionnistes et par les auteurs qui s'en inspirent, faisant état de l'émergence d'une approche sociale de l'innovation. Pour cette approche, il s'agit moins d'expliquer les liens entre l'innovation et la croissance économique que de comprendre les processus d'innovation porteurs de changement social.

Le terme « social » accolé au concept trouve sa singularité dans la promotion de valeurs distinctes du monde économique. L'innovation sociale correspond donc à de nouvelles expériences (formelles ou informelles) à caractère social à partir desquelles il est possible de transformer la société. Dans ce contexte, l'action socialement innovante apporte une réponse à des besoins et à des aspirations formulées par des acteurs sociaux, y compris par des citoyens. L'action socialement innovante relève donc du domaine de la stratégie puisqu'elle agit sur le système d'action d'une organisation ou d'une communauté comme sur les relations que celles-ci entretiennent avec leur environnement institutionnel et organisationnel. Dans cette perspective, le processus d'innovation est initié dans des formes inédites de configuration d'acteurs et entraîne à sa suite l'augmentation de la capacité d'agir des citoyens et des usagers.

Dans ce livre, nous nous intéressons à toutes ces formes qui, d'une certaine façon, constituent des dérives d'une idée fondamentale : l'innovation ancrée dans le milieu réel et en interaction avec celui-ci. La question sous-jacente, dans une perspective d'innovation collective, est dans quelle mesure les stratégies socialement innovantes expérimentées dans ces lieux permettent-elles de concevoir des stratégies intégratives à des échelles plus larges, régionales, nationales, voire internationales, et dans quelle mesure ces nouvelles pratiques favorisent des modèles d'action en développement territorial plus respectueux de l'intégrité de la nature et de l'équité sociale.

La structure du livre : des laboratoires vivants qui s'affichent et d'autres qui s'ignorent

Ce livre comprend 12 chapitres structurés en deux sections. Ces chapitres analysent l'approche du Living Lab même si certains des cas auxquels ils font référence ne sont pas reconnus officiellement en tant que Living Labs et que, dans certains cas, n'aspirent même pas à s'afficher comme tels. Ce qui nous intéresse, c'est l'approche de l'expérimentation *in situ*, en temps et en espaces réels, soit la dimension laboratoire qu'elle comporte. La première section du livre comprend des réflexions globales sur l'approche Living Lab, soit son évolution, les différentes typologies, ses différentes variantes. Quant à la deuxième section, elle regroupe des chapitres portant sur des applications et expériences concrètes, dans des lieux précis, où la dimension territoriale constitue un facteur dans la conception et la mise en œuvre des expériences.

Les chapitres regroupés dans la première section interrogent la territorialité de l'approche Living Lab. D'entrée de jeu, dans le chapitre 1, Danielle Lafontaine présente une vaste synthèse de l'évolution de l'approche Living Lab en identifiant les différentes tendances qui s'y croisent, les principaux groupes de recherche responsables de ses avancées et la chronicité d'apparition des différentes idées qui la constituent aujourd'hui. Basée sur une revue systématique des écrits, mais aussi sur son expérience, l'auteure dégage les principales approches, méthodologies, visions et domaines de ce qui, à la lecture de ce chapitre, émerge comme un mouvement épistémique et méthodologique d'action localisée et de collaboration entre acteurs.

Dans le chapitre 2, Bernard Pecqueur rappelle la dualité entre un modèle dominant qui tend à l'a-spatialité et les modèles de contournement développés par des acteurs à la recherche de la spécificité territoriale. Les expérimentations de types Living Lab sont le reflet de cette dualité, certaines recherchant l'innovation dans le cadre de l'économie de marché et d'autres participant à la création d'espaces spécifiques d'innovation collective. Le texte se penche sur l'articulation de l'innovation technologique et de l'innovation sociale facilitée par des variantes de l'approche Living Lab donnant à voir les formes renouvelées de coordinations des acteurs qu'ils proposent dans le cadre d'expériences territorialisées qui dépassent les formes classiques de reterritorialisation de l'innovation que sont les *clusters*, districts, systèmes productifs locaux, milieux innovateurs et autres formules favorisant la compétitivité locale que l'auteur qualifie d'essoufflées.

Dans le chapitre 3, Juliette Rochman, Juan-Luis Klein, Mélanie Doyon et Jean-Marc Fontan présentent l'analyse de 18 cas d'expériences québécoises qui se réclament de l'approche Living Lab, sans pour autant, dans la plupart des cas, être homologuées par ENoLL, ce qui permet une plus grande variété de situations. Ce chapitre pose la question suivante : ces expériences favorisent-elles la transformation sociale ou ont-elles un rôle essentiellement palliatif ? Pour répondre à cette question, les auteurs dégagent d'abord les principales modalités de diffusion des expériences (répondre à des problématiques sectorielles spécifiques ; renouveler un modèle d'affaires ou augmenter un rôle social ; produire des technologies sociales pour l'innovation socioterritoriale ; reconstruire le rapport au citoyen). Ensuite, ils examinent la contribution des expériences en termes de construction d'une culture de l'innovation spécifique (hybridation des savoirs, repositionnement des acteurs) et interrogent leur effet sur le modèle social de développement. Ils en arrivent à la conclusion que les nouvelles configurations d'acteurs que constituent les Living Labs mettent en œuvre des processus innovateurs susceptibles de répondre à certains problèmes, mais ne sont pas génératrices de changements sociaux profonds dans la mesure où elles ne remettent pas en cause l'ordre social qui les génère.

Dans le chapitre 4, Claude Janin et Bernard Pecqueur situent leur analyse dans le contexte de la recomposition territoriale inscrite dans les réformes touchant les intercommunalités françaises. Ils constatent que, dans ce contexte, les Living Labs peuvent s'avérer des sources de réinjection de dynamique collaborative, et ce par les processus de réflexion et d'action qu'ils peuvent enclencher, par la diversité d'acteurs qui les composent, par leurs dynamiques collaboratives et par leur démarche « problème/réponse » qu'ils appliquent, démarche qui privilégie l'interaction avec les acteurs directement concernés et les usagers. En ce sens, les Living Labs où l'innovation sociale est active favorisent le développement local et donnent des indications pour repenser les politiques publiques.

Les Living Labs

Dans le chapitre 5, Denis Bussières, Juan-Luis Klein et Pierre-André Tremblay abordent une expérience de partage de connaissances : Les Ateliers des savoirs partagés (ASP). Cette expérience est le résultat d'une collaboration entre une équipe de chercheurs du Centre de recherche sur les innovations sociales (CRISES) et des acteurs et citoyens du village de Saint-Camille au Québec. L'objectif de l'expérience a été de mieux cerner le modèle mis en œuvre par une communauté locale qui s'affiche comme un laboratoire de développement rural. L'expérience des ASP a fonctionné dans les faits comme un laboratoire de co-construction des connaissances qui s'est appuyé sur un commun cognitif qui comprend des règles, des valeurs et des savoirs. Le chapitre, à travers le concept de réflexivité, souligne l'importance de la mise en place de moments de réflexion collective dans les processus d'innovation.

Dans le chapitre 6, Raphaël Besson, à partir de nombreux exemples, en continuité avec le chapitre précédent, souligne la transformation des lieux de savoirs qui sont passés d'espaces d'isolement à des espaces d'ouverture. L'auteur relie cette transformation à l'importance de la connaissance dans la création de valeurs en analysant divers cas qui prennent des formes expérientielles. Il analyse de nouveaux modèles de production de connaissance, issus de la culture numérique, qui placent les usagers au cœur d'expérimentations en taille et en temps réels. Ces espaces de nature hybride participent à la co-production et au croisement des savoirs. L'implication des usagers les transforme en acteurs, mais la possibilité qu'ils génèrent des modèles alternatifs de développement territorial n'est pas garantie.

Dans le Chapitre 7, Arnaud Scaillerez et Diane-Gabrielle Tremblay décrivent diverses variantes d'innovations collaboratives, lesquelles s'appuient sur les échanges entre les acteurs. Le texte se base sur 10 expériences françaises et québécoises pour cibler les types d'usagers impliqués et leurs modalités d'intervention. Les auteurs dégagent certaines modalités de mise en place des expériences. Le croisement des niveaux de compétence entre profanes et experts participe au partage de connaissances et de compétences, ce qui constitue l'intérêt de cette approche qui permet d'engendrer des solutions originales.

La deuxième section, qui présente des expériences concrètes, débute avec le chapitre 8 rédigé par David Guimont et Dominic Lapointe. Les auteurs montrent comment deux expérimentations dans le secteur du tourisme, basées à Rivière-du-Loup, dans la région québécoise du Bas-Saint-Laurent, sont déclinées différemment selon trois échelles distinctes : 1) l'échelle macro où se situe ce qu'ils appellent la « constellation Living Lab » où s'accumule le savoir, les idées et l'expertise ; 2) l'échelle méso où se situe le projet Living

Lab et qui est l'échelle du pilotage ; et 3) l'échelle micro qui est celle des espaces de rencontre et d'interaction avec les usagers. Par cette analyse multiscalaire, ils posent de façon originale la question de la bonne échelle d'intervention et aussi celle des transferts entre les échelles. Les auteurs proposent une grille descriptive croisant échelle, processus d'innovation et territoire.

Dans le chapitre 9, Anthony Voisard, Simon Dugré et Marie-Joëlle Brassard se penchent sur une formule de laboratoire ouvert mis en place pour trouver la solution à un problème d'accumulation de sédiments dans un réservoir d'eau potable de la ville de Victoriaville (au centre du Québec). Ils placent cette expérience dans le contexte des réponses aux perturbations causées par les changements climatiques. Les auteurs prennent appui sur cette expérience pour aborder l'approche du pragmatisme environnemental, selon laquelle l'interaction entre humains et environnement procure des connaissances tirées d'expériences concrètes. Le caractère transversal de l'approche se confronte à des structures sectorielles difficiles à transformer.

Dans le Chapitre 10, Marie-Joëlle Brassard et Sandrine Ducruc s'interrogent sur l'apport possible des technologies numériques pour résoudre les défis posés en agriculture (hausse démographique, réchauffement climatique, révision du modèle de production). Le chapitre rend compte d'une expérience conçue pour développer un tracteur autonome agricole qui mobilise trois types d'acteurs : les usagers finaux, le concepteur, soit l'Institut du véhicule innovant (IVI), et le fabricant. Le Centre d'innovation sociale en agriculture (CISA) a mis en place des espaces d'échanges entre les trois types d'acteurs, ce qui a permis d'agir en amont de la production d'un outil technologique. Les auteurs montrent comment les différents partenaires impliqués dans l'expérience en ressortent avec des apprentissages différenciés, mais tous pertinents.

Dans le Chapitre 11, Santiago Eizaguirre présente les effets territoriaux d'une organisation culturelle œuvrant dans un quartier de Bilbao, au Pays basque espagnol. Cette organisation gère notamment un *Fab Lab* offrant différents outils de co-création collective, de connaissance ouverte et d'autonomisation de la citoyenneté. Elle organise aussi annuellement le Maker Faire Bilbao, un événement de vulgarisation des technologies créatives. La même organisation est à l'origine de la création d'un marché aux puces hebdomadaire qui combine deux modes de vente destinées aux citoyens et artisans. Ce marché a acquis une notoriété considérable et attire aujourd'hui près de 2000 personnes chaque dimanche dans une zone caractérisée par un paysage de désindustrialisation et d'abandon. L'auteur montre comment la culture maker peut être à l'origine d'une redynamisation territoriale collaborative et inclusive tout en demeurant critique des interventions urbaines de type élitiste. Il défend que la reconnaissance d'un conflit social peut être un indicateur de la créativité d'un territoire.

Dans le chapitre 12, Jean Corneloup et Katia Fersing se penchent sur l'expérience d'un laboratoire récréatif situé dans le village de Roquefort, en France. L'auteur analyse le rôle de la culture dans la mise en valeur de la production locale, à savoir le fromage Roquefort. Il explore comment l'association d'un bien marchand à un écosystème rural et à un système productif agropastoral crée de la valeur ancrée, un bien culturel spécifique non délocalisable. Le laboratoire récréatif a valorisé le développement d'un système culturel localisé qui a permis de donner naissance à un bien commun partagé.

La diversité de ces chapitres permet de constater l'existence de diverses formes d'expérimentation liées à des lieux. Tous ces lieux ne correspondent pas à des Living Labs, mais tous correspondent à des espaces où des acteurs expérimentent et recherchent en mode réel des réponses à des problèmes ou à des aspirations dans une perspective innovatrice. Les expériences étudiées dans ce livre se présentent comme des actions socialement innovantes ancrées localement et c'est dans cette mesure qu'il est important de dégager leur contribution à une approche plus large. Mettent-elles en scène de nouvelles configurations d'acteurs, de nouvelles façons de faire qui pourraient se diffuser largement et devenir une nouvelle norme en termes de développement territorial ?

Étudier une action innovante consiste à étudier les trajectoires ouvertes par des expérimentations réalisées par des acteurs sociaux. En se diffusant et en étant adoptées et adaptées par d'autres acteurs, dans d'autres milieux, ces expérimentations entrent en tension avec des façons de faire, apparaissant jusque-là comme légitimes, et instituent de nouvelles modalités d'action. L'innovation sociale qui en résulte entraîne donc à sa suite l'augmentation de la capacité d'agir des citoyens et des usagers lorsque ces derniers développent par leur action de nouvelles capacités collectives. C'est dans la nature même de l'innovation ouverte ou collective que de contribuer à la démocratisation de l'innovation.

Faire l'analyse de l'innovation ouverte est d'autant plus nécessaire que la diffusion et l'utilisation des nouvelles générations d'innovations technologiques associées à l'intelligence artificielle, au Big Data et à la 4e révolution industrielle placent l'ensemble des territoires de la planète dans un contexte de tensions et d'inégalités économiques, technologiques et sociales accrues. Non seulement les modalités de développement structurées à travers les différentes formes organisationnelles et les trajectoires institutionnelles d'évolution des sociétés, sous l'effet du mode de production capitaliste, sont remises en cause, mais le sont aussi ses modalités de gouvernance et plusieurs de ses institutions. Face à cela, les formes traditionnelles de développement des territoires, centrées sur la compétitivité et l'inscription dans la concurrence globale ou sur la protection des acquis et la mobilisation des ressources locales, sont décidément insuffisantes.

De nouveaux lieux de travail et des dispositifs d'expérimentation se multiplient, souvent relayés ou soutenus par la diffusion des outils numériques qui facilitent les pratiques collaboratives. Les secteurs, marchands ou non marchands, gouvernementaux ou non, touchés par ce mouvement sont multiples. Dans cette perspective, les usagers sont cruciaux. Les usagers ancrés dans des lieux (régions, villes, quartiers, bâtiments) contribuent à la mise en œuvre d'une conception du développement orientée vers l'amélioration de leur milieu de vie, présageant ainsi de nouveaux modèles d'action en développement territorial. Il s'agit d'une tendance forte. C'est l'objectif de ce livre que de donner à voir les différentes facettes de cette tendance.

PARTIE 1

PERSPECTIVE GLOBALE

Chapitre 1

Living Laboratory, Living Lab : origines, généalogie, multiplication
Une analyse exploratoire (1991-2017)

Danielle Lafontaine

Depuis le lancement officiel à Helsinki en 2006 du réseau ENoLL (European Network of Living Labs), plusieurs centaines d'expériences de Living Labs (LL) ont vu le jour à travers le monde, beaucoup de laboratoires ayant rejoint officiellement le réseau (ENoLL, 2018b ; Eskelinen *et al.*, 2015 ; Garcia Robles *et al.*, 2015). Si ce n'est pas le cas de tous, les travaux de membres d'ENoLL et ceux d'autres chercheurs et chercheuses, praticiens et praticiennes ont ensemble alimenté la constitution d'une littérature, les productions reliées à des travaux de recherche étant de plus en plus abondantes.

L'expression anglaise Living Lab (LL) étant très courante (ex. Følstad, 2008 ; Bergvall-Kåreborn *et al.*, 2009 ; Herselman *et al.*, 2015 ; Brankaert et den Ouden, 2016 ; Burbridge 2017), des textes font aussi référence au Living Laboratory (p. ex. Kusiak 2007 ; Kanstrup, Bjerge et Kristensen, 2010 ; Bendavid et Cassivi, 2012 ; Carroll et Rosson, 2013 ; Hakkarainen et Hyysalo, 2013 ; McNeese, Perusich et Rentch, 2000 ; Veeckman et van der Graaf, 2014 ; McNeese et Forster, 2017). Ces deux désignations figurent dans des écrits scientifiques publiés plusieurs années avant la formation d'ENoLL. Il pourra aussi être question de *Living Lab for Sustainability* (Leidtke *et al.*, 2012), de *Social Living Lab* (Franz, 2015), d'*Urban Living Lab* (Juujärvi et Pesso, 2013 ; Nesti, 2017). Du côté francophone, on trouve mentions de Laboratoires Vivants (LVs) (p. ex. Lafontaine, Tanguay et Bertrand, 2011 ; Picard et Poilpot, 2011 ; CEFRIO, 2013 ; Keyhayia, *et al.* 2014), de LV Territoriaux (Guyomard, 2016), ou d'un Laboratoire Ouvert Vivant (Brassard *et al.*, 2016). En anglais, en français et dans d'autres langues, il pourra être question de laboratoires d'usage, citoyens, de régénération, de changement, de résilience, culturels, socio-territoriaux, d'innovation sociale, du monde réel (*real-world*) et d'autres termes rattachant des pratiques ou des expérimentations à des domaines de préoccupations variés. On en traitera aussi parfois en considérant l'existence de laboratoires dits de fabrication (*Fab Labs, MakerSpaces*), d'espaces de travail partagés (*coworking spaces*), ou d'autres dispositifs ou « lieux » où sont déployées des modalités plus ou moins inédites – et souvent sur certains plans « collectives » – de (co)créer, expérimenter, produire ou échanger.

En 2017, rappelant une étude d'une trentaine de cas de Living Labs, en France principalement, Janin et Pecqueur estimaient que l'innovation pouvait constituer « une des clés de lecture des Living Labs » (p. 6). La poursuite de celle-ci pouvant impliquer la formation de réseaux d'acteurs, certains liés à des territoires, ceux-ci évoquaient un rapprochement entre des « ingrédients » retrouvés dans ces stratégies et ceux évoqués notamment dans les approches des milieux innovateurs (GREMI)[1]. Des rapprochements avec d'autres approches et stratégies de développement et d'innovation déployées au Québec, en Europe et ailleurs sont également envisageables (Fontan, Klein et Lévesque, 2003 ; Fournis, 2018 ; Moulaert et Sekia, 2003). De leur côté, en lien avec une recherche sur la « réalité des LL » au Québec et une quinzaine de démarches, Rochman *et al.* (2017a) se sont demandés si « l'approche LL » marquait un renouvellement du développement territorial, le caractère récent de ces expériences rendant malaisée l'évaluation de leurs retombées. En 2008, le norvégien Asbjørn Følstad avait recensé 32 recherches sur le Living Lab/Living Laboratory effectuées aux États-Unis et en Europe entre 1991 et 2007, écrivant qu'il ne semblait pas y avoir d'accord ferme sur ce que sont les LL, ceci pouvant nuire à l'évaluation de leur potentiel, les définissant minimalement comme des « environnements » pour impliquer les usagers dans des processus d'innovation. Plus récemment, devant la constitution d'un nombre croissant de laboratoires, la question de ce qu'est (ou n'est pas) un Living Lab refaisait surface. « Notion à préciser » selon Janin, Pecqueur et Besson (2013) qui ont observé « une grande variété de définitions » et une multiplication risquant de nuire à l'efficacité et à la visibilité (p. 59). En 2015, en rapport avec la constitution de *City Logistics Living Labs*, Quak *et al.* qualifiaient le concept de LL « d'insaisissable » (*elusive*). « Concept encore vague mais qui se précise », soutient Guyomard (2016). Leminen (2015) indiquait qu'à défaut d'une définition commune et étant donné une large

[1] Pour *Groupe de recherche européen sur les milieux innovateurs*. En 2002, dans *The Prospect of Cities*, (p. 32-33), John Friedmann (associé avec Walter Stöhr au développement endogène et territorial) rapprochait les écrits de chercheurs du GREMI, Philippe Aydalot (1988), Denis Maillat (1991, p. 113-114) et Jean-Claude Perrin (1993) sur les milieux innovateurs des siens, rappelant que la « centralité de l'innovation » avait été envisagée dès le début du XXe siècle par Joseph Schumpeter (1939).

gamme d'activités ou méthodes, ceux-ci étaient à risque de ne refléter qu'une mode (*at risk of becoming a buzzword*, p. 29)[2]. Selon Schuurman (2015, p. 324), les expérimentations de LL ne sont pas solidement ancrées à des théories et paradigmes de l'innovation. Pour Maccani *et al.* (2017, p. 124), le rôle de la théorie n'est pas clair et demeure vague dans les travaux sur les LL.

Dans la première partie de ce texte, nous discutons de travaux de recherche qui ont attiré l'attention sur plusieurs « facettes » du concept de LL, des convergences et des différences observées nous ayant conduite à en retenir cinq. En seconde partie, nous précisons les orientations et les caractéristiques de la revue de littérature (RdL) à caractère systématique sur laquelle notre démarche et ses résultats prennent appui. La troisième partie porte sur les origines et la généalogie du concept de Living Laboratory/Living Lab à travers des travaux effectués dans différentes parties du monde entre 1991 et 2017. Trois « moments » sont distingués et analysés. Des limites de notre recherche étant discutées, nos résultats soulignent le rattachement du concept de Living Lab à l'invention et au déploiement de plus en plus généralisé de technologies ubiquitaires (au sens de présentes « partout ») et à des renouvellements en cours des théories et paradigmes du changement socio-économique et de l'innovation. Tenues pour essentielles dans les premiers travaux, les questions relatives à l'espace et au « lieu » (*space & place*) n'allaient être ensuite que peu traitées (Bergvall-Kåreborn, Eriksson et Ståhlbröst, 2015, p. 38), une situation en train de changer.

1. « Désemballer » le Living Lab. Un concept à plusieurs facettes

En 2010, Dutilleul, Birrer et Mensink ont dégagé plusieurs significations conférées au concept de Living Lab. Décortiquant et *dé-assemblant* des contenus, ces chercheurs ont distingué trois grandes « facettes » du concept de Living Lab soit : un cadre pour des expérimentations *in vivo* sur les systèmes sociaux ; une approche de l'innovation impliquant les usagers ; un système d'innovation. À ces trois significations, ils en ajoutaient deux autres consistant à référer au Living Lab sous l'angle d'une organisation (facilitant le réseautage, offrant des services) ou d'un mouvement.

[2] Des passages en anglais ont été conservés dans le texte. La traduction de certains termes ou expressions a soulevé des défis (p. ex. contextes *real-life* traduit par contextes réels et *everyday-life,* par vie quotidienne ; *user,* que, suivant Cardon (1997), nous avons traduit par usager plutôt qu'utilisateur).

Les Living Labs

À la même époque, plusieurs publications européennes faisaient également référence au LL en tant que méthodologie (p. ex. Eriksson, Niitamo et Kulkki, 2005 ; Kvieselius *et al.*, 2009 ; Santoro et Conte, 2009). Bergvall-Kåreborn *et al.* (2009) soutenaient qu'un Living Lab pouvait être envisagé à la fois comme une « approche » – y incluant une méthodologie – et comme un « milieu » – y incluant un environnement. Malgré cette référence au « milieu », un terme à connotations à la fois sociales et spatiales, en 2015, Bergvall-Kåreborn, Eriksson et Ståhlbröst se disaient d'avis qu'en rapport avec les Living Labs, les concepts de « lieu » (*place*) et d'espace (*space*) devaient être conceptualisés pour soutenir leur constitution et évaluation. En 2013, la synthèse d'une recherche du CEFRIO à laquelle nous avons participé rendait compte d'une représentation tridimensionnelle du Living Lab, l'envisageant à la fois comme approche, méthodologie et espace ou écosystème. En 2014, sur la base d'une revue de littérature d'une soixantaine de textes publiés en Europe et aux États-Unis, Westerlund et Leminen publiaient un article – suivi en 2016 d'un deuxième (Leminen et Westerlund) – où un cadre (*framework*) était proposé, intégrant quatre grandes « perspectives » (2014) ou « avenues » (2016) de recherche. On pouvait ainsi envisager le Living Lab : comme système ; milieu (« milieu et environnement » en 2014, « milieu et approche » en 2016) ; en tant qu'il permet le renforcement et la mise en œuvre de l'implication du public et de l'usager ; comme activité, projet ou outil de management.

Les mentions de tous ces termes (approche, méthodologie, cadre, système, milieu, environnement, espace, etc.) indiquent leur importance, mais aussi un flottement autour d'aspects organisationnels, sociaux et spatiaux. Dutilleul, Birrer et Mensink (2010) n'ont pas retenu le LL comme domaine de recherche. Cette question avait été abordée dès 2005 par Ballon, Pierson et Delaere, ceux-ci s'efforçant de situer le LL dans le « territoire nouveau et relativement non balisé » (p. 1) des plateformes de test et d'expérimentation. D'autres chercheurs et chercheuses ont par la suite discuté cet aspect (dont Niitamo, Kulkki et Eriksson, 2006 ; Kviselius *et al.*, 2009 ; Pallot *et al.*, 2010 ; Santoro et Conte, 2009 ; Fulgencio, Le Fever et Katzy, 2012). Sur la base des travaux de Dutilleul, Birrer et Mensink (2010) et d'autres dont nous venons de traiter qui ont porté attention à plusieurs facettes du concept de Living Lab, nous en avons retenu cinq envisageant le LL comme : approche ; méthodologie ; environnement ; domaine ; mouvement. Si ces termes et thèmes ont guidé nos observations et analyses de publications scientifiques sur le Living Laboratory/Living Lab, nous avons voulu en explorer les origines (du latin *genesis* : origine, naissance, création, formation), la généalogie (de *genealogia :* histoire, filiation, dérivation) (CNRTL, 2012), trois « moments » ayant été distingués.

2. Le concept de Living Lab ; une revue de littérature à caractère systématique

Pour les besoins de notre recherche (identifiée GENLL), une revue de littérature (RdL) à caractère systématique a été réalisée, celle-ci posant des défis. La recherche sur le Living Lab est non seulement relativement récente, mais « distribuée » dans un large spectre de publications rattachées à de nombreuses disciplines scientifiques, champs d'études et courants de recherche[3]. Mentionnons notamment les sciences informatiques, des télécommunications ou de l'ingénierie, le design coopératif ou participatif et les sciences cognitives et de l'artificiel. Ces publications rejoignent aussi de plus en plus les sciences sociales et humaines (économie et management, sociologie, géographie, sciences politiques) et de la nature et du vivant.

Notre RdL se fonde sur les travaux de Cooper (1988, p. 109), et à sa suite sur ceux de Vom Brooke *et al.* (2009, p. 2213), qui ont proposé une classification des RdL intégrant six paramètres (le focus, l'objectif, l'organisation, la perspective, l'audience visée et la couverture). Concernant son focus, notre recherche est axée sur différentes facettes du concept de Living Lab. Nos objectifs visent l'exploration des origines et généalogie de ces facettes sous l'angle de continuités et d'identifications de questions clés, mais égalcment de flottements, l'organisation de la démarche renvoyant à une double perspective conceptuelle/structurelle et temporelle (ou historique).

Qualifiant notre RdL de « neutre » plutôt que positionnée (cette question n'étant pas claire chez les auteurs qui l'ont proposée), notre recherche s'adresse en tout premier lieu aux chercheurs et chercheuses et aux praticiens et praticiennes qui s'intéressent aux initiatives telles les Living Labs, ce qui

[3] La question de la constitution/autonomisation des champs ou domaines scientifiques et des courants de recherche ne peut être ici qu'effleurée. Récemment, discutant le concept de champ intellectuel transnational, Sapiro, Leperlier et Brahimi (2018, p. 11) ont réclamé une approche qui ne prenne pas les États-nations comme point de départ. Merton (1957) s'est intéressé aux controverses et enjeux – notamment nationaux – d'attribution de « paternité » d'idées ou de domaines.

peut aussi être le cas de responsables publics et d'autres acteurs. Tel que précisé plus loin, notre RdL s'avère représentative, mais non exhaustive, ne ciblant notamment que des productions scientifiques rédigées en anglais.

Tableau 1.1 : GENLL – Revue de littérature, caractérisation* (cellules en grisé)

<table>
<tr><th>Caractéristiques</th><th colspan="6">Catégories</th></tr>
<tr><td>focus (1)</td><td>théorie</td><td colspan="2">méthodologie</td><td colspan="2">application</td><td>résultat</td></tr>
<tr><td>objectif (2)</td><td colspan="2">Intégration</td><td colspan="2">questions clés</td><td colspan="2">critique</td></tr>
<tr><td>organisation (3)</td><td colspan="2">historique</td><td colspan="2">conceptuelle</td><td colspan="2">méthodologique</td></tr>
<tr><td>perspective (4)</td><td colspan="3">neutre</td><td colspan="3">positionnelle</td></tr>
<tr><td>audience (5)</td><td>chercheurs spécialisés</td><td colspan="2">chercheurs en général</td><td colspan="2">praticiens</td><td>grand public</td></tr>
<tr><td>couverture (6)</td><td>exhaustive</td><td colspan="2">exhaustive et sélective</td><td colspan="2">représentative</td><td>centrale/pivot</td></tr>
</table>

*D'après les catégories de vom Brocke *et al.* (2009, p. 2213) et Cooper (1988, p. 109).

La réalisation de notre RdL a pu tabler sur des RdL existantes. Depuis 2014, six RdL qualifiées par leurs auteurs de *systematic, comprehensive, extensive* ou *high Level* (voir Tableau 1.2) ont été réalisées, ces RdL prenant appui sur des fouilles (certaines par mots clés dans les titres, sommaires et mots descriptifs) de nombreuses bases de données. Une première étape de fouille devait porter sur ces six RdL, y décomptant toutes leurs références bibliographiques puis celles ayant dans leur titre la mention Living Lab ou Living Laboratory (singulier et pluriel), retenant enfin parmi ces dernières que celles consistant en des articles de revues ou rendus publics à l'occasion de conférences scientifiques. L'exploration de ces six RdL a révélé qu'une majorité intégrait des RdL effectuées plus tôt dont celle de Følstad (2008) qui a identifié 32 documents publiés entre 1991 et 2007. Ces six RdL intégraient aussi des publications centrées sur le concept de LL (Markopoulos et Rauterberg, 2000 ; Ballon, Pierson et Delaere, 2005 ; Eriksson, Niitamo et Kulkki, 2005 ; Dutilleul, Birrer et Mensink, 2010 ; Ballon et Schuurman, 2015), ou sur l'une des facettes ciblées – la méthodologie (Almirall et Wareham, 2008 ; Almirall, Lee et Wareham, 2012) ou le domaine (Pallot *et al.*, 2010). Après exploration, ces neuf éléments ont été ajoutés et enfin trois autres traitant du concept de LL en contextes africain et latino-américain (Cunningham, Herselman et Cunningham, 2012 ; Herselman *et al.*, 2015 ; Duarte Masi, 2016). Aux 18 éléments, a aussi été ajouté un document diffusé

Tableau 1.2 : GENLL – Revue de littérature, liste des éléments de la base*

Année de publication de la RdL	**Auteur-s Types de publication : A- article, B- texte de conférence C- autre**	**Nombres de références ; (1) totales; (2) avec mention Living Lab (titre); (3) avec mention LL dans articles ou textes de conférences**	**Période temporelle couverte (références avec mentions LL dans articles ou textes de conférence)**
1 - 2000	C- Markopoulos, Rauterberg (Livre Blanc)	14/2/**2**	**1999-2000**
2 - 2005	B- Ballon, Pierson, Delaere	18/2/**1**	**2004**
3 - 2005	B- Eriksson, Niitamo, Kulkki	15/6/**6**	**2000-2005**
4 - 2008	A- Folstad	Cas spécial : **/31**	**1991-2007**
5 - 2008	A- Almirall et Wareham	46/0/0	
6 - 2010	A- Dutilleul, Birrer,Mensink	35/18/**17**	**2001-2009**
7 - 2010	B- Pallot, Trousse, Senach, Scapin	36/2/0	
8 - 2012	C- Cunningham, Herselman, Cunningham (Rapport)	33/23/**21**	**2005-2011**
9 - 2012	A- Almirall, Lee, Wareham	12/5/**3**	**2005-2008**
10 - 2014	B- Westerlund, Leminen	80/66/**62**	**1991-2014**
11 - 2015	C- Ballon, Schuurman (Prés. numéro revue)	62/22/**19**	**2000-2014**
12 - 2015	B- Schuurman, De Marez, Ballon	60/49/**48**	**2000-2015**
13 - 2015	B- Herselman, Foko, Nungu, Ng'amba, Mgeni	40/25/**21**	**2007-2014**
14 - 2016	A- Leminen, Westerlund	114/87/**78**	**1991-2015**
15 - 2016	A- Duarte-Masi	14/12/**9**	**2006-2014**
16 - 2017	A- Burbridge	69/24/**23**	**2010-2015**
17 - 2017	B- Leminen, Niitamo, Westerlund	67/43/**41**	**1991-2017**
18 - 2017	A- Maccani, McLoughlin, Prendergast, Donnellan	32/23/**22**	**2005-2015**
19 - 2017	C- ENoLL, OLLD,Cracovie 2017 (Auteurs multiples)	**Cas spécial /12**	**2004-2017**
	Documents 1 à 18 (types) : A- 8, B- 7, C- 3 36 auteurs distincts	**Total** **416 unités – pièces répété es = 220 unités**	**1991-2017**

*Les RdL qualifiées par leurs auteurs de *from archives* (4), *comprehensive* (10,14), *systematic* (12, 18), *high level* (16) ou *extensive* (17) sont soulignées en grisé par ENoLL, soit les Actes de sa journée recherche tenue à Cracovie (ENoLL, 2017). Notre RdL retient 220 textes de revues et de conférences scientifiques publiés entre 1991 et 2017 et rédigés en anglais. Au cours de notre recherche, une vingtaine d'articles ou textes de conférences scientifiques supplémentaires ont été identifiés et intégrés.

3. Living Laboratory, Living Lab (1991-2017) ; une généalogie en trois temps

S'il n'est pas rare que « l'origine du concept » de Living Lab soit attribuée à William J. Mitchell (1944-2010) du Massachusetts Institute of Technology (MIT, Cambridge, É.-U.), nos travaux éclairent des origines et une généalogie passablement plus complexes. En fonction des travaux examinés, trois « moments » ont été distingués.

3.1 MOMENT 1 : Living Laboratories/Living Labs, origines et émergence d'un concept (1991-2004)

C'est avec des travaux publiés à partir de 1991 que nous dirigeons l'attention sur le moment 1 (1991-2004).

3.1.1 Deux recherches en équipes sur le Living Laboratory/Living Lab et un ensemble de travaux autour de l'ubiquitous computing et des media spaces

En 1991 était publié un article de Bajgier *et al.* puis celui de Lasher, Ives et Järvenpää. Bajgier *et al.* donnent le Living Laboratory à comprendre comme un espace d'interaction situé et organisé (*setting*) réunissant ceux de l'université et d'un quartier proche de la ville de Philadelphie, une démarche se comprenant sous l'angle d'interactions à développer entre l'université et la communauté. De leur côté, Lasher, Ives et Järvenpää réfèrent au Living Lab comme à un dispositif reliant deux organisations autour d'un partenariat et projet d'expérimentation de technologies nouvelles. Dans les deux cas, des évaluations sont rapportées mentionnant des connaissances acquises et des changements (comportements, modalités d'action, effets sur la vitalité urbaine ou pour les organisations impliquées).

La même année était aussi publié un article de Mark Weiser (1991) sur l'*Ubiquitous Computing* (ou *Ubicomp*). Retraçant l'histoire des ordinateurs, Weiser envisageait une ère où des technologies de moins en moins visibles s'intégreraient au « tissu de la vie quotidienne » jusqu'à n'en être plus distinguables (Weiser 1991, p 94). Weiser (1993) a relié ces capacités nouvelles à des questions à ne pas perdre de vue : impacts sur la vie privée, accumulation d'informations personnelles, contrôle démocratique. Ces articles seraient cités par plusieurs équipes de recherche à travers le monde, l'une d'entre elles, le Future Computing Environnements (FCE) Group, poursuivant à partir du milieu des années 1990 à Atlanta (USA) au Georgia Institute of Technology (ou Georgia Tech), un ensemble de travaux sur les Living Laboratories. Les articles de Weiser ont également influencé des recherches européennes autour de l'*ambient intelligence*, plusieurs chercheurs et chercheuses reliés à ce courant devant, au cours des années 2000, soutenir en Europe la constitution d'un réseau de Living Labs. Dans un texte de 1999 publié à titre posthume, Weiser (avec Gold et Brown) situait l'émergence de l'*Ubiquitous computing* à la fin de 1988 au Laboratoire d'Électronique et Imagerie de la firme Xerox à son Centre de Recherche de Palo Alto (en Californie, en anglais PARC). Les chercheurs de PARC allaient y concevoir et y tester, en les appliquant d'abord à leur propre équipe et à des partenaires localisés ailleurs, une série de nouveaux outils numériques : tablettes (*Tabs*) multifonctions et *Pads*, murs-écrans appelés *Liveboards*. À la même époque, des anthropologues de PARC (Suchman, 1987) observaient les façons dont des usagers spatialement et socialement « situés » utilisaient « réellement » les technologies. De ces deux directions de recherches aurait en 1988 émergé un programme sur l'informatique qu'il devait nommer « ubiquitaire » (du latin *ubique* « partout, en tous lieux »). Buxton (1997) a rappelé l'existence à PARC à cette époque du Media Space Group, estimant que ces deux projets constituaient « les deux faces d'une même médaille » (p. 364). Les *Media Spaces* alors expérimentés, certains sous le nom « d'espaces informationnels situés » (Fitzmaurice, 1993), visent la création d'espaces de travail partagés et ouverts où différents médias traditionnels et électroniques peuvent être utilisés et combinés, supportant de nouvelles pratiques sociales[4]. En 1993, Bly, Harrisson et Irwin exprimaient l'idée que les *Media Spaces* puissent constituer de nouveaux « environnements » soutenant des rapprochements de personnes localisées dans différents sites, ces environnements pouvant les rendre plus conscientes de leur situation d'interaction en groupes distribués. En rapport avec ces nouveaux « espaces » collaboratifs, Harrisson et Dourish (1996) ont

---

[4] Au Québec, le Vidéographe de Montréal qui ouvrit ses portes en 1971 (toujours actif) s'inscrirait dans ces pistes (Plohman, 2001). De nouvelles pratiques artistiques impliquant l'expérimentation d'espaces numériques ont aussi compté (Galloway et Rabinowitz, 1980).

insisté sur la double importance du *space and place* pour la mise en œuvre de systèmes collaboratifs. La question des « contextes » (et sensibilité au contexte) allait elle aussi retenir de plus en plus l'attention, dont celles de chercheurs inscrivant leurs préoccupations dans la mouvance du *Computer Supported Cooperative Work* (CSCW, Cardon, 1997). Want (2010) a rappelé que d'autres firmes et laboratoires situés aux États-Unis, en Europe et au Japon avaient contribué à l'émergence de l'*Ubicomp*. Des recherches étaient poursuivies dans des laboratoires et universités européennes, dont en Allemagne : Beigl, Zimmer et Decker (2002) disant transformer leurs infrastructures de recherche en Living Lab. Quelques chercheurs américains et canadiens ont à cette époque entrepris des recherches, dont McNeese (1996) sur le Living Laboratory au Armstrong Laboratory en Ohio ; Abu-Hakima, Liscano et Impey (1998) sur un Living Lab au Conseil National de Recherche du Canada ; Zhong *et al.* (2006) sur un eStadium Living Lab à l'Université de Purdue en Indiana.

3.1.2 Deux groupes de recherche états-uniens et des initiatives européennes.

–À Georgia Tech, de nouveaux « environnements » : les Living Laboratories

En avril 2000, Gregory Abowd et six de ses collègues du FCE publiaient *Living Laboratories : the Future Computing Environments Group at the Georgia Institute of Technology.* L'expression Living Laboratories était aussi utilisée par Abowd et Mynatt (2000) et Kidd *et al.* (1999), Abowd (1999, p. 509) précisant avoir désigné ainsi un environnement d'apprentissage constitué à Georgia Tech à partir de janvier 1997. Les recherches du groupe de Georgia Tech sont explicitement rattachées à l'*Ubiquitous Computing.* À Atlanta toutefois, plusieurs thèmes introduits par des chercheurs et chercheuses de PARC (*Ubicomp* et *Media Spaces*) sont ancrés dans un programme de recherche sur le Living Laboratory. Parmi ces thèmes, figure centralement l'importance de tenir compte des caractéristiques et des capacités des usagers lors de la conception et de l'expérimentation d'interfaces, celles-ci devant faciliter leur compréhension, leur accès, leurs apprentissages (Abowd, 1999) et leur expérience humaine (Abowd, Mynatt et Rodden, 2002). Plusieurs autres thèmes sont repris et adaptés : importance du développement et de l'expérimentation « d'outils » numériques sensibles aux « contextes », éveillant leurs utilisateurs au fait de l'existence des systèmes ubiquitaires de moins en moins visibles et aux autres acteurs co-présents, souci de création et d'expérimentation de réalités augmentées d'informations soutenues numériquement, importance accordée aux environnements « réels ou quotidiens » auxquels les Livings Laboratories doivent se greffer ou ressembler. Si ces travaux promettent de prolonger l'*Ubicomp*, ils doivent aussi permettre de l'évaluer, Abowd et Mynatt (2000, p. 46) formulant des préoccupations aux sujets d'impacts possibles sur la vie privée et d'autres enjeux (accessibilité, contrôle, sécurité). Parmi ces Living Laboratories présentés comme des « environnements » figurent : une habitation (*Aware Home :* Kidd *et al*., 1999), un bureau (*Augmented Office :* Mynatt *et al*., 1999) et des salles de classe (*Classroom 2000 :* Abowd, 1999). L'article d'Abowd *et al.* (2000) relie explicitement la mission du Groupe (« d'inventer et mieux comprendre ce qui peut constituer un partenariat effectif, quotidien entre les humains et les technologies numériques émergentes » [p. 2015, traduction libre]) et la constitution et l'expérimentation de prototypes d'environnements appelés Living Laboratories. Pour Abowd et Mynatt (2000), le phénomène le plus important ne réside pas dans la prolifération d'applications numériques dans le monde physique, mais dans l'émergence de « nouveaux paradigmes d'interaction » (p. 29) que les Living Laboratories permettraient d'expérimenter, de nouveaux rapports entre les êtres humains (*people*) et les « lieux » (*places*) étant aussi envisagés (Mankoff, Somers et Abowd, 1998, p. 168). Certaines questions méthodologiques sont introduites touchant les rapports des chercheurs avec les occupants de ces nouveaux environnements, lesquels doivent permettre de capter « les expériences vivantes » des seconds et de les conserver de manière à pouvoir y accéder plus tard à des fins de compréhension et d'analyse.

–Au Media Lab avec PlaceLab, une méthodologie complémentaire : le Living Laboratory/Living Lab

En 2002, Kent Larson, chercheur au MIT, faisait mention d'un programme appelé Changing Places et d'une recherche désignée House-n en cours depuis trois ans. Changing Places était alors placé sous la responsabilité conjointe du département d'Architecture et Planning, dirigé par l'architecte William J. Mitchell (1944-2010), et celle du Media Lab, où Mitchell dirigerait, à partir de 2003, un projet sur les *Smart Cities*[5]. La même année, Stephen Intille (2002,

[5] Les initiatives de *Smart Cities* s'étant multipliées, en 2016, Larson donnait à Barcelone une conférence à la Smart City Expo World Congres. Le Media Lab a été cofondé au début des années 1980 par N. Negroponte et J. Weiser (Negroponte, 2003). De nombreuses équipes y ont poursuivi des travaux touchant divers thèmes (dont l'interaction humains et systèmes numériques, les usages des technologies en arts et architecture, la cognition et les médias de

p. 80), également collaborateur au projet House-n, présentait l'esquisse d'un Living Laboratory tel que conçu par leur équipe, celle-ci projetant de développer des technologies et stratégies de design en ayant recours à l'usage d'outils sensibles aux contextes. Ces stratégies pourraient soutenir l'*empowerment* des personnes en leur présentant des informations au bon moment au bon endroit. Dans une section de cet article intitulée *Control versus empowerment,* Intille reliait cette perspective d'*empowerment* à un « tournant de la pensée » (p. 81) auquel était relié le Living Laboratory. Quelques années plus tard dans *The Goal : Smart People, Not Smart Homes*, Intille (2006) insisterait de nouveau sur l'importance du design de systèmes ubiquitaires en mesure « d'enseigner plutôt que contrôler » (p. 1). L'initiative d'un Living Laboratory (appelé aussi alors *live-in laboratory*) allait ensuite être supportée par le projet PlaceLab co-dirigé par un chercheur (Larson) et un responsable industriel, plusieurs firmes et organisations publiques (de Boston) y contribuant. Intille *et al.* (2005a), tout en précisant que PlaceLab est une « véritable habitation » (*real home*) située à Cambridge (Mass.), indiquent qu'il s'agit d'un complément à des outils et méthodologies de collectes de données existants, mentionnant les études d'usages en laboratoire, les sondages, les entrevues et l'observation ethnographique. Intille *et al.* (2005b, p. 3) ont traité cette question plus longuement envisageant que PlaceLab fournisse un cadre plus naturel pour des études de longue durée, la captation directe évitant d'avoir recours à des entrevues ne faisant appel qu'à la mémoire peut-être sélective des personnes. Le Living Laboratory est ainsi considéré principalement sous l'angle d'une méthodologie de recherche et d'évaluation considérée complémentaire à plusieurs déjà existantes. Dans un texte collectif de 2006, Intille *et al.* suggèrent que l'intérêt grandissant autour des Living Laboratories serait relié à plusieurs défis méthodologiques non encore résolus entourant la compréhension et l'évaluation des dispositifs ubiquitaires.

Cet intérêt pour le Living Laboratory exprimé à leur façon par ces chercheurs et chercheuses du MIT, n'est sans doute pas étranger à celui manifesté en Europe où de nombreux chercheurs attribueraient l'origine du concept à William J. Mitchell. Mais alors que des écrits pionniers sur le LL (dont ceux d'Intille et Larson en rapport avec PlaceLab) en ont directement traité sous

communication, l'intelligence artificielle). Considérant que les humains (*people*) étaient appelés à vivre entre deux sphères (*realms*) disjointes : un environnement physique et vivant (*atoms*) ET numérique (*bits*), Ishii et Ullmer (1997) y ont soutenu la création et l'expérimentation d'interfaces et d'artefacts manipulables pour les réunir (en *shared spaces*). Un Center for Bits and Atoms (CBA : http://cba.mit.edu/) était lancé en 2001, aujourd'hui dirigé par N. À Gershenfeld (2017), qui dirige aussi une *Fab Academy* pour un réseau de *Fab Labs*.

l'angle d'environnements nouveaux, d'une méthodologie nécessaire ou d'expériences, les ouvrages de Mitchell n'y font pas référence. Encore très peu cités et encore moins discutés, les écrits de Mitchell portent toutefois à l'attention des technologies numériques, ubiquitaires et mobiles en train de « reconfigurer nos relations à l'espace et au temps » (1995, p. 3), au travail, à l'habitat et à l'économie (2000), Mitchell interrogeant aussi le devenir des *place-based communities* (2003, p. 17). Des écrits pertinents pour la compréhension des transformations sociétales contemporaines, notamment au plan spatial, et en conséquence pour celle du concept de LL ? Très certainement.

Lorsqu'à PlaceLab étaient en 2002 esquissés les premiers travaux sur le Living Laboratory/Living Lab (Intille, 2002), des recherches avaient déjà été réalisées ou étaient en cours, ceci tant en Amérique qu'en Europe où, dès 2000, Markopoulos et Rauterberg de l'Université de technologie d'Eindhoven avaient publié un *Livre Blanc* sur le LivingLab (en un mot). Ceux-ci y mentionnaient les travaux de Weiser sur l'*Ubiquitous Computing*, ceux à Georgia Tech, mais aussi des travaux européens sur « l'intelligence ambiante ». Du côté européen, une vision de l'*ambient intelligence* proposée par des chercheurs industriels et universitaires (Aarts et Marzano, 2003) serait adoptée par ISTAG (Information Society Technologies Advisory Group), un groupe de travail-conseil de la Commission européenne formé en 1999. Dans son rapport de 2004, utilisant l'expression *human-centred ambiant intelligence*, ISTAG recommanderait le soutien de la recherche portant sur des expériences et des applications impliquant les usagers (p. 17). Il y était affirmé : « Les usagers doivent faire partie des processus d'innovation, [ils sont] une source d'idées et non juste une ressource pour évaluer les idées générées par les professionnels » (p. 5, traduction libre).

3.2 MOMENT 2 : Cap sur l'innovation et constitution délibérée de Living Labs soutenus par des recherches évaluatives (2005-2011)

Le second moment distingué nécessite de porter attention à un ensemble d'événements et d'activités qui se sont déroulés principalement en Europe.

3.2.1 L'année 2005. Le LL comme environnement, méthodologie et approche. Une perspective centrée sur l'humain et axée sur l'innovation et sa co-production

En 2005 paraissaient trois textes (très cités par la suite) où, présentant des résultats de recherches sur des expériences de Living Labs, des chercheurs et chercheuses européens les reliaient explicitement à l'innovation. Le premier est celui de Ballon, Pierson et Delaere (2005). Tenant compte de six aspects[6], six types de « plateformes de test et d'expérimentation » (*test and experimentation platforms* [TEP]) sont distingués, dont celui du Living Lab. Celui-ci est défini (p. 3) comme « un environnement d'expérimentation dans lequel la technologie se voit donner forme en contextes réels (*real-life contexts*) et où les usagers (finaux) sont considérés comme étant des « co-producteurs »[7] (traduction libre). Dans une deuxième publication, Pierson et Lievens (2005) envisagent le LL sous l'angle d'une « approche », insistant sur l'importance de l'ancrer à une réflexion épistémologique touchant les méthodologies et les théories. Suivant un passage faisant de Mitchell « un des premiers chercheurs à utiliser la notion de Living Lab » (p. 115, traduction libre) apparaissait une citation en exergue non explicitement attribuée envisageant aussi le LL comme une méthodologie : « Les Living Labs sont une méthodologie de recherche pour la détection, le prototypage, la validation et le raffinage de solutions dans des contextes multiples et évolutifs de la vie réelle » (traduction libre). Pierson et Lievens (2005) suggéraient que c'est en « configurant » des LL, que « l'approche » pourrait conduire à une compréhension plus profonde de l'innovation. Le déroulement possible de ces processus de « configuration » était illustré par un schéma (par la suite

[6] Soit : 1) ouverture, 2) support public, 3) maturité commerciale des technologies, produits ou services développés, 4) implication des parties prenantes (*scope*), 5) extensibilité/adaptabilité (*scale*), 6) durée.

[7] La « co-production » est aussi mentionnée par Pierson et Lievens (2005, p. 116). La « co-création » (*co-creation*) figurait dans ISTAG (2004, p. 6, 14), chez Eriksson, Niitamo et Kullki (2005, p. 6) et plus tard chez plusieurs autres (dont Mirijamdotter *et al.* [2006], Pallot *et al.* [2010], (*cocreation*) et Mulder [2012], qui en avait traité plus tôt dans Mulder et Stappers [2009]).

reproduit dans plusieurs articles dont Almirall, Lee et Wareham, 2012, p. 14), de quatre « phases » formant un « cycle » : la contextualisation, la concrétisation, la mise en œuvre et la rétroaction comprenant des mesures *ex-post*, un rapport et des recommandations.

La troisième publication est celle d'Eriksson, Niitamo, et Kulkki. En décembre 2005, s'employant à situer « le concept émergent de Living Labs » (p. 4), ceux-ci la relient à une approche dite *human-centric* (p. 5), considérant les êtres humains, les citoyens et la société civile comme sources d'innovation, cette direction étant distinguée d'une autre dite *technology centric*. Selon eux, le concept « origine du MIT à Boston, du Professeur William Mitchell, du MediaLab et de l'École d'Architecture et planning »[8] (p. 4, traduction libre). Afin de démarquer l'approche européenne, Eriksson, Niitamo et Kulkki (2005) indiquent que les premiers Living Labs auraient gravité autour des *smart/future homes*, des *real people* y étant observés dans leur usage de technologies. Se disant d'avis que ces initiatives n'auraient pas tenu compte des contextes et défis sociaux plus larges, ils soulignaient que l'idée de base d'inclure l'usager dans les processus aurait déjà été adoptée par certains. Or, il y avait à présent un mouvement émergent (p. 5) pour façonner le concept de Living Lab pour un usage beaucoup plus large, les buts étant d'augmenter l'innovation, l'inclusion, l'utilité et l'accessibilité aux technologies nouvelles ainsi que leur application dans une société en transformation. Au cours de cette période, d'autres publications traiteraient du LL comme mouvement : Kviselius *et al.* (2008, p. 843) le considérant européen ; Santoro et Conte (2009, p. 2 et 10) envisageant ENoLL comme un *user-driven movement* ; Dutilleul, Birrer et Mensink. (2010, p. 63) affirmant l'année 2006 marquante pour le développement d'un *European Living Lab movement*.

3.2.2 Conférence d'Helsinki et création de l'European Network of Living Labs (ENoLL)

Adopté lors d'une Conférence à Helsinki en octobre 2006, le Manifeste d'Helsinki (Manifesto, 2006) proposait à l'Union européenne et aux parties prenantes nationales la création d'un réseau de Living Labs. On indiquait d'abord que la présidence du Conseil de l'Union européenne avait donné la

[8] Tout en faisant référence à Eriksson, Niitamo et Kulkki (2005), Kviselius *et al.* (2009, p. 76) ont écrit considérer « un groupe de chercheurs » dirigé (*led*) par Mitchell, professeur au MIT, comme un *early proponent* et *possible founder of the concept,* aucun ouvrage de Mitchell, d'Intille ou Larson n'étant mentionné.

priorité au besoin de renforcer la compétitivité globale de l'Europe et l'innovation (p. 1). Le réseau étant voulu interrégional, transnational et précommercial, des partenariats publics-privés-citoyens seraient créés, ceux-ci reposant sur des modèles coopératifs intégrant de multiples parties prenantes, les usagers étant également impliqués. Le développement à travers l'Europe de méthodologies et d'outils communs de support aux processus d'innovation était recommandé. Il était escompté que le réseau ait un impact important sur la croissance régionale et le développement, ceci notamment en facilitant et en stimulant une innovation régionale reliée à un système européen d'innovation de portée mondiale. Le lancement d'ENoLL ayant eu lieu le 20 novembre 2006 à Helsinki, une première « vague » de projets de Living Labs permettrait d'en réunir 19 localisés dans 15 pays européens (de Lama, 2007, p. 15). Un événement à Bruxelles en octobre 2007 lançant une deuxième « vague » porterait alors à 51 le nombre de membres, suivie de nombreuses autres vagues annuelles. En 2010, ENoLL devenait une entité légale. C'est aussi en 2010, à l'occasion de son congrès annuel que prenait forme (initiée par B. Trousse et collègues) une première École d'Été consacrée à la recherche, suivie elle aussi de nombreuses autres[9].

3.2.3. Au-delà du modèle linéaire : vers un nouveau paradigme de l'innovation ?

Au cours du second moment (2005-2011), en lien avec la question de l'innovation, centrale en Europe, et qu'une approche définie européenne du LL devait contribuer à enrichir, des enjeux de renouvellement d'une conception classique ou « linéaire » (Godin, 2006) de l'innovation se dessinent. Les références à l'usager ou à l'ouverture deviennent omniprésentes dans les travaux européens sur les LL. Les mentions d'une innovation « centrée sur l'usager » y sont alimentées par deux courants : des travaux en design (de tradition scandinave centrés sur l'usager, participatif, interactif, démocratique) et les recherches d'Eric von Hippel. Les recherches sur les LL et « l'innovation ouverte » (IO) prennent principalement appui sur les publications d'Henri Chesbrough.

[9] Sur ENoLL, voir ENoLL (2018), Eskelinen *et al.* (2015) et Garcia-Robles *et al.* (2015). Mastelic, Sahakian et Bonazzi (2015) ont examiné la question des critères d'évaluation des demandes d'admission.

C'est à partir des années 1970 que von Hippel effectue des recherches sur certaines innovations et le rôle des usagers (von Hippel, 1986 ; von Hippel et Katz, 2002). En 2005, il distinguait son approche des « systèmes de développement de l'innovation centrés sur le fabricant, qui ont été le pilier du commerce depuis des centaines d'années » (p. 1), l'associant à un nouveau « paradigme ». L'innovation centrée sur l'usager souligne le rôle d'usagers qui ont des demandes, des connaissances et des capacités de réaliser eux-mêmes une innovation. La grande préoccupation est celle de la satisfaction de besoins et de la création de valeur (d'usage, d'échange). De son côté, Chesbrough (2003) distingue l'innovation « ouverte » de l'innovation « fermée », renvoyant à un modèle « traditionnel », développé après la Seconde Guerre mondiale. Quoiqu'appliquée à différents types d'organisations, l'innovation ouverte est avant tout centrée sur l'entreprise considérée comme source centrale d'innovation. Tout en ayant des capacités internes de recherche et développement (R&D), celle-ci peut recourir à des capacités externes pour effectuer de la R&D, produire des connaissances, réaliser une innovation. La grande préoccupation demeure la survie, la compétitivité et l'essor de la firme, ainsi que la création et la captation de la valeur d'échange. Tout comme von Hippel, Chesbrough associe son modèle à la quête d'un « nouveau paradigme » relatif à l'innovation (Chesbrough, 2006). Le « modèle traditionnel » visé par Chesbrough n'est pas sans lien avec le « modèle d'innovation linéaire » dont les recherches de B. Godin (2006) ont éclairé la constitution à partir des années 1950. Godin (2008) s'est aussi intéressé à la contribution à ce modèle de W. Rupert Maclaurin, au cours des années 1940 et 1950. Sur la base d'interprétations des thèses de l'économiste Joseph Schumpeter, Maclaurin a envisagé l'innovation sous l'angle d'un processus à séquences proposant une théorie de « l'innovation technologique » plus tard appelée « modèle linéaire ». Selon ce modèle, celle-ci est représentée sous l'angle d'un « continuum » allant de la recherche fondamentale à la recherche appliquée puis au développement de produit et à sa commercialisation ou diffusion.

Dans les travaux sur les LL où les publications de von Hippel (2005 surtout) sont très souvent mentionnées, on s'intéresse à l'usager sous plusieurs aspects : types « d'usagers », besoins, capacités, rôles, expériences, motivations et contributions à des activités de co-création (p. ex. Eriksson, Niitamo et Kulkki, 2005 ; Mirijamdotter *et al.*, 2006 ; Guzmán *et al.*, 2007 ; Schumacher et Feurstein, 2007a ; Ståhlbröst et Bergvall-Kåreborn, 2008 ; Schuurman et de Marez, 2009 ; Hlauschek, Panek et Zagler, 2009 ; Scott, Quist et Bakker, 2009 ; Hess et Ogonowski, 2010 ; Svensson, Eriksson et Ebbesson, 2010 ; Nielsen et Nielsen, 2011 ; Panek *et al.*, 2011). Les références à « l'ouverture » sont aussi nombreuses : principe d'ouverture en LL et rôles des connaissances, applicabilité de l'innovation ouverte (IO), rôles des usagers et parties-prenantes dans les processus ou chaînes de valeur, leadership, management et gouvernance, modèles d'affaires, liens aux systèmes d'innovation régionaux ou nationaux, degré d'ouverture souhaitable, réseaux d'innovation, conditions de l'innovation ouverte, transition vers des firmes ou organisations « ouvertes », mesure et outils (p. ex. Ballon, Pierson et Delaere, 2005 ; Schaffers et Kulkki, 2007 ; Almirall et Wareham, 2008 ; Leminen et Westerlund, 2008 ; Bergvall-Kåreborn et Ståhlbröst, 2009 ; Santoro et Conte, 2009 ; Kviselius *et al.*, 2009 ; Holst, Ståhlbröst et Bergvall-Kåreborn, 2010 ; Ståhlbröst et Bergvall-Kåreborn, 2011 ; Westerlund et Leminen, 2011). Une double référence à l'innovation axée sur l'usager et à l'innovation ouverte se retrouve chez plusieurs auteurs.

Un petit nombre de publications sur les LL met l'accent sur l'innovation territoriale et/ou sociale, sociétale. Selon Santoro et Conte (2009), la communauté des usagers d'un LL prendrait forme sur un territoire pouvant compter déjà divers groupements, organisations et institutions, dont possiblement un ou des « *clusters* », le défi étant d'y trouver place tout en y soutenant une cohésion d'ensemble pouvant prendre la forme de « régions fonctionnelles d'innovation ouverte ». En 2008, Schumacher et Niitamo rattachent une innovation qualifiée de « régionale » à l'approche européenne du Living Lab. Dans l'introduction de ce même ouvrage, Feurstein *et al.* associent le « *Living Lab Concept* » à une « nouvelle stratégie de développement ». Marsh (2008) relie également les LL au développement régional et explique comment les LL peuvent soutenir celui-ci en mettant l'accent sur la participation des acteurs des « communautés » à des projets. Selon Marsh, la recherche d'une plus grande compétitivité et soutenabilité au plan social et environnemental (p. 3) implique la prise en compte du territoire, lequel possède un « tissu socio-économique » (p. 4). Marsh (2011) et Marsh, Molinari et Trapani (2013) présentent le cas d'un « *Territorial Living Lab* » de régénération urbaine et d'innovation sociale en Sicile. Schaffers *et al.* (2011), rappelant des initiatives de Living Labs en contextes urbains (« *Smart Cities* » avec le projet Periphèria), ruraux et régionaux (p. 440), envisagent leurs rapports à la « création de systèmes territoriaux d'innovation combinant des activités à haute intensité de connaissances, des institutions de coopération et d'apprentissage et des applications en ligne d'intelligence collective » (p. 434, traduction libre), estimant que ces avenues « recentrent l'attention sur un *People in Places* » (p. 441). En 2008, Almirall et Wareham avaient considéré à leur façon la question des espaces d'expérimentations de l'innovation ouverte, estimant que les méthodes employées au sein des LL n'étaient souvent pas d'échelle suffisante (p. 25). Cette échelle insuffisante était associée à des « *geographical limitations* » rendant pour cette raison les réseaux très importants, ceci dans une perspective d'accès et d'effets sur des systèmes d'innovation plus larges.

En rapport avec le développement rural, l'innovation sociale occupe une place importante dans les travaux de Schaffers *et al.* 2009 sur un réseau de LL ruraux considérés comme des instruments pour l'innovation économique et sociale. Il en va de même pour Dutilleul, Birrer et Mensink (2010) selon lesquels le potentiel innovateur des LL serait fondé sur leurs capacités de constitution de « nouvelles configurations sociales pour l'organisation de l'innovation » (p. 60, traduction libre), les obstacles à l'innovation étant également sociaux. Soetanto et van Geenhuizen (2011) se sont intéressés à des LL impliquant des entreprises universitaires essaimées portant attention aux dimensions tant sociales que spatiales des réseaux constitués et à leur efficacité à pouvoir lever des obstacles (manques de connaissances ou de moyens financiers, problèmes de gestion, incertitudes, etc.) et générer des innovations. À la lumière du cas d'un réseau de LL transfrontaliers (Finlande et Estonie) que l'on vise à constituer, Lepik, Krigul et Terk (2010) et Lepik et Varblane (2010) soulignent les défis entourant des transferts de connaissances (y compris sur le LL) d'un contexte socio-institutionnel et linguistique à un autre.

3.2.4 Un ensemble de recherches évaluatives sur des expériences de LL

La Conférence et le Manifeste d'Helsinki (2006) ayant indiqué l'importance de l'évaluation, à partir de 2006, plusieurs recherches collectives étaient menées débouchant sur des publications scientifiques (voir une recension avec coûts dans EC [European Commission] 2009). La recherche CORELABS (2007 ; Schumacher et Niitamo 2008), une de celles-là, a pour objectif central l'initiation de LL et du réseau. Les rapports et articles co-signés par de nombreux chercheurs et chercheuses qui accompagnent ces expériences jettent les bases d'une compréhension du LL, distinguant les « principes de l'approche » et deux autres questions : les « éléments du processus d'innovation » et les « composants de l'environnement LL ». Les cinq « principes » retenus sont : la continuité (*continuity*) ; l'ouverture (*openness*) ; le réalisme (*realism*), soit l'implication de « véritables usagers » dans des situations de « vie réelle » ; l'*empowerment* des usagers, soit leur implication et possibilité d'influencer les processus ; et la spontanéité (*spontaneity*). Ces cinq « principes » seraient revus par Bergvall-Kåreborn *et al.* (2009), cette équipe suédoise conservant l'ouverture et le réalisme, l'*empowerment* devenant l'influence [des usagers], la soutenabilité et la valeur remplaçant la continuité et la spontanéité[10]. Avec CORELABS, rejoignant les « éléments » et « composants » du LL, une représentation cubique de celui-ci était proposée. Le *Living Lab Harmonisation Cube* (Mulder, Velthausz et Kriens, 2008b) comporte six faces pointant la participation de l'usager, l'infrastructure, les méthodes et outils, la gouvernance, les services [offerts par le LL] et les retombées des innovations. Pour CO-LLABS (2009), les faces du « cube » (et une septième dimension : « support à l'innovation des petites et moyennes entreprises ») étaient reliées aux sections d'un questionnaire, les réponses fournies étant transformées en indicateurs quantitatifs (de 0 à 100). Dans APOLLON (2010), on reconnaissait les défis liés à la détermination des indicateurs d'observation et à la formulation de questions pour que celles-ci soient les moins ambigües possible.

Menée de son côté entre 2006 et 2010, la recherche évaluative *Collaboration at Rural* (ou C@R) a concerné sept expériences de LL, six en territoires ruraux européens (5 pays) et une en Afrique du Sud (Guzmán *et al.*, 2007 ; Guzmán, Merz et Schaffers, 2009 ; Schaffers *et al.*, 2009). Les chercheurs et chercheuses de C@R avaient estimé que les mesures de performance des politiques d'innovation n'étaient pas appropriées pour C@R. Les impacts observés ont concerné la génération de résultats innovants au cours d'activités et la création de valeur économique ou sociale pour les usagers ; la constitution d'environnements pour l'innovation et l'apprentissage ; les effets sur des systèmes d'innovation et plus largement sur les systèmes socio-économiques ruraux, des « signaux faibles » en ce sens ayant été décelés durant la période d'existence de C@R. D'autres travaux sur l'évaluation ont été réalisés, dont De Moor *et al.* (2010) sur la qualité (subjective ou perçue et objective) de l'expérience des usagers de LL ; Hess et Ogonowski (2010) sur les rétroactions (*feedback*) en rapport avec la sélection des usagers/participants, et donc la composition et les caractéristiques de l'échantillon. La question de la fiabilité des résultats de l'évaluation occupe une place importante dans la recherche de Pade et Sewry

---

[10] Ces « principes » ont été repris par Ståhlbröst (2012) (en rapport avec la mesure des impacts) et Bergvall-Kåreborn, Eriksson et Ståhlbröst (2015) (en rapport avec la conceptualisation de l'espace et l'évaluation). Une équipe du Québec les a repris et revus, ce qui a donné lieu à différentes publications (CEFRIO, 2013 ; Lafontaine, 2013 ; Lafontaine, Lalonde et Boire 2016 ; Lafontaine 2017). Une équipe du Paraguay (Rojas de Arias *et al.*, 2014, p. 75) a retenu : le courage, l'ouverture, le réalisme, l'influence et la soutenabilité. Un chercheur australien, Burbridge (2017, p. 1729), les reprend tout en revoyant la « soutenabilité » pour qu'y figurent plus explicitement des objectifs de résultats en matière de développement soutenable. Janin, Pecqueur et Besson (2013) et Leminen (2015) s'y sont intéressés.

(2011). Tout en estimant indispensable la participation directe des communautés à ces évaluations, ceux-ci discutent également des relations causales complexes à cerner entre ces stratégies déployées et la réduction effective de la pauvreté.

3.3 MOMENT 3 : Multiplication, exigences de clarification et défis de soutenabilité (2012-2017)

Au cours du moment 3, des préoccupations sont formulées à propos du concept (précision, clarté, signification, caractérisation, rôle des théories, ontologies sous-jacentes, conceptualisation d'aspects dont le *Space & Place*) (Fulgencio, Le Fever et Katzy, 2012 ; Janin, Pecqueur et Besson, 2013 ; Baccarne, Schuurman, Seys, 2013 ; Quak *et al.*, 2015 ; Leminen, 2015 ; Schuurman, 2015 ; Bergvall-Kåreborn, Eriksson et Ståhlbröst, 2015 ; Rits, Schuurman et Ballon, 2015 ; Maccani *et al.*, 2017 ; Steen et van Bueren, 2017). À partir de 2011, des travaux sur le LL sont régulièrement publiés dans une revue mensuelle disponible sur Internet : *Technology Innovation Management Review* (TIM). Plusieurs revues de littérature sont réalisées (Tableau 1.2). L'observation de publications du moment 3 donne à voir l'importance montante de plusieurs questions relatives aux « contextes » de rattachement d'expériences de LL et aux méthodologies et méthodes permettant de les « garder vivantes » et de les évaluer. Les équipes de recherche s'intéressant aux LL sociaux, urbains ou *soutenables* se multiplient. Alors que de nouvelles déclinaisons de l'innovation et de ses cibles ou directions sont envisagées, les ancrages et les impacts spatio-temporels et territoriaux des LL apparaissent cruciaux à conceptualiser et à intégrer.

3.3.1 La contextualité, le spatial et les communautés de vie à l'heure de nouvelles déclinaisons de l'innovation

En septembre 2012, dans leur éditorial (McPhee, Westerlund et Leminen) d'un numéro de *TIM* consacré aux Living Labs, l'éditeur en chef C. McPhee annonçait le thème central du prochain numéro : *Born Global*, les deux éditeurs invités, Westerlund et Leminen, précisant « définir les Living Labs comme régions physiques ou réalités virtuelles, ou espaces d'interaction, dans lesquels les parties prenantes forment des partenariats publics, privés, population de firmes, agences publiques, universités, usagers et autres, tous collaborant à la création, au prototypage, à la validation et au test de nouvelles technologies, services, produits et systèmes, dans des contextes réels » (*real-life contexts*) (p. 3, traduction libre)[11]. En 2015, Eskelinen *et al.* relient les LL à un « contexte globalisé » marqué par des « défis globaux ». Les auteurs écrivent aussi (p. 16) que sous différentes appellations (innovation sociale, innovation centrée usager, *design thinking*, etc.), se dessine une conception désormais très large de l'innovation non confinée à la production nouvelle ou améliorée de biens ou services pour des marchés. Les références à une innovation ou à des dimensions « sociales » (ou sociétales) sont aussi plus importantes dans les travaux sur les LL. Edwards-Schachter, Matti et Alcantara (2012) traitent d'un LL d'innovation sociale en rapport avec la qualité de vie des personnes âgées. La recherche de Femenias et Hagbert (2013) concerne des *Habitation LLs* mettant l'accent sur l'innovation pour un habitat soutenable en Suède et aux États-Unis. Franz (2015) analyse un *Social LL* urbain à Vienne. Les travaux de Nesti (2017) portent sur l'*Urban LL* en rapport avec des *Housing Innovation Labs,* ceux de Duarte Masi (2016) sur des LL d'innovation sociale en Amérique latine et ceux de Hughes *et al.* (2017) sur des LL sociaux et éducatifs en Australie. C'est à travers des situations les plus quotidiennes et l'habitat humain – important depuis le moment 1 – que des préoccupations considérées « globales » et « locales » de plus en plus se croisent, alimentant des efforts de concrétisation de LL. Les références sont aussi plus nombreuses aux « acteurs » qui s'ajoutent à celles concernant « l'usager ».

Au cours du moment 3, les « contextes réels » (*real-life contexts*) sont intégrés aux définitions du LL de nombreux chercheurs (Almirall, Lee et Wareham, 2012 ; Schaffers et Turkama, 2012), certains utilisant aussi les termes *real world* (Leminen, Westerlund et Nyström, 2012 ; Ståhlbröst, 2013), termes utilisés dès 2008 par Mulder *et al.* dans une recherche en milieu rural sud-africain. Certains chercheurs et chercheuses, reprenant ou non explicitement Pierson et Lievens (2005), qualifient ces contextes de « multiples et évolutifs » (Mulder, 2012) tandis que d'autres les envisagent « physiques et virtuels » (Niitamo, Westerlund et Leminen, 2012). Selon Hakkarainen et Hyysalo (2013), un LL transforme les usagers de sujets observés en co-créateurs actifs d'idées, concepts, prototypes, les productions étant ainsi insérées dans un environnement ressemblant de près au contexte réel où elles apparaissent, y stimulant les interactions et créant un support institutionnel pour l'innovation, réduisant ainsi les risques d'échec, des

[11]En 2011 (p. 20), Westerlund et Leminen en avaient proposé une première définition quasi identique, mais sans référence aux « espaces d'interaction », suggérant son rattachement aux travaux de Ballon, Pierson et Delaere (2005) dont la définition pourtant diffère (voir section 3.2.1 du présent chapitre).

aspects non seulement sociaux, mais institutionnels étant ici concernés. En 2016, ces mêmes auteures définiront les LL comme des « environnements d'expérimentation réels » dans lesquels de nouveaux produits et services se « voient donner formes » (p. 45, traduction libre). En 2017, pour conceptualiser la notion de contexte, Coorevits et Jacobs proposeront sa « décomposition » en contextes temporels, physiques, techniques/informationnels, sociaux et relatifs à des tâches, appliquant sommairement ce modèle à l'observation de différentes « phases » de projets soutenus par des LL.

Pour Franz, Tausz et Thiel (2015) la « contextualité » importe, les bénéfices des LL (urbains) étant reliés au fait que des produits et services ont été « mis en œuvre dans les environnements de vie des citoyens » (p. 48, traduction libre). Georges, Schurrman et Vervoort (2016, p. 36) ajoutent à l'implication active de l'usager, une référence à des « interventions dans la vie réelle » et aux « multi-méthodes » utilisées, ces trois aspects caractérisant l'approche LL. Selon Juujärvi et Lund (2016) qui s'intéressent aussi à des LL urbains (*Urban Living Labs*), ceux-ci s'inscrivent dans des contextes « réels et complexes » où les résidents et les parties prenantes sont appelés à développer et tester des idées nouvelles, des systèmes et des solutions face à des problèmes sociaux et économiques difficiles à cerner. Ces « contextes réels » impliquent des environnements physiques et de nombreuses organisations, certaines en situation de compétition et de luttes de pouvoir. Des connaissances « *place-based* » sont aussi produites par les participants, leur utilisation du langage ordinaire pouvant s'avérer difficile à combiner avec des savoirs experts, les auteures suggérant qu'un temps d'apprentissage doive être consacré à l'établissement d'une vision partagée. En 2013, Hakkarainen et Hyysalo avaient observé des conflits et dynamiques de pouvoirs dans les environnements collaboratifs des LL, des apprentissages à l'interaction étant nécessaires pour espérer les « garder vivants ». Lehmann, Frangioni et Dubé (2015) ont envisagé que mettant en œuvre une co-innovation, des LL puissent jouer un rôle d'intermédiaires pour le design et la gestion de projets, ceux-ci pouvant ainsi soutenir leur acceptabilité sociale et leur persistance à travers le temps. Tang *et al.* (2012 a et b) ont quant à eux cherché à conceptualiser « l'expérience » des usagers autour de quatre dimensions : le temps, l'espace, les acteurs et les artéfacts (2012b, p. 380). Cette recherche finno-chinoise laisse entrevoir la complexité et la nouveauté des configurations sociospatiales et culturelles pouvant prendre forme. Tout en étant soutenues par des LL « internationalement distribués », ces configurations pourraient favoriser des innovations locales, la question de leur maintien à travers le temps, notamment grâce au LL, étant aussi posée.

3.3.2 Des perspectives méthodologiques plurielles

En 2012, Almirall, Lee et Wareham proposaient une cartographie des « méthodologies d'innovation » où celle du LL était positionnée. Cette cartographie intégrait deux axes centraux : 1) l'implication plus ou moins marquée de l'usager, celui-ci étant considéré comme « co-créateur » ou au contraire « sujet d'étude » et 2) des expériences menées en « contexte réel » ou au contraire en des « cadres de type laboratoire », ce terme faisant sans doute référence aux laboratoires scientifiques traditionnels. Tout en envisageant le LL sous l'angle d'une méthodologie axée sur la co-création (*users as co-creators*) soutenue en contexte réel (*real life environments*), ces auteurs envisageaient toutefois cette méthodologie adaptable en fonction des *real-life contexts* et d'autres « opportunités inattendues ».

Tang *et al.* (2012a, p. 106), traitent aussi d'une méthodologie LL, la caractérisant à la fois centrée sur l'usager, collaborative et multipartenariale. Ces chercheurs et chercheuses recommandaient par ailleurs que des recherches comparatives soient réalisées sur les utilisations d'une variété de méthodes et d'outils afin notamment de mieux prendre en compte une diversité de « contextes régulatoires et culturels ». Schaffers et Turkama (2012) considèrent qu'un LL doit intégrer à la fois des méthodes de recherche et des outils spécifiques pouvant être développés ou partagés. Schuurman et De Marez (2012) envisagent une combinaison possible de méthodes de recherche au sein de démarches de LL. Schuurman, De Marez et Ballon (2013) font référence au caractère multiméthodologique du LL alors que « différentes méthodes de recherche peuvent être utilisées pour accéder aux idées et connaissances des usagers » (p. 31). Schuurman et Tõnurist (2017) mentionnent le recours possible à « différentes méthodes » pour impliquer l'usager. Edwards-Schachter, Matti et Alcantara (2012) considèrent le LL comme une méthodologie (et un espace d'innovation), estimant que celle-ci peut soutenir une innovation sociale intégrant aussi le lieu (*place*). Pour Dell'Era et Landoni (2014, p. 137), l'originalité même du LL résiderait justement dans son « introduction d'une nouvelle méthodologie ». Ceux-ci en proposent un modèle combinant plusieurs spécificités (implication et interaction des usagers, recours à des situations réelles, rôle de la technologie, etc.), ceci tout en indiquant que différentes méthodes pourront être utilisées (p. ex. questionnaires, entrevues, *focus group,* test d'utilisabilité, ethnographie appliquée, observations de *lead users*, etc.). Lucassen, Klievink et Tavasszy (2014, p. 5) insistent sur l'importance, pour les praticiens et les responsables publics, de parvenir à identifier les composants centraux (*building blocks*) d'une *Living Lab methodology* pouvant soutenir des expérimentations et leur évaluation. Selon eux, son manque permettrait de conférer le titre de LL à toute initiative comportant un « test » et incluant des usagers, le concept risquant d'y perdre sa valeur. Mais dans une optique différente, Leminen et Westerlund (2017) laissent entendre que contrairement à des analyses « centrées sur une explication des LL comme méthodologie » (p. 21, traduction libre), c'est en utilisant des « méthodes et outils appropriés » que les LL pourront soutenir l'innovation.

3.3.3 Défis de soutenabilité pour des LLs intégrant de fortes perspectives spatio-temporelles et des changements systémiques

Au cours du moment 3, des publications de plus en plus nombreuses sur le LL intègrent la question de la soutenabilité, dont en particulier celles sur des *Urban LLs* (ou *ULLs) et ULLs for Sustainability.* La soutenabilité peut ici concerner la (co)création et l'expérimentation de produits ou services « soutenables » (aux plans à la fois écologique, social et économique), l'adoption de comportements individuels et collectifs « soutenables », la transformation des systèmes productifs et de consommation ou celle d'aires urbaines, périurbaines, régionales et territoriales à engager dans des « transitions » soutenables en réponse à des « défis sociétaux » contemporains (et anticipés) complexes, impliquant leur mode de gouvernance. Plusieurs publications portent aussi à l'attention la question de la soutenabilité (ou « vitalité ») du LL, ou de réseaux de LL (Mulvenna et Martin, 2013 ; Katzy, 2012 ; Hakkarainen et Hyysalo, 2013 ; Herselman *et al.*, 2015 ; Mastelic, Sahakian et Bonazzi, 2015).

Dans le cas des *ULLs et ULLs for Sustainability,* un programme européen, le *Joint Programme Initiative* (JPI) *Urban Europe* était proposé en 2010, visant une transition vers des futurs urbains soutenables et vivables, le programme incluant explicitement le Living Lab (Robinson *et al.*, 2015). De nombreux projets comportant des expérimentations à partir de LL existants ou la création de *ULLs* allaient être soutenus. Parmi eux, GUST (*Governance of Urban Sustainability Transitions : advancing the role of living labs*) (2014-2017) visait explicitement à cerner le potentiel, mais également les limites des LL. Dès 2011, deux chercheurs de l'Université de Manchester, Evans et Karvonen, discutaient la pertinence des *ULLs*. Ils en recommandaient la création avec prudence, redoutant une érosion des choix politiques au profit des « préférences des usagers », une « autre lecture » du LL pouvant y voir un outil potentiel d'adaptation et de renouvellement de l'expérience démocratique. En 2013, Juujärvi et Pesso attiraient l'attention sur l'*ULL* et ses caractéristiques, soutenant (p. 22) que celui-ci rejoignait la définition du LL de Westerlund et Leminen (2011) (voir la section 3.3.1 du présent chapitre). Trois formes de *ULL* étaient distinguées : une première où le cadre urbain sert d'environnement de recherche pour des usagers donnant des avis sur des produits ou services ; une deuxième où les usagers peuvent co-créer des artefacts et services urbains ; et une troisième utilisable comme outil de planification urbaine axée sur une participation citoyenne à l'élaboration de visions et à des prises de décisions. Juurjärvi et Lund (2016) ont aussi indiqué que des *ULLs* « socialement orientés », caractérisés par la participation citoyenne et une forte collaboration avec les acteurs locaux, nécessiteraient un engagement « pro-actif » à long terme, soulignant « l'importance d'allouer suffisamment de temps à l'initiation des processus d'innovation » (p. 24). En 2015, Franz, Tausz et Thiel soulignaient la nécessité pour des démarches d'innovation en LL de se situer « au-delà des projets », celles-ci devant pouvoir compter sur des « structures de coopération soutenables reposant sur une perspective à long terme » (p. 49), augmentant ainsi la confiance des autorités et partenaires. Selon Buhr, Federley et Karlsson (2016), l'engagement pour des projets axés sur des objectifs locaux nécessite l'établissement d'un dialogue et la réalisation d'activités visibles dans l'espace public, la question de l'existence à long terme des initiatives soutenues par les *SubULLs* (en territoires sub-urbains) constituant un défi.

Dans une perspective de compréhension des pratiques effectives dans les LL., Habibipour *et al.* (2017) se sont intéressés à la rétention des participants à des tests effectués, l'influence de plusieurs facteurs étant examinée. Rejoignant cette question, les recherches de Georges, Schuurman et Vervoort (2016) ont visé à mieux cerner un problème de non-rétention des participants aux démarches de LL (tests et autres), ce problème pouvant être relié à leur manque de valeur ajoutée réelle ou perçue. Les analyses de Schuurman *et al.* (2016, p. 337) ont rappelé la variété des types d'acteurs pouvant contribuer aux activités des LL, utiliser leurs moyens ou en bénéficier, le *City Living Lab* leur paraissant stimuler leur sentiment de construction communautaire, celui-ci pouvant être moins présent dans un LL « géographiquement dispersé ». Voytenko *et al.* (2016) s'intéressent de leur côté à la contribution possible des *ULLS* à la constitution de villes européennes à faible teneur en carbone à travers cinq caractéristiques clés des *ULLs* : l'importance de leur « ancrage géographique » ; l'intégration de l'expérimentation et l'apprentissage ; la participation et l'implication des usagers ; l'évaluation des actions et impacts, les rétroactions et l'affinage des objectifs et visions à travers le temps et (5) l'identification du leadership ou de la propriété des *ULLs*.

« Les LL urbains sont devenus un phénomène à la mode [...] », écrivent Steen et Van Bueren (2017, p. 21-23), McCormick et Hartman (2017, p. 6) soulignant leur « prolifération » en Europe et ailleurs dans le monde. Pour Bulkeley *et al.* (2016) aussi, les *ULLs* « prolifèrent » empiriquement rapidement. Steen et Van Bueren (2017) considèrent pourtant « opaques » (et *unclear*) les définitions proposées du concept d'*ULL,* des buts et des activités variés étant poursuivis. Ces auteures suggèrent que leur distinction d'avec les LL en général tiendrait à leur « focus territorial explicite », le « contexte de vie réelle » des expériences étant souvent celui d'un territoire ou d'un lieu spatialement délimité. Rejoignant cette perspective, McCormick et Hartman (2017) font également du *geographical embeddedness* des *ULLs*, leur première caractéristique, l'évaluation de leurs actions et impacts en constituant une autre. Quelques années plus tôt, Femenias et Hagbert (2013) avaient porté à l'attention des projets suédois d'*Habitation Lab* visant des objectifs écologiques et sociaux d'habitats et styles de vie soutenables, cette direction (non testée) étant associée à « un véhicule pour une innovation plus radicale concernant l'usage de l'espace et des ressources pour vivre » (p. 21).

En ce qui concerne les *Living Labs for Sustainablity* des chercheurs de l'Institut Wuppertal (en Allemagne) et leurs partenaires européens universitaires, industriels et publics de plusieurs pays, en ont fortement soutenu l'émergence, la conceptualisation et l'expérimentation. Pour Welfens *et al.* (2010) « l'approche LL » paraît cruciale pour la conception et l'expérimentation d'éco-innovations. Amorcée en 2008 et centrée sur le *home environment,* la recherche reposait sur une analyse prospective de 12 tendances globales parmi lesquelles figuraient, selon leur importance, la rareté des ressources et leur efficacité, les changements climatiques et menaces environnementales, l'urbanisation, les nouveaux modèles de consommation, l'intelligence ubiquitaire. Ces tendances globales étant reprises dans Leidtke *et al.* (2012a), à chacune étant reliées des dimensions inscrites dans un *Living Lab Research Agenda* (p. 110) incluant l'évaluation de la « valeur ajoutée » du LL. La même année, Leidtke *et al.* (2012b) traitaient d'un projet de création de plusieurs *Sustainable LivingLabs* (en un mot) et d'un regroupement désigné SusLabNWE pour Nord-Ouest Européen[12], un regroupement spécifique devant également être constitué en Allemagne – *SusLabNRW model region* pour Nord-Rhin-Wesphalie (Geibler *et al.* 2012[13]). Dans Leidtke (2012b), les principales bases théoriques de ces

---

[12] En 2014, une brochure (Keyson *et al.*) offrait une présentation du regroupement de 11 SusLabs en Allemagne, aux Pays-Bas, en Angleterre et en Suède.
[13] En 2018, Geibler *et al.* recensaient 99 Living Labs en Allemagne, une vingtaine réalisant des évaluations de soutenabilité (*sustainability assessment*).

laboratoires étaient sommairement présentées (les mêmes reprises dans Baedeker *et al.* 2014 et dans Leidtke *et al.* 2015 et 2017), mentionnant des travaux sur l'innovation ouverte (Chesbrough, 2003 et 2006) et axée sur l'usager (von Hippel, 1986), sur les transitions sociotechniques (Geels et Schot, 2007), mais également sur les pratiques sociales (Bourdieu 1977) et les rapports acteurs/structures sociales (Giddens, 1984). Quant à la méthodologie de ces laboratoires, celle-ci impliquerait trois « phases » (déjà évoqué en 2010) : des enquêtes initiales, un prototypage et des tests et évaluations *in the field* (avec référence aux travaux de K. Lewin, 1951), l'utilisation de plusieurs méthodes étant aussi prévue. À cette époque, d'autres chercheurs et chercheuses, dont aux Pays-Bas Romero *et al.* (2013), s'intéressent aussi au *SLL*. En 2015, Leidtke *et al.* donnaient leur définition du *Sustainable LivingLab* (LL écrit en un seul mot) : « une infrastructure régionale, nationale et internationale, basée localement, mise en place pour permettre aux usagers et aux acteurs concernés de la chaîne de valeur de participer activement aux processus d'innovation comprenant différentes phases de développement, test et marketing » (p. 107, traduction libre). On y précise qu'une méthodologie spécifique aux *SusLLs* et une gamme de méthodes soutiendront l'intégration des usagers et parties prenantes dans une chaîne de valeur pour la production et la diffusion des innovations, créant un espace d'interaction et d'apprentissage social des parties prenantes. Selon Buhl *et al.* (2017), l'intégration d'éco-innovations aux domiciles ne sera pas « automatique ». La réalisation de « tests » d'usages « réels » intégrant des rétroactions (*eco-feedback*), indiquerait l'importance d'intégrer l'expérience des usagers aux différentes phases des processus d'innovation, les pratiques et habitudes impliquant des systèmes matériels, des savoirs et des significations.

Selon nos analyses d'une partie de cette littérature, les travaux sur les *Urban LLs*, les *ULLs for Sustainability* et les *Sustainable LLs* présentent des convergences mettant l'accent sur la soutenabilité, l'innovation et les transitions écologiques et sociétales, le rôle central des usagers/acteurs ainsi que sur la nécessité de l'expérimentation incluant des rétroactions et des évaluations. Mobilisant et réseautant des équipes de chercheurs et praticiens de plusieurs pays et mettant en œuvre des programmes de recherche reliés à des expérimentations souvent multilocales ancrées à des « lieux » (*place-based*), ces laboratoires offrent déjà un prolongement aux travaux sur le LL et l'innovation qui partiellement les fondent et pourront être enrichis. Comme l'ont indiqué certains auteurs, des recherches seront nécessaires pour cerner les incidences – certaines bénéfiques, d'autres possiblement moins – de ces LL et avenues nouvelles pour le développement des villes et métropoles, mais également pour les régions périphériques ou rurales et les petites villes.

4. Discussion, limites et remarques conclusives

En 2010, Dutilleul, Birrer et Mensink postulaient l'existence d'un concept de LL à plusieurs « facettes » à distinguer. Cette piste, alimentée par d'autres recherches, dont celles de Bergvall-Kåreborn *et al.* (2009), du CEFRIO *Des Laboratoires Vivant pour des Territoires Innovants* (2013) et de Westerlund et Leminen 2014 (en 2016, Leminen et Westerlund) a servi de fil conducteur à nos observations et analyses. Tout en éclairant les origines du concept, celles-ci permettent d'envisager plus précisément ces « facettes » et leurs rapports ; des rapports entre des expériences, une approche et une méthodologie, entre ces trois facettes et un domaine (ou champ de savoir) ainsi qu'un mouvement ou des réseaux. Si pour chacune de ces facettes, divers apports, emprunts et remaniements ont pu être identifiés, trois « moments » reliés ont aussi pu être dégagés où se profilent des « avancées », mais aussi des « flottements ».

AU MOMENT 1 (1991-2004), le LL était principalement envisagé comme un « environnement » et/ou une méthodologie centrés sur l'exploration, le design, le test, l'expérimentation et l'évaluation de technologies nouvelles, mettant l'accent sur leurs usagers (leurs « expériences ») et leurs usages « réels » dans la « vie quotidienne ». Des apprentissages, des usages, des environnements et des interactions qui pour être mieux compris doivent pouvoir être directement observés et conservés pour analyse, ces enjeux d'observation (et de constitution de « mémoires ») réclamant des méthodologies renouvelées (*in situ, learning by doing*) ou envisagées complémentaires à celles plus régulièrement employées (expériences et tests en laboratoires universitaires ou industriels, sondages, entrevues, etc.).

AU MOMENT 2 (2005-2011), sous l'impulsion de chercheurs européens surtout, le LL était abordé non seulement comme environnement et/ou méthodologie, mais comme une « approche ». Considérée à « expérimenter », un point essentiel, celle-ci est voulue centrée sur « l'innovation » et sa co-production, et d'abord sur l'être humain. Une « primauté » affirmée plus que théorisée ou proposée sur la base d'une ontologie définie ou d'une conceptualisation de l'*agency* (agents, acteurs, intermédiaires). Cette « approche LL », plusieurs recherches évaluatives collectives s'efforcent d'en poser les « principes », certains rappelant des thèmes portés à l'attention au moment 1 (réalisme, *empowerment*), d'autres étant nouveaux (ouverture, valeur, soutenabilité). On cherche ainsi à cerner les constituants (*components*, ou *building blocks*) d'une théorisation des LL. La question du *space and place* (centrale au moment 1) demeurant assez peu intégrée et très faiblement conceptualisée, plusieurs déclinaisons de l'innovation étaient sommairement explorées (innovation « ouverte » et innovation axée sur « l'usager » surtout), quelques travaux états-uniens fortement diffusés à l'échelle internationale (Chesbrough, Von Hippel) leur servant surtout d'assises à fort « *pro-innovation bias* » (Godin, 2016, p. 28), ceci alors que les travaux sur les technologies ubiquitaires faisaient eux état de risques possiblement associés à leur déploiement généralisé (préservation de la vie privée, usages, contrôle et surveillance monopolisés, conséquences inattendues). Au plan méthodologique, certains processus ciblés au moment I étaient adaptés (prototypage, tests itératifs, expérimentation en « contexte réel », rétroaction/évaluation, s'y ajoutant la co-création), mais désormais abordés comme « phases » de l'innovation. La méthodologie LL devait aussi permettre la constitution et l'évaluation des retombées de ces nouveaux environnements, certaines recherches évaluatives éclairant des processus de création et d'innovation collectivement mis en action tout en demeurant confrontées aux nombreux défis conceptuels et méthodologiques de l'évaluation.

AU MOMENT 3 (2012-2017), le LL est envisagé principalement comme un environnement, une approche ou une méthodologie. L'approche demeure fortement centrée sur l'innovation (courants mettant l'accent sur le rôle central de l'usager et travaux sur l'innovation ouverte, mais aussi caractérisée comme territoriale, sociale/sociétale, soutenable), celle-ci pouvant poursuivre différentes finalités et cibler la résolution de problèmes, des transitions ou des transformations (écologiques, sociétales). Plus récemment, tout en continuant de mettre l'accent sur les expériences « dans le monde réel », des recherches tendent à reposer sur des assises (multi)théoriques plus explicites. Si plusieurs recherches visent à clarifier ses principes ou caractéristiques, beaucoup ciblent l'importance de la participation des « acteurs », rattachant ceux-ci à des cadres sociaux et territoriaux. Au plan méthodologique, si des processus ciblés au moment I (expérimentation, évaluation), puis adaptés au moment 2 (comme « phases » des processus de l'innovation) retiennent toujours l'attention, des travaux cherchent à préciser les caractéristiques centrales d'une méthodologie LL spécifique, mais adaptable, ou encore mettent plutôt l'accent sur l'usage de méthodes et d'« outils » multiples pouvant être combinés. Dans le cas du LL où l'on mise pourtant sur la « co-construction » de connaissances, les rapports entre méthodologie et épistémologie demeurent rarement traités.

Sous-jacentes aux recherches sur le LL amorcées durant les années 1990, on retrouve le développement de technologies numériques et « ubiquitaires » et leur « introduction » qui se poursuit dans le tissu du « monde réel ». Certains chercheurs et chercheuses qui les expérimentaient allaient juger indispensable de mieux cerner leurs usages et leurs effets et d'en rendre plus « conscients » leurs utilisateurs pour qu'ils renforcent leurs capacités de penser et d'agir, y compris en « collectifs » spatialement distribués ; une perspective d'*empowerment* demeurée présente dans plusieurs recherches sur les LL (p. ex. Intille, 2002 ;Bergvall-Kåreborn et Ståhlbröst, 2009 ; Veeckman et van der Graaf, 2015 ; Guimont et Lapointe, 2016b).

Les expériences de *Living Laboratory/Living Lab* que l'on cherche à concrétiser ou à « garder vivantes » sont demeurées centrales dans les publications scientifiques (1991-2017). Dès le départ, il a été considéré que c'était à travers celles-ci qu'une méthodologie et, à partir du moment 2, une approche allaient pouvoir être développées ainsi qu'une compréhension plus approfondie des processus d'innovation. Les liens entre ces trois « facettes » démarquent le concept de LL. De même que toute l'attention portée par les chercheurs et praticiens aux modalités, opérations et pratiques montrent comment diverses formes d'innovation peuvent être envisagées, générées, testées, évaluées et introduites dans le « tissu » du réel. Au moment 1, les publications font état de la constitution d'environnements, d'espaces ou d'infrastructures ressemblants (ou reliés à) des artefacts/situations/contextes de vie quotidienne ou du monde réel (quartier, salle de classe, immeuble, maison, etc.) en vue d'y réaliser des expérimentations et recherches. Au moment 2, le Living Lab demeure envisagé comme un « environnement », mais (éco)systémique ou réticulaire, ou à caractère social/sociétal (milieu, configuration) pour l'innovation, celui-ci pouvant opérer en contexte territorial. Au moment 3, de nombreux LL axés sur la soutenabilité prennent forme, considérés comme sites ou infrastructures de recherche, mais aussi de gouvernance (urbaine, territoriale). Ceci marque une évolution de la recherche sur le LL – et sans doute de sociétés « réelles » moins nationalement définies – qui la rapproche de théories et stratégies mettant l'accent sur l'importance des villes et des territoires pour une évolution économique et sociétale voulue plus durable.

En ce qui a trait au domaine scientifique (Schapere, 1977), le « territoire » (*landscape*) du LL demeure incertain, seul un très petit nombre de publications en ayant directement traité. En 2010, Pallot *et al.* concluaient (2010) que le « manque d'un panorama du domaine de la recherche sur le Living Lab » (p. 8, traduction libre) constituait une question importante pour la compréhension même du concept de Living Lab. En 2014 (puis en 2016), les publications ayant été aussi plus nombreuses, c'est cette fois à partir d'une revue de littérature *comprehensive* que Westerlund et Leminen ont basé leurs efforts d'identification de *research streams*. Rejoignant ces conclusions et ces efforts, notre étude généalogique trace le portrait d'une cognition « distribuée », évolutive et itérative (au sens d'un parcours en boucles d'apprentissage), de plus en plus axée sur des efforts de résolution de problèmes globaux et locaux portés par de nombreux « collectifs » en interaction. En ce sens, nous sommes peut-être devant non pas un domaine scientifique axé sur un « objet » central (tel le social pour la sociologie, le spatial pour la géographie, etc.), mais un espace collaboratif d'apprentissages et de découvertes d'un genre nouveau renvoyant à de nouveaux modes d'interaction et d'action qui se répandent et que la recherche sur le LL et d'autres courants pourront continuer d'éclairer.

Concernant le LL comme mouvement, c'est au cours du moment 2 que quelques chercheurs ont commencé à s'intéresser à cette question, la reliant à la constitution du réseau européen ENoLL. Lancé en 2006, ce réseau et quelques autres reliés (dont certains nordiques, africains, latino-américains ou thématiques) ont contribué à porter à l'attention les LL et plusieurs défis sociétaux, certains identifiés par des mouvements sociaux ou collectifs d'acteurs depuis les années 1960 (créativité, innovation et entrepreneuriat, participation démocratique, gouvernance et inclusion, changements démographiques et climatiques, santé, alimentation, énergie, transports, durabilité). En 2017, Leminen, Niitamo et Westerlund proposaient une brève histoire des Living Labs, mettant l'accent sur une troisième phase du « mouvement » européen allant dans le sens de sa globalisation et de la professionnalisation des LL. Nos analyses soulignent la complexité de la situation actuelle où se manifestent des continuités et recadrages autour de la soutenabilité, des exigences de clarifications et un foisonnement de nouvelles initiatives de création de laboratoires (urbains, de soutenabilité, sociaux, territoriaux), la voie de la « professionnalisation » n'étant pas la seule possible, même si elle est avancée, posant la question des savoirs à mobiliser pour soutenir ces démarches et les évaluer. Dans le cas du LL, notre recherche exploratoire montre des liens importants et prolongés entre mouvements (sociaux, de réseaux, des catégories de la pratique sociale) et domaines scientifiques, les uns donnant sens aux autres, marquant et étant marqués par des expériences, une approche et des méthodologies demeurées en co-construction à travers des coopérations, des échanges et des tensions, plusieurs flottements restant à mieux cerner et réduire.

Des limites. Tel que souligné plus haut, la recherche sur le LL est non seulement assez récente (trentaine d'années), mais « distribuée » à travers des documents de plusieurs types (rapports de recherche, actes de congrès, articles, ouvrages, documents d'instances publiques) et un très large spectre de revues scientifiques (en plusieurs langues), rendant son repérage malaisé. Pour contrer ces difficultés, une revue de littérature à caractère systématique a été réalisée intégrant une procédure de fouille que nous avons précisée. Celle-ci repose pour une large part sur plusieurs revues de littérature à caractère systématique déjà existantes, notre base ne retenant que des articles de revues et textes de conférences scientifiques comportant certains termes dans leur titre et publiés en langue anglaise, la langue prédominante des échanges, alors qu'il en existe de plus en plus dans d'autres langues. Si nous l'estimons représentative, notre revue de littérature n'est pas exhaustive. La diversité des langues constituant une richesse, offrant diverses façons d'envisager le monde, ses problèmes et des solutions, l'importante question des traductions s'en trouve posée, celles-ci n'étant pas toujours aisées. Ces articles et textes intégrés à notre base ont par ailleurs généralement été assez brefs (quinzaine de pages), portant surtout à l'attention des cas de LL observés durant des périodes courtes (quelques mois, plus rarement quelques années), les développements théoriques et méthodologiques y demeurant généralement succincts. Notre corpus ayant ses limites, nous y avons d'autre part ciblé certains thèmes et termes (*approach, methodology, environment, domain, movement*), portant ici à l'attention des exemples choisis (en nombre limité), suggérant des lignes de partage permettant de distinguer trois « moments » évolutifs dont nous avons traité sommairement. D'autres analyses de notre matériel, notamment celles en cours des diagrammes accompagnant ces publications et celles offertes par d'autres chercheurs et chercheuses pourront venir enrichir et nuancer nos interprétations.

Remarques conclusives. Notre étude généalogique du *Living Laboratory-Living Lab* (1991-2017) s'inscrit à la suite de démarches de recherche et d'expérimentations qui l'ont reliée à des transformations, défis et enjeux non seulement sociétaux (technologiques, socio-économiques et politiques et écologiques), mais de conceptualisation. Sur la base d'une revue de littérature à caractère systématique, nous avons pu mettre en lumière des apports et résultats « distribués » à travers le temps et l'espace (large spectre de revues et disciplines, trois décennies, plusieurs continents). Ces démarches se révèlent moins éparses que reliées entre elles et rattachées à des expérimentations et projets en mode Living Lab ainsi qu'à de nombreux domaines de préoccupations scientifiques et publiques. Si, liés à des expérimentations, les efforts de réarticulation de notions empruntées à des domaines variés dans des modèles explicatifs enrichis et critiques de l'innovation sont appelés à se poursuivre, des travaux sur les LL peuvent aussi soutenir des pistes au sein de domaines conservant ou renouvelant leur identité et saisies d'enjeux. Ce point est important si l'on songe en particulier qu'une intégration du *space & place* paraît de plus en plus indispensable pour une compréhension plus approfondie des expériences de laboratoires vivants (d'innovation, de création, urbains, citoyens, territoriaux, axés sur la soutenabilité, etc.), leur soutien et l'évaluation de leurs retombées et impacts.

Or, depuis les années 1950, alimentées par des courants d'économie politique anciens et nouveaux en débats (« orthodoxie et hétérodoxie » relevant d'une « vieille histoire » a rappelé Dostaler en 2003), des recherches rattachées à des domaines variés ont soutenu une quête de connaissance du « développement »[14] socio-économique et d'interventions publiques ou de stratégies censées l'infléchir (Lafontaine, 2015). C'est le cas d'une économie du développement (*development economics*) dont Meier et Stiglitz (2001) ont invité à « ouvrir les frontières » pour s'attaquer aux graves problèmes non résolus des inégalités et des dégradations environnementales. Plus récemment, Castells et Himanen (2014) plaidaient la nécessité, « à l'ère de l'information mondiale », de reconceptualiser le développement (sa multidimensionnalité, ses buts et ses moyens). Dans plusieurs pays, des sciences régionales (une économie spatiale ou régionale) (Isard, 1956 ; Polèse, 2012) et du développement régional et local (Friedmann et Alonso, 1965 ; Friedmann et Stöhr, 1966) ont également pris forme, des politiques et stratégies de développement régional (de plus en plus tournées vers l'innovation, Bradford et Wolff, 2013) y étant mises de l'avant (mais non nécessairement en œuvre et peu évaluées). Au cours des 40 dernières années, une variété de formes d'organisation, modèles ou modalités d'interactions ont été envisagés, interrogés ou ont émergé (milieu innovateur, district industriel ou technologique, réseau, système productif localisé, *cluster* et système régional d'innovation, région apprenante, écosystème entrepreneurial, tiers-lieux). La notion de développement territorial (économie territoriale, Courlet et Pecqueur, 2013) s'impose progressivement à l'attention, les espaces, les territoires et les « lieux » avec lesquels les acteurs ont des « liens » et peuvent « innover », suscitant des efforts de clarification qui se prolongent[15] à travers des recherches, certaines dites partenariales ou collaboratives impliquant des acteurs de milieux variés , des échanges et d'indispensables débats (autour des écosystèmes entrepreneuriaux notamment, Cooke, 2016 ; Alvedalen et Boschma, 2017 ; Asheim, Grillitsch et Tripp, 2017).

---

[14] En 2005, *Journal of Economic Literature* publiait *Development*, un texte de Schumpeter (1932) retrouvé en 1993. Celui-ci s'ouvre sur une invitation à regarder des tableaux florentins des XIII et XVe siècles pour y observer une transformation manifeste et majeure dans la représentation du monde. Comment expliquer un changement aussi considérable ? interrogeait-il, laissant entrevoir que la compréhension de cette sorte de « nouveauté » (*novelty*) était essentielle, tout en posant un très grand défi scientifique non résolu.

[15] Parmi une liste déjà longue, mentionnons les travaux européens, américains et québécois de : Aydalot, 1976 ; Friedmann et Weaver, 1979 ; Aydalot et Keeble, 1988 ; Maillat, 1991 ; Garofoli, 1992; Lacour, 1996 et 2000 ; Storper, 1997 ; Fontan, Klein et Lévesque, 2003; Moulaert et Sekia, 2003 ; Guesnier et Joyal, 2004 ; Kébir et Crevoisier, 2004 ; Lafontaine et Jean, 2005; Camagni et Maillat, 2006 ; Massicotte, 2008 ; Crevoisier et Jeannerat, 2009 ; Crevoisier, 2010 ; Leloup, 2010 ; Torre, 2015 et 2018.

Du côté de recherches mettant à jour des territorialités complexes et mouvantes à travers lesquelles se refont et se défont peut-être des formes d'organisation qui ont caractérisé les « sociétés », comme aussi dans plusieurs recherches sur les *Living Labs/Living Laboratories*, on ne se demande pas seulement comment on peut innover, mais aussi comment améliorer des trajectoires de développement des collectivités qui affectent les personnes, les familles et les organisations, comment soutenir une action collective ou concertée plus autonome des acteurs pour satisfaire leurs besoins, comment assurer leur bien-être et expérimenter des solutions à leurs problèmes d'aujourd'hui ou anticipés (Rochman *et al.*, 2017a ; Klein et Pecqueur, 2017). Les « environnements », « communautés de vie » (cités ou communautés intelligentes, territoires innovants) que l'on cherche dans plusieurs cas à consolider ou à constituer n'étant pas tous également dotés, le devenir des territoires non métropolitains, ruraux, marginalisés ou considérés « périphériques », rend tout particulièrement impératif l'approfondissement des connaissances des dynamiques relationnelles territorialisées d'innovation ainsi que des expérimentations et modalités d'organisation en mesure de les soutenir durablement (Fortin et Handfield, 2016). Des convergences pouvant être observées entre plusieurs programmes de recherche sur les LL (dont urbains, territoriaux, sociaux, de soutenabilité) et ceux prenant appui sur des approches et théories du développement territorial et de l'innovation, leur « rapprochement » pourra permettre d'envisager des pistes renforcées ou inédites de recherche et d'action à la mesure des lourds défis écologiques, sociétaux et numériques contemporains.

Chapitre 2

Les Living Labs sont-ils toujours territorialisés ?

Bernard Pecqueur

Historiquement, les années 1970 constituent un tournant important dans l'évolution des formes du capitalisme. La remise en cause du mode d'organisation fordiste qui se produit à l'époque constitue non seulement la fin du produit standard (produit en masse et totalement reproductible) comme forme unique de la production, mais aussi la fin de l'a-spatialité comme norme de cette production. L'a-spatialité signifie que dans le modèle productif dominant, la localisation de la production n'est aucunement liée au contexte géographique, mais seulement la conséquence de l'organisation productive. On peut dire que le capitalisme « bifurque » alors (voir *The Second Industrial Divide* publié par Piore et Sabel en 1984). En matière d'innovation, on passe d'une problématique d'innovation purement technique et exogène (premier cas) à une innovation incluant de nouveaux modes d'organisation imaginés par les acteurs/consommateurs/usagers (second cas).

L'approche emblématique du premier cas est celle de Schumpeter (1934) qui affirmait que l'innovation est un processus de construction dynamique impulsé par les acteurs avec des boucles de rétroaction entre les différentes phases dans lequel la figure de l'innovateur est essentiellement un individu : l'entrepreneur. Pour Kline et Rosenberg (2010), qui proposent un modèle un peu plus avancé, « le processus d'innovation doit être vu comme une série de changements dans un système global qui ne concerne pas seulement le matériel (*hardware*), mais aussi l'environnement de marché, l'équipement de production, les connaissances et le contexte social de l'organisation innovative » (p. 275). Pour leur part, Argyris et Schön (1978) ont montré que les processus d'innovation pouvaient résulter d'un « apprentissage cognitif collectif » qui concrétise le contexte social de l'innovation. Cependant, les processus d'innovation développés par ces différents auteurs, aussi complexes soient-ils, ne sont pas véritablement contextualisés dans la mesure où les *spécificités spatiales* n'influent pas sur ces processus.

Dans le second cas identifié plus haut, on voit l'introduction des lieux dans l'analyse des processus d'innovation, avec les modalités d'organisation spécifique que l'on peut trouver dans les districts industriels par exemple. Ainsi, Boschma et Ter Wal (2007) ont-ils développé une approche « située » de l'innovation à partir de l'exemple d'un district du sud de l'Italie. On voit donc que l'innovation est de plus en plus un processus situé ayant une correspondance historique avec la crise du mode de production non situé. Cela constitue un paradoxe avec la croissance de la globalisation où l'on pourrait admettre que les spécificités disparaissent au profit d'une uniformisation des modèles, des stratégies et des comportements. Le développement récent de l'économie collaborative et des stratégies territorialisées est là pour contredire l'intuition.

Dans ce contexte, le Living Lab (LL) constitue une forme originale de solution à des problèmes de production et de consommation. Il permet d'aboutir à un certain niveau de co-production et de concertation qui fait fortement évoluer le système dominant de marché[16]. Il reste cependant à déterminer si les Living Labs sont toujours « territorialisés » et s'ils contribuent à recomposer l'espace territorial qui se fragmente sous l'effet de la globalisation.

Nous chercherons, dans ce chapitre, à montrer que l'évolution du système économique va dans le sens d'une dualité entre un modèle dominant sans référent spatial, dicté par le moteur de la productivité et un modèle de contournement quand le territoire n'est pas en mesure de suivre la concurrence par les gains de productivité, avec la recherche de la spécificité. Ces deux modèles coexistent et s'interpénètrent. Cela induit que les Living Labs reflètent eux-mêmes cette dualité. Certains se cantonnent à la recherche d'innovations dans le cadre de l'économie de marché et d'autres contribuent à créer de l'espace territorial pour innover, dans le cadre d'un modèle beaucoup plus spécifique.

Dans une première partie, nous examinerons la (ré)émergence et la persistance de la forme du district industriel et son évolution vers des modalités de dynamique d'innovation que sont les milieux innovateurs. Au terme de cette partie, nous évoquerons la crise de déterritorialisation des systèmes productifs et les enjeux de son dépassement.

[16] Voir le chapitre de Lafontaine dans le présent ouvrage.

Dans une seconde partie, nous situerons les Living Labs dans cette évolution notamment à partir de l'articulation de deux types d'innovation, l'innovation technologique et l'innovation sociale. Nous montrerons que seules certaines catégories de Living Labs participent de la reterritorialisation et peuvent être qualifiées de Living Labs territoriaux.

1. L'innovation territorialisée

1.1 Du district industriel au milieu innovateur

Les districts industriels puis les milieux innovateurs sont des formes de regroupement d'acteurs en vue de produire et de redistribuer les biens et les services dont ces acteurs ont besoin. Ces formes productives se distinguent des formes traditionnelles que sont l'artisanat, la petite industrie et les grandes firmes en ce sens qu'elles introduisent une nouvelle variable influente : la société locale et son histoire spécifique.

Le district industriel[17] est une forme d'organisation spatialisée qui ressurgit dans la littérature italienne des années 1970 (Bagnasco, 1977 ; Becattini 1979), après avoir été décrit et théorisé dans l'Europe du début du XXe par l'économiste anglais Alfred Marshall (1919). La redécouverte des districts industriels correspond à une phase de remise en cause de l'industrie fordiste et constitue des prémices d'un post-fordisme encore à venir. En effet, les caractéristiques de ces districts peuvent être ramenées à trois principes. En premier lieu, le maintien d'un nombre élevé de petites, voire très petites entreprises qui résistent au mouvement naturel de concentration du capital (à Prato, en Toscane, dans le prêt-à-porter, on comptait il y a 10 ans, 15 000 entreprises pour 45 000 emplois [Courlet et Pecqueur, 2013, p. 48]). En second lieu, une spécialisation dans des productions généralement génériques (meubles, chaussures, prêt-à-porter, etc.). En troisième lieu, une osmose entre le monde de la production et la société. Alfred Marshall utilisait la notion vague, mais évocatrice d'atmosphère industrielle pour identifier ce phénomène. Notons que c'est dans l'échange hors marché fait de compétition

[17] La somme la plus complète qui fait le tour des phénomènes de type « district » dans le monde est l'ouvrage substantiel édité par G. Becattini, M. Bellandi et L. De Propris, 2009, *A Handbook of Industrial District*, Edward Elgar, 863 pages.

et de coopération entre les acteurs et les entrepreneurs que se fait la spécificité du district. Celui-ci forge ainsi son avantage relatif par rapport aux concurrents extérieurs au district.

Le district industriel apparaît comme une anomalie par rapport à la loi de concentration du capital que Marx, Marshall lui-même et plus tard Schumpeter ont chacun à leur manière mise en évidence. Dans la période post-fordiste, cette anomalie devient le marqueur d'un autre modèle qui dépasse la combinaison production de masse/consommation de masse. Elle donne à voir un réinvestissement du champ productif par les acteurs face à l'hétéronomie de la globalisation et la spécificité prend le relais de la seule productivité du modèle. La forme district, qui est plutôt observable en Europe, s'est en même temps développée en Amérique du Nord sous la forme de ce qui a été appelé un *cluster* et qui correspond à des grappes d'entreprises fonctionnant sur un modèle proche où se combinent des effets d'agglomération, un réseau informel de relations sociétales et des produits d'innovation technologique (route 128 à Boston, Silicon Valley à San Francisco, etc.). Un élargissement et une tentative de généralisation de ces types d'organisation productive spatiale ont été proposés par Courlet (2001) sous l'appellation de systèmes productifs localisés (SPL).

Les milieux innovateurs (MI), pour leur part, sont issus de districts industriels. Ils formalisent une adaptation à la mondialisation, mais avec un très fort ancrage dans des espaces géographiques contraints. Ils ne fonctionnent que dans les configurations en *clusters* et concernent essentiellement l'innovation technologique, même si « l'atmosphère industrielle » marshallienne contribue à l'innovation technologique. Ils se situent encore en ce sens dans la dichotomie innovation technologique versus innovation sociale.

Pour Denis Maillat (1995), on peut qualifier un territoire donné de milieu innovateur lorsque « la rencontre entre les dynamiques internes et les changements survenus à l'extérieur (sur les marchés ou dans la technologie) [y] suscite des innovations et des transformations du système techno-productif ». L'arc jurassique suisse fournit un bon exemple de milieu innovateur. La crise horlogère des années 70 aurait pu sonner le glas de ce système productif territorial. Pourtant, une transformation du système local a pu s'y faire par l'adaptation de ce dernier aux nouvelles technologies. Pour Maillat (1995), on peut attribuer la réussite de cette transformation à « l'existence de nombreux réseaux liant les entreprises entre elles et/ou avec les centres de recherche. En fait, c'est tout le milieu qui s'est mobilisé pour effectuer de manière cohérente l'adaptation du système techno-productif aux nouvelles exigences du marché et de l'évolution technologique » (p. 42).

Moulaert et Sekia (2003) ont dressé un bilan des configurations en « district » ou en « milieu innovateur ». Ils montrent que ces processus s'insèrent dans un renouvellement théorique large de la science régionale autour d'un phénomène d'apprentissage cognitif collectif localisé que l'on appelle aussi *learning regions* (Lorenzen, 1998).

Colletis-Wahl *et al.* (2008) ont alors déterminé, sur la base de ces configurations spatiales particulières, les bases de ce que pourrait être une économie territoriale.

L'innovation territorialisée semble donc, au début des années 2000, prendre sa place pleine et entière dans l'éventail des modèles d'innovation. Notons d'ailleurs que cette innovation territoriale est davantage une « innovation procédé », s'intéressant aux conditions sociales et sociétales de l'innovation plutôt qu'une « innovation produit », car les districts sont plutôt organisés autour de la production de biens industriels très génériques (chaussures, meubles, vêtements, etc.).

1.2 La fragmentation territoriale

Cependant, les districts, SPL ou MI demeurent des situations exceptionnelles et reflètent souvent des situations historiques très spécifiques. Par exemple, la carte des districts de la « troisième Italie » (Vénétie, Émilie-Romagne, Toscane), selon Bagnasco (1977), se superpose assez exactement avec les cités-républiques du XIIe siècle. On se pose donc la question de leur reproductibilité.

De plus, les districts emblématiques ont souvent perdu de leur dynamisme spécifique, comme le site de Prado qui subit de profondes transformations après le rachat de nombres d'entreprises par des capitaux d'immigrants chinois (Ceccagno, 2012). De même, les milieux innovateurs peinent à maintenir leur capacité innovatrice endogène. Ainsi, la pertinence des marqueurs d'un modèle de reterritorialisation est remise en cause dans un contexte d'approfondissement de la globalisation.

Le reflux des formes territorialisées traditionnelles, sous la triple contrainte de la globalisation, de l'hypothèque environnementale et des mobilités, peut expliquer cette fragmentation des territoires dans la période récente. E. Ritaine (1987) a bien montré que ces systèmes territorialisés peuvent être très polluants, car liés à des productions standards sans considération de qualité ni de durabilité. Avec la montée des normalisations (type normes européennes), il devient plus compliqué et plus coûteux aux collectifs territorialisés de rester compétitifs par rapport aux grandes entreprises. Cette normalisation va de pair avec l'extension des marchés et les phénomènes de globalisation. Ceux-ci élèvent les coûts de transaction de toutes les entreprises notamment dans l'industrie traditionnelle. La troisième cause de fragmentation des territoires est sans doute la plus déterminante. Elle repose sur les mobilités. Dans la période dite fordiste, du travail à l'habitat, il n'y avait pas de longs espaces ni de longues distances. L'usine et le logement étaient proches. Le triomphe du système résidait dans le passage du salarié au statut de consommateur sur le même lieu. Les territoires sont alors de petits systèmes productifs où les acteurs autres que productifs (consommateurs notamment) n'ont guère leur place. Aujourd'hui, quand l'observation se rapproche de la petite échelle, la superposition des lieux de production, du revenu et des dépenses est de moins en moins pertinente. En effet, les trajets domicile-travail s'allongent considérablement. En d'autres termes, ce qui est bon pour l'entreprise n'est plus, a priori, automatiquement bon pour les populations qui accueillent l'entreprise en question. Il y aurait des territoires qui captent les revenus (résidentiels) et des territoires qui produisent les revenus (productifs). La superposition des deux n'est plus le cas général. Les bassins de vie et les bassins d'emplois s'écartent. Ces évolutions sont analysées dans les travaux portant sur l'économie présentielle et résidentielle qui explorent notamment les conséquences à venir de cette disjonction (Talandier et Davezies, 2009). On peut parler d'ubiquité moderne en considérant le fait que les acteurs/citoyens peuvent être de plusieurs territoires à la fois.

En conclusion, la crise des territoires est donc avérée (Davezies, 2012). L'intuition développée dans ce chapitre est que les outils coopératifs émergents, et notamment les Living Labs, sont des vecteurs potentiels de recomposition territoriale.

2. Le Living Lab comme forme de (re)territorialisation/socialisation de l'innovation.

Dans les premières occurrences des LL, les expériences, très tournées vers l'innovation purement technologique pour produits génériques, n'étaient pas du tout territorialisées (Klein et Pecqueur, 2017).

Les LL et les outils proches que sont les *Fab Labs* ou les « tiers-lieux » (Besson, 2014) ont suivi un double mouvement : d'une part, ils se sont, pour partie, orientés vers l'innovation sociale au sens d'un investissement en faveur de réponses à des questions sociales (ou sociétales) et pas seulement techniques, et, d'autre part, ils se sont mis à agir au sein de groupes d'acteurs constitués dans un cadre de proximité, dans la perspective de solutions à des problèmes spécifiques au groupe qui les a formulés.

2.1. Le Living Lab non territorialisé

La formule Living Lab ne doit pas être limitée à l'innovation technologique, mais doit s'élargir aux processus de développement sociétaux. C'est ce que montrent les travaux des chercheurs québécois du CRISES avec la notion d'innovation sociale (Klein et Harrisson, 2007). On y trouve l'idée selon laquelle les Living Labs peuvent être une forme de l'innovation sociale dédiée à la lutte contre la pauvreté (Oosterlynck *et al.*, 2013). Pour ces auteurs, l'innovation sociale se développe sur fond de crise du fordisme et de renouvellement des coordinations productives entre acteurs.

L'innovation doit être vue à la fois comme un processus d'innovation et comme un milieu innovant (Ståhlbröst et Bergvall-Kåreborn, 2008). La question du milieu innovant est particulièrement intéressante dans la mesure où l'innovation engendre une mobilisation sociale des acteurs qui dépasse largement le bricolage technologique auquel est souvent réduite l'image du Living Lab. Raphaël Besson (2012) a notamment développé dans sa thèse le concept de systèmes urbains cognitifs où les projets innovants « se structurent autour de trois grandes orientations : détourner les technologies innovantes en fonction des besoins et des aspirations des utilisateurs ou à partir de finalités culturelles, éducatives ou sociales ; coproduire les services et produits innovants (jusqu'à coproduire les villes elles-mêmes) à partir des nouvelles technologies ; utiliser, détourner et expérimenter les technologies innovantes dans une dynamique prospective et participative » (p. 7).

En effet, selon les modes de collaboration entre acteurs membres, le rôle joué par les usagers diffère fortement et distingue les Living Labs entre eux. Un de leurs points communs est le fait de regrouper des acteurs publics, privés, des entreprises, des associations, des acteurs individuels, dans l'objectif de tester « grandeur nature » des services, des outils ou des usages nouveaux.

Ce processus conduit ainsi à un processus de recherche de solution aux problèmes productifs et de consommation assez original et se distinguant des deux procédures classiques du système dominant en économie, soit la confrontation de l'offre et de la demande sur le marché et la politique publique.

Pour le réseau européen des Living Labs ENoLL (European Network of Living Labs), l'approche LL fait que

> [l']innovation [...] ne passe plus par une approche classique (recherche en laboratoires, R&D, puis développement industriel), mais de plus en plus par les usages. Tout cela se passe en coopération entre des collectivités locales, des entreprises, des laboratoires de recherche, ainsi que des utilisateurs potentiels. Il s'agit de favoriser la culture ouverte, partager les réseaux et obtenir l'engagement des utilisateurs dès le début de la conception. (Janin, Pecqeur et Besson, 2013, p. 5).

2.1.1. Une conception de l'innovation fondée sur l'usage (appropriation et détournement des innovations par les utilisateurs)

Les Living Labs induisent un nouveau rapport à l'innovation en impliquant les utilisateurs dès le début de la conception de produits ou de méthodes (en amont), à travers des ateliers créatifs ou des enquêtes. L'association des utilisateurs aux processus d'innovation est aussi pensée en aval, en les impliquant de manière active dans les tests et l'amélioration de nouveaux produits ou services.

L'introduction de la dimension « usage » n'est donc pas suffisante pour créer un Living Lab. Un LL ne se contente pas de tester des produits conçus de manière classique. Un LL n'est pas un simple outil de transmission de contenus ou de tests technologiques précommerciaux, ou de technologies « clés en main ».

Dans un article récent (Janin et Pecqueur, 2017), nous avons proposé la classification suivante des Living Labs non territoriaux autour de trois caractéristiques : l'innovation ouverte, l'expérimentation « grandeur nature » et la co-création.

2.1.2. Une dynamique autour de l'innovation ouverte

Associant les acteurs publics, des grandes et des petites entreprises, des chercheurs et des communautés d'utilisateurs, les Living Labs proposent de nouvelles méthodologies de recherche pour détecter, valider et perfectionner des solutions complexes et évolutives dans un contexte particulier. Les LL se caractérisent donc par une innovation ouverte et incrustée au sein d'un environnement social. Dans les LL, l'innovation n'est plus le patrimoine exclusif des techniciens. La collectivité tout entière est incitée à participer aux processus innovants.

2.1.3. Un test en « grandeur nature » de services, outils et usages nouveaux sur des panels d'utilisateurs

Les LL facilitent le passage à l'expérimentation « grandeur réelle », en mettant à disposition des infrastructures techniques et logistiques communes (infrastructures urbaines dans le cas des *Urban Labs*), en reliant les innovateurs à des groupes d'utilisateurs, et en contribuant au travers des chercheurs à l'évaluation des usages.

Un LL est donc plus qu'une plateforme d'expérimentation. Un LL est un réseau d'innovateurs, un lieu d'échange et de communication, et un lieu d'expression et d'action pour les utilisateurs.

2.1.4. Une dynamique de « co-création » des innovations

Les LL proposent une nouvelle relation entre le grand public, les scientifiques, les industriels et les créateurs au sein d'un territoire. Cette relation se construit dans un échange gagnant-gagnant : la population vient participer aux processus de création, de recherche et de développement proposés par les chercheurs, les ingénieurs et les techniciens, qui, à leur tour, bénéficient de retour d'usages sur leurs projets en développement. Un Living Lab n'est donc pas tant un laboratoire ou une structure organisationnelle, qu'une démarche de concertation autour de la conception d'un nouveau produit ou service.

2.2. Les LL spécifiques ou territorialisés

Parmi les différentes déclinaisons des Living Labs, on trouve des formes intégrant la variable territoriale. Ce sont notamment les « tiers-lieux » (Burret, 2016). Les enjeux de ces formes d'organisation spatialisées de la production dépassent grandement les caractéristiques traditionnelles des Living Labs essentiellement attachés au renouvellement de l'innovation technologique et sociale. Il s'agirait de créer « des espaces de reconfiguration démocratique » (p. 12). Pour Suire (2013), les tiers-lieux se présentent comme un troisième espace « qui n'est ni tout à fait un domicile, ni totalement un lieu de travail. Cette place doit favoriser la formation du capital social individuel et la production d'un actif relationnel » (p. 3).

Pour R. Oldenburg (1989), considéré comme l'inventeur du concept de tiers-lieu, les caractéristiques qui mènent à la construction territoriale sont tout d'abord le critère de neutralité puis celui de la convivialité où les habitués créent une ambiance favorable à l'épanouissement personnel. Le tiers-lieu, que l'on peut considérer comme un Living Lab situé et donc ancré territorialement, se présente comme une utopie aux antipodes de l'atelier fordiste.

Ainsi le Living Lab territorialisé s'éloigne de la définition d'une configuration seulement dédiée d'une part à la co-production où le consommateur ou l'usager coopère avec le producteur pour la réalisation du produit ou du service et d'autre part où la confrontation/dialogue entre producteur, consommateur et acteurs divers vise à résoudre un problème de type technique ou sociétal. Le Living Lab territorialisé contient une dimension supplémentaire : la capacité de spécification par les acteurs. C'est-à-dire la capacité de créer un espace particulier de solution à partir d'une communauté d'acteurs à la recherche de solutions non standards, mais adaptées au contexte géographique local.

Encadré 2.1. Le « cycling lab » de l'Oisans (France)

L'activité économique de l'Oisans est entièrement basée sur l'industrie du tourisme. Articulé autour de 2 saisons (été, hiver), le tourisme estival représente 30% du chiffre d'affaires annuel du territoire. La communauté de communes de l'Oisans a engagé depuis plusieurs années une réflexion autour du renforcement de l'activité cycle (notamment dans le cadre des Contrats de Développement Diversifié du Département de l'Isère devenus Contrat de Performance des Alpes de l'Isère). Aujourd'hui le projet se structure autour de 3 axes:

1. L'aménagement du territoire, avec la création de voies vertes ayant pour objectif de rendre plus accessible le territoire de l'Oisans à tous les types de clientèle, notamment familiale ;
2. La promotion touristique, cet axe visant à promouvoir le cycle (route et VTT) pour faire gagner en lisibilité la destination Oisans ;
3. Le développement économique, l'objectif étant de capitaliser sur la forte activité cycle du territoire pour :

- mettre en avant le « cycle de montagne », activité leader et moteur d'excellence pour l'Oisans ;
- développer l'activité pour les socioprofessionnels du territoire ;
- accroître la notoriété du territoire ;
- attirer de nouvelles entreprises et des cyclistes ;
- offrir un bouquet d'activités complémentaires répondant aux attentes des clients ;
- développer la mixité sociale sur le territoire en attirant d'autres catégories socio-professionnelles ;
- positionner le territoire de l'Oisans comme référence dans l'innovation cycle.

Une étude menée a fait émerger des attentes autour d'un « cycling lab Oisans » qui regrouperait les fonctions suivantes :

- lieu de rassemblement de la communauté cycle ;
- lieu d'exposition de nouvelles technologies ;
- possibilité de présenter à l'essai une vitrine de l'innovation et des nouvelles technologies autour du cycle (drones, applis performantes, vélos électriques…) ;
- offre globale pour les usagers adaptée selon leur niveau (proposition de stages, formation des touristes loisirs aux consignes de sécurité) ;
- communication globale avec des informations sur les circuits et territoires qui soit centralisée ;
- espace « pépinière d'entreprises ».

Le cas du cycling lab est manifestement celui d'un Living Lab territorialisé qui intègre la troisième caractéristique des LL : la spécificité. En effet, les acteurs ont déclenché un processus de révélation de la ressource territoriale spécifique au massif de l'Oisans, c'est-à-dire la conjugaison d'un paysage en pente propice à la pratique du vélo et la réputation d'une étape célèbre du Tour de France (la montée de l'Alpe d'Huez), lui-même étant une manifestation mondialement médiatisée. Ce projet est une manifestation du modèle de spécificité.
Source : <http://www.ccoisans.fr/183-projet-cycle.html>

Conclusion : Vers un modèle productif (re)territorialisé

Ce sont donc bien deux modèles productifs encastrés qui apparaissent et cohabitent en fonction du type de combinaison noué entre la proximité organisationnelle et la proximité géographique.

Le Living Lab constitue une des formes renouvelées de la coordination entre les acteurs et participe au mouvement de reterritorialisation de ces coordinations. Dans la perspective de solutions à des problèmes productifs ou de consommation, il appartient au modèle dit de « productivité ». Mais lorsque le Living Lab est territorialisé, sous les conditions décrites plus haut, il participe de la recomposition territoriale de génération « post district » et fournit les éléments de construction de nouveaux territoires. Il appartient alors au modèle dit de spécificité. Spécificité et productivité sont deux facettes d'un modèle élargi de capitalisme qui doit, pour survivre, intégrer la variable environnementale et réinventer l'articulation du local au global. Les Living Labs territorialisés ne sont pas seulement une variante du modèle général des Living Labs, mais des outils à l'œuvre du dépassement des formes classiques de reterritorialisation que sont les *clusters*, districts, systèmes productifs locaux, milieux innovateurs ou encore *learning regions*, quelque peu essoufflés et fragmentés.

Chapitre 3

Les Living Labs au Québec
Construction d'une culture de l'innovation

Juliette Rochman, Juan-Luis Klein, Mélanie Doyon et Jean-Marc Fontan

Le but de ce chapitre est de présenter l'émergence et la diffusion des Living Labs (désormais LL) au Québec et de mettre en lumière les logiques et tendances sous-jacentes à l'œuvre dans le contexte de mutation actuel. Ce texte s'appuie sur une recension des cas de démarches, expérimentations ou initiatives se revendiquant explicitement du référentiel[18] des LL au Québec effectuée dans le cadre d'un projet de recherche de trois ans (2013-2016)[19]. Notre corpus de cas ne se limite donc pas aux LL accrédités par l'organisation internationale ENoLL (European Network of Living Labs).

Nous avons identifié et analysé 18 cas de LL portés par 14 organisations distinctes. Notre objectif était de comprendre leur rôle dans un contexte de profonds changements en termes de capacités organisationnelles des acteurs socio-économiques en regard du développement de leur territoire (Klein, 2016). Tel que les LL se présentent au Québec, constituent-ils un modèle d'action qui favorise les innovations sociales nécessaires pour amorcer les transformations qui permettraient un développement durable et équitable des territoires (Klein et Pecqueur, 2017), ou sont-ils plutôt des palliatifs utiles en temps de défaillance étatique ? Voilà la question à laquelle nous essaierons de répondre.

Nous diviserons notre propos en trois parties. La première présentera les principales logiques et modalités de diffusion des LL au Québec. La deuxième partie examinera comment ce processus de diffusion et ses particularités

[18] Voir la section 2.3 du présent chapitre.

[19] Ce projet a été appuyé par le programme Interordres du ministère de l'Éducation, des Loisirs et des Sports du Québec et par le programme d'appui aux équipes de recherche du Fonds de recherche du Québec-Société et culture (FRQSC).

contribuent à la construction d'une culture de l'innovation spécifique. La troisième partie questionnera l'impact possible de la culture de l'innovation construite et véhiculée par les LL sur le modèle québécois de développement.

1. Logiques et modalités de diffusion des LL au Québec

La notion de LL a commencé à être utilisée au Québec à partir de 2009 et s'est diffusée dès 2013. Dix-huit expériences s'inscrivant explicitement dans les champs méthodologique et théorique du Living Lab ont émergé en à peine cinq années (tableau 3.1). L'émergence des LL au Québec répond à différentes logiques et stratégies qu'il importe de présenter pour être en mesure de comprendre la nature du phénomène et la manière dont ils contribuent à façonner une culture de l'innovation spécifique. Nous avons relevé quatre logiques sous-jacentes à la création de LL au Québec.

Tableau 3.1 : Les cas de démarches Living Labs au Québec

N° *	Living Lab	Porteurs principaux	Thématique	Lieu	Temporalité du projet
1	**SAT - CHUSainte-Justine**[20]	SAT - CHU Sainte-Justine	Santé/humanisation des soins	Montréal	2010-actif
2	**RehabMall**	CRIR	Santé/accessibilité	Montréal	2010-2015 reproduction prévue
3	**Montréal Couture**	OBNL du même nom	Secteur de la mode	Montréal	2009, orienté LL à partir de 2010- actif
4	**LL de Montréal**	OBNL du même nom	Alternatives intelligentes à la mobilité urbaine	Montréal	2010 a évolué vers autre chose qu'un LL
5	**SU R&D (Le cercle)**	Propriétaire du restaurant Le cercle	Culture-enfance-créativité	Québec	2011, arrêt 2014 reprise plus modeste 2015, arrêt
6	**Mandalab ENOLL**	OBNL Communautique	Technologies de l'information et de la communication (TIC) ; créativité, identité collective, médiation	Montréal	2011-actif, a évolué vers autre chose qu'un LL

[20] Société des Arts Technologiques - Centre Hospitalier Universitaire Sainte-Justine

7	**Digital Transition Laboratory**	CEFRIO-UQAR (CRDT)	TIC : médiaterritorial outil (TIC) pour participation des jeunes à la vie démocratique	Gaspésie	2011-actif
8				Longueuil	2011-actif
9	**INM Labis**[21]	DSPM	Réduction des inégalités sociales/logement	Montréal	2012-2014 abandonné
10	**Espaces pour la vie (Insectarium)**	Ville de Montréal	Repenser le concept muséal et l'expérience de visite	Montréal	2012-2014
11	**LLIO**[22]	Municipalité, OTC et CEGEP de Rivière-du-Loup	Développement économique local, tourisme	Rivière-du-Loup	2013-2015
12			Développement social et territorial	Témiscouata -sur-le-Lac	2015-actif
13	**Projet de recherche CRISES-CISA**	CRISES-CISA MRC d'Argenteuil	TSASA[23] Table de concert-action en sécurité alimentaire	MRC d'Argenteuil	2013-2016
14		CRISES-CISA Agglomération de Longueuil	Carrefour d'innovation bioalimentaire (CIB) Revalorisation des terres agricoles	Longueuil	2013-Abandon 2015
15	**Projet Cook assistant culinaire**	Laboratoire Dômus /Centre de réadaptation Estrie	Santé-réadaptation : projet assistant culinaire	Sherbrooke	2013-actif
16	**CRÉ**[24] **de Montréal**	Conférence Régionale des Élus	Repenser son fonctionnement	Montréal	2013-2014
17	**Cas des bibliothèques**	Ville de Montréal	Faire émerger des nouvelles fonctions de services	Montréal	2013-2015 possibilités de reproduction
18	**Acadie Lab**	Pleine terre, UQTR, Agriculture et Agroalimentaire Canada	Réhabilitation agroenvironnementale	Bassin versant de l'Acadie	2014-actif

*Pour faciliter la lecture, nous avons attribué de façon arbitraire un numéro aux LL.
Source : réalisé par les auteurs sur la base d'entrevues avec des représentants des LL et sur la documentation existante.

[21] Institut du Nouveau Monde, LABoratoire d'Innovation sociale (INM LABIS)
[22] Living Lab en Innovation Ouverte
[23] Table de sécurité alimentaire de la municipalité régionale de comté d'Argenteuil
[24] Conférence régionale des élus (CRÉ)

1.1 Une approche centrée sur les usagers pour faire face à des problématiques sectorielles spécifiques

Le premier bloc d'expériences ayant mobilisé le référentiel du LL au Québec relève du domaine de la santé, dans lequel des initiatives ont tenté de répondre à des problèmes sectoriels spécifiques en adoptant une approche centrée sur les usagers.

En effet, le premier LL québécois a été créé en 2010 par la Société des Arts Technologiques (SAT) et le Centre Hospitalier Universitaire (CHU) Sainte-Justine. Portée par les directions des deux organismes, l'idée initiale était d'envisager les apports réciproques d'une collaboration entre une organisation conceptrice de technologies immersives et le CHU, dans la perspective d'améliorer le service aux usagers (patients, familles et personnels soignants) de ce dernier. Reposant sur une approche où l'implication des différentes catégories d'usagers devait être au centre de la démarche, l'objectif du projet a ensuite été centré sur l'humanisation des soins en santé (notamment pédiatriques). La démarche s'inscrivait dans une perspective d'innovation technologique visant l'amélioration d'un service aux personnes.

L'expérience de ce LL en santé a inspiré deux autres démarches poursuivant des objectifs similaires : les projets de recherche Rehab MaLL (lancé en 2010), un projet visant à améliorer l'accessibilité d'un centre commercial aux personnes en situation de handicap ; et COOK (lancé en 2013), un projet d'assistant culinaire en résidence alternative pour personnes atteintes de traumatismes crâniaux-cérébraux.

D'ampleurs différentes, ces projets ont cependant trois traits communs, soit :

- l'intégration des usagers au design de service (qui comporte une dimension TIC) pour que celui-ci reflète mieux leurs besoins ;
- la vision transversale dans le cadre d'organisations complexes habituées à un développement en silo ;
- l'amélioration de la qualité de vie des personnes concernées par l'amélioration de leur autonomie et la réduction de leur niveau de stress.

1.2 Des initiatives existantes visant à renouveler leur modèle d'affaires ou à augmenter leur rôle social

Un autre bloc d'expériences se compose d'initiatives de nature assez hétérogènes. Nous retrouvons un OBNL développant la contribution des TIC à la participation citoyenne (Mandalab de Communautique, LL créé en 2011), des entreprises d'économie sociale à vocation sectorielle (Montréal couture, créé en 2010) et territoriale (LL de Montréal, créé en 2010), et une entreprise dotée d'un projet à vocation culturelle et sociale (Le cercle SU R&D, créé en 2010).

Ces cas ont deux principaux points communs. Ils sont, d'une part, ancrés, en tant que projet ou porteur de projet, dans des dynamiques d'innovation technologique ou sociale antérieures[25]. D'autre part, à un moment où la notion de LL commence à se diffuser, les porteurs de ces initiatives ont perçu cet ensemble référentiel comme une opportunité de faire évoluer leur modèle de fonctionnement.

1.3 La construction d'une technologie sociale pour l'innovation socioterritoriale

À la suite de ses premières expériences et de la diffusion de l'information (médiatique comme scientifique) à leur sujet, les démarches LL sont comprises par un nombre croissant d'acteurs comme une voie susceptible de catalyser les forces vives des milieux où elles s'implantent et de générer de l'innovation sociale. Les démarches LL sont alors mobilisées pour favoriser des pistes de solution à des problèmes complexes, tant sectorielles que socio-territoriales. C'est dans cette optique que s'inscrivent plus de la moitié des LL québécois. L'expérimentation coordonnée par le CEFRIO « des laboratoires vivants pour des territoires innovants a particulièrement contribué à valider l'idée que les LL constituent une méthodologie propice à l'innovation socioterritoriale » (Lafontaine *et al.*, 2013). D'autres démarches se sont par la suite inscrites dans cette optique. Elles sont respectivement portées par des organismes (tel le LLIO créé en 2015 [Guimont et Lapointe, 2016a]) et des centres de recherche (universitaires et collégiaux) ayant un intérêt dans le

[25] Constitué en OBNL en 1999, Communautique avait pour mission de mettre les technologies au service du communautaire et des personnes potentiellement exclues. Montréal Couture est une initiative initialement lancée par la CDEC Centre-Sud/Plateau Mont-Royal en 2007. Le LAB était un regroupement de 43 designers de mode partageant des outils de mise en marché et de production tout en profitant d'un pouvoir accru pour effectuer des achats de groupe.

développement territorial et l'innovation sociale. L'expérimentation sur les LL y est menée dans le cadre de partenariats, entre eux ou avec différents échelons du gouvernement (fédéral ou provincial) et des échelons de l'administration territoriale (p. ex. le cas du LL Acadie Lab créé en 2014 [Gariépy *et al.*, 2015] et le projet CRISES-CISA débuté en 2013 [Rochman *et al.*, 2017a]).

1.4 Un changement organisationnel et une reconstruction du rapport au citoyen

À partir de 2012, les LL ont été mobilisés dans le cadre de démarches de changement au sein d'institutions publiques et parapubliques (par les bibliothèques de Montréal en 2013 [Abrassart *et al.*, 2015], par la CRÉ de Montréal en 2013 et par les musées Espaces pour la vie en 2012). Ces démarches, impliquant aussi bien les différentes catégories de personnels de ces institutions que des experts, des professionnels et des citoyens-usagers, sont motivées par une volonté d'améliorer l'adaptation des services de proximité à la demande sociale. Elles relèvent également d'une tentative de reconfiguration des liens entre ces institutions et les citoyens. En augmentant la participation active de ces derniers dans la conception/configuration de ces services au moyen de démarches incluant des activités de co-création inspirées des LL, elles tentent de dépasser la stricte relation fournisseurs de services-usagers et, dans certains cas, de diversifier la gamme de leurs moyens d'intervention.

L'émergence des LL au Québec vise donc la mise en place de pistes de solution pour des enjeux récemment mis (ou remis) sur le devant de la scène. La nécessité de repenser la place de l'usager – comme client ou citoyen – dans la conception des services qui lui sont offerts et plus généralement de recomposer le dialogue social entre les pouvoirs publics et les citoyens[26] sont au cœur de ces expériences.

D'autre part, les démarches LL sont mobilisées comme des outils susceptibles de faciliter le changement, l'adaptation ou la recomposition des forces vives des systèmes d'action locaux. Selon nos observations, ils fournissent en effet une opportunité pour les parties prenantes de ces systèmes

[26] Mis à mal ces dernières années et ayant abouti à des tensions sociales (Printemps érable 2012) et à la déconstruction des principaux espaces de concertation à l'échelle des territoires (CRÉ, et en partie les Forums jeunesse).

d'action de se repositionner et de mobiliser différemment des ressources ayant tendance à leur échapper dans le cadre d'un contexte socio-politique et économique actuellement en mutation. La multiplication de ces expériences, s'appuyant sur un référentiel composite et hybridant des dynamiques et des pratiques tant anciennes que nouvelles, contribue à poser les bases de ce qui pourrait constituer une culture de l'innovation inédite. Nous nous proposons dans la section suivante d'en décrire les principales composantes.

2. Construction d'une culture de l'innovation

La portée d'une éventuelle culture de l'innovation associée aux LL n'est pas automatique. L'émergence de cette culture relève, en effet, d'une tendance de fond associée aux mutations du contexte sociopolitique et économique actuellement en cours (à l'échelle mondiale) et qui se manifeste de façon spécifique au Québec (Klein *et al.*, 2016). L'émergence des LL et des dynamiques qu'ils génèrent n'est que l'un des aspects, l'une des facettes de cette tendance. Cependant, l'étude de ce phénomène présente un intérêt certain dans la mesure où il fournit « un effet loupe » sur des caractéristiques centrales de ces tendances. Limités par le format de cette contribution, nous insisterons, dans cette section, sur trois aspects qui sont déterminants pour comprendre l'émergence de cette « nouvelle » culture de l'innovation. L'ordre dans lequel sont présentées ces tendances est important.

Selon notre compréhension, l'hybridation entre des savoir-faire anciens et de nouveaux agencements de savoirs pour répondre à des enjeux en mutation, que ce soit dans le cadre de dynamiques sectorielles (tentative de réduction du travail en silo dans le domaine de la santé), institutionnelles (conception du service aux citoyens) ou socio-territoriales (identification de solutions à des défis récurrents comme la question de la sécurité alimentaire), constitue la caractéristique première de cette culture de l'innovation.

L'émergence de nouveaux acteurs et/ou le repositionnement et l'évolution de champs d'action constituent une autre clé de lecture et un vecteur important de cette culture émergente.

La diffusion du champ référentiel hétérogène des LL, sans faire l'objet d'un consensus théorique, véhicule une ingénierie qui facilite la catalyse des forces vives de milieux et secteurs dans lesquels ils s'implantent. Ce faisant, l'émergence et la multiplication de démarches basées sur ce champ référentiel rendent plus visibles les autres processus en cours (d'où l'idée d'un effet loupe). La diffusion du référentiel associé aux LL constitue en quelque sorte l'huile facilitant la mise en mouvement des rouages de cette culture de l'innovation.

2.1 Hybridation des savoirs, savoir-faire et pratiques

L'une des caractéristiques communes aux Living Labs est de répondre à des besoins non comblés. Ces défis correspondent fréquemment à des problèmes territoriaux récurrents propres aux contextes régionaux dans lesquels se développent les LL. Ils visent à ce que des parties prenantes (anciennes comme nouvelles) se réapproprient collectivement une situation posant défi et construisent ensemble des pistes de solutions basées à la fois sur leurs savoirs (passés) et sur ceux qui auront été co-construits dans le cadre de la démarche. L'émergence et la multiplication des LL peuvent donc être comprises comme s'inscrivant dans un processus d'hybridation et de poursuite de dynamiques d'innovation antérieures. L'analyse des cas internationaux comme des LL québécois permet de mieux comprendre ce processus ainsi que les stratégies qui le sous-tendent.

Par exemple, au Brésil, les LL ont tendance à se placer dans la lignée de deux problématiques anciennes, récurrentes et profondément ancrées dans la culture de la recherche-action. Il s'agit, d'une part, du soutien au développement de l'entrepreneuriat, notamment par la création d'incubateurs d'entreprises, et, d'autre part, du transfert de technologies adaptées aux besoins des communautés (de l'agriculture familiale en particulier) (Pinto et Pedruzzi Fonseca, 2013). Ces deux stratégies remontent en effet aux années 1960-1970 (Gervais, 2006) et ont été fortement soutenues par le gouvernement fédéral. Critiquées ou reconsidérées dans les années 1980 et 1990 (Rochman, 2008 ; Dagnino, 2009), ces stratégies sont repensées à la fin des années 2000 pour constituer le principal point d'ancrage des LL au Brésil.

Au Québec, la majorité des LL, et en particulier les LL territoriaux (Rochman *et al.*, 2017b), a également trouvé ancrage dans des dynamiques antérieures d'innovation. À titre d'exemple, dans le cas du LL 13 (tableau 3.1), dans la MRC Argenteuil, l'implantation du LL est liée au rôle traditionnellement proactif de la MRC dans la recherche de solutions afin de répondre à des problématiques socio-économiques d'insécurité alimentaire récurrentes sur son territoire, ainsi qu'à l'existence d'un réseau d'acteurs (la Table de sécurité alimentaire) œuvrant depuis plusieurs années dans le domaine de la lutte contre l'insécurité alimentaire.

Dans le cas de l'Acadie Lab (LL 18), l'origine de cette initiative relève d'une entreprise offrant des services aux agriculteurs (Pleine-Terre). Cet organisme était porteur de connaissances et de savoir-faire construits sur le moyen et long terme (depuis 2002), dans la mesure où il assurait la gestion de sept clubs-conseils totalisant plus de 400 producteurs dans plusieurs régions du Québec (Montérégie-Ouest, Montérégie-Est, Laurentides, Outaouais et Lanaudière).

Il est encore possible de se référer au cas d'une expérience menée à Longueuil, initialement développée dans le cadre du forum jeunesse. Rappelons que les Forums jeunesse régionaux s'inscrivaient dans la Politique jeunesse du gouvernement du Québec (dès 1998) et, conformément à leurs mandats, avaient construit une expertise notamment en matière de concertation entre les intervenants jeunesse (locaux et régionaux) et de développement de la représentation des jeunes auprès de la gouvernance locale.

Enfin, la section précédente a mis en évidence la capacité de certains organismes, Le Mandalab (LL 6), issu de Communautique, un OBNL existant depuis plus de 20 ans, et Montréal Couture (LL 3), inspiré d'un projet mis sur pied par la CDEC Centre-Sud / Plateau Mont-Royal en 2007, à actualiser leur mission et leurs pratiques en s'appuyant sur le référentiel LL.

2.2 Émergence et/ou repositionnement d'acteurs

La culture de l'innovation cristallisée par les LL est également construite et véhiculée par l'émergence de ce que Vaillancourt (2019) qualifie de « nouveaux acteurs » se présentant comme des facilitateurs de changement. Ces acteurs ont émergé dans un temps très court, juste avant ou de manière synchrone aux premiers LL québécois (le 1er ayant été créé en 2010). Nous pouvons citer les exemples de Percolab (créé en 2007), Grisvert (créé en 2008), Dynamo (créé en 2009), Communagir (en gestation depuis 2006 et créé en 2011) et Umvelt (créé en 2012 et dont le fondateur avait participé à la création du 1er LL en 2010). L'Institut du Nouveau Monde (INM est créé en 2004) relève aussi, et dans une large mesure, de cette tendance. Il s'agit d'OBNL ou d'entreprises d'économie sociale dont le montage financier est complexe, mais où les fondations subventionnaires jouent un rôle important (c'est le cas de Communagir, Dynamo, l'INM et dans une moindre mesure de Percolab et Grisvert). Ces nouvelles initiatives locales offrent de la formation et de l'accompagnement aux acteurs de la mobilisation locale, afin de permettre à ces derniers de se repositionner, de jouer pleinement leur rôle de rassembleurs, de mobilisateurs, d'innovateurs et ainsi contribuer à la construction de collectivités solides et résilientes (Vaillancourt, 2019). Ces organismes-conseils ont contribué à la structuration d'environ la moitié des LL au Québec. Six des 18 LL ont fait appel à ces organismes pour concevoir leur démarche (LL 1, 6, 9, 10, 16 et 18) auxquels il faut ajouter deux autres cas où les coordonnateurs de projet recrutés étaient des ressources ayant travaillé au sein de ces nouvelles organisations (LL 3 et 5).

Le recours à ces organismes est révélateur des difficultés que rencontrent les acteurs et organisations traditionnelles à se (re)positionner dans le contexte actuel (et relève donc d'une nécessité). Il traduit également une ouverture, notamment de la part des acteurs publics locaux et régionaux (p. ex. la Direction de santé publique de Montréal – LL 9 ; la Conférence régionale des élus de Montréal – LL 16 ou encore la Ville de Montréal LL 10 et 17), à une conception plus démocratique de leurs services.

La culture de l'innovation que les LL mobilisent et diffusent est également façonnée par le renforcement et la recomposition du rôle d'acteurs clés dans le contexte de transition vers une économie du savoir, soit les centres (et groupes) de recherche et de formation universitaires et collégiaux (incluant les Centres collégiaux de transfert et de technologie [CCTT]) et les organismes de liaison et de transfert. En effet, neuf des 18 démarches LL (soit l'autre moitié[27]) étaient portées, coordonnées ou soutenues par ces institutions de recherche, de formation et de transfert seuls ou en association entre eux. Parmi lesquelles nous retrouvons des centres de recherche universitaires : le CRISES-UQAM (LL 13 et 14) ; le CRDT-UQAR (LL 7 et 8) ; le CRIR (LL 2) ; le laboratoire Dômus (Université de Sherbrooke LL 15) et un groupe de travail au sein de l'UQTR (LL 18) ; des centres de recherche collégiaux CCTT ou non que sont le CISA du CÉGEP de Victoriaville (un CCTT) (LL 13 et 14), le LLIO formé au sein du CÉGEP de Rivière-du-Loup (LL 11 et 12) et le CEFRIO, organisme de liaison et de transfert (LL 7 et 8).

2.3 La diffusion du champ référentiel des LL

Au Québec, la diffusion des LL relève, dans une large mesure, de l'adhésion de nombreux porteurs de projets au champ référentiel qui les soustendent et à une appropriation de ceux-ci. En effet, dans l'ensemble des 18 cas

[27] Seul le LL de Montréal ne relève d'aucune de ces deux tendances.

de LL au Québec, leurs principaux porteurs ont réalisé, en amont de leur démarche, un effort de recherche et de documentation sur les référentiels à la fois théoriques et empiriques. Les principales références explorées portaient sur les notions d'innovation ouverte (Chesbrough, 2003 ; Chesbrough et Schwartz, 2007), de *user-driven innovation* (Kinsella, 1986 ; Von Hippel, 1986 ; 1998 ; 2005), de la théorie du U et du changement organisationnel (Scharmer 2012 ; Mahy et Carle, 2012), et du cycle décrit par ENoLL et développé notamment par Bergvall-Kareborn et Stahlbros (2009) et Eriksson, Niitamo et Kulkki (2005) ou encore Schaffers et Santoro (2010). À cela, s'ajoutent la participation aux écoles d'été de ENoLL et la visite d'expériences étrangères.

L'appropriation et la propagation de ce vaste champ référentiel sont encore soutenues et relayées par les nouvelles techniques de management et de gestion de projet (Lehmann, 2016), lesquelles sont véhiculées par les écoles de gestion qui créent même de nouveaux programmes dans ces domaines. Ainsi, à titre d'exemple, les grandes écoles, en sont venues à intégrer à leurs programmes l'une des composantes centrales des méthodes associées aux LL, soit la pensée design (*design thinking*) (Gless, 2014). Il est possible de citer les cas de Hasso Plattner Institute of Design à Stanford (créé en 2004), l'Essec, Centrale Paris et Strate College Designers, qui lançaient la même année un programme mixte d'innovation ouverte fondé sur le *design thinking* et visant à faire travailler ensemble les futurs managers, ingénieurs et designers. Un projet similaire a été lancé en Finlande : la *design factory*. À partir de 2009, le département de génie industriel de l'École des Ponts ParisTech a également lancé le projet Paris-Est D-School qui consiste à faire travailler ensemble des étudiants d'établissements et de disciplines différentes sur un brief donné par une entreprise. L'exemple sera encore suivi en 2014 par l'École internationale de design de Toulon devenue Kedge Design Business School.

La diffusion du champ référentiel LL est enfin impulsée par la mise en réseaux des LL eux-mêmes. Comme l'ont souligné de nombreux auteurs (Mavridis *et al.*, 2009 ; Dutilleul *et al.*, 2010 ; Lievens *et al.*, 2011), rapidement après leur émergence, les LL constituent des réseaux, se diffusant au sein d'assez vastes ensembles régionaux, par thématique, en s'inspirant les uns des autres. Les réseaux, par leurs activités et les médias de communication à leur disposition, permettent, selon divers auteurs (Lievens *et al.*, 2011 ; Mavridis *et al.*, 2009 ; Bitencourt da Silva, 2015), de fournir une visibilité à l'initiative en tant que LL, mais également en tant que succès et de gagner en crédibilité. Les réseaux assument même dans certains cas (Cunningham *et al.*, 2012 pour IST Africa et Bitencourt da Silva, 2015 pour le Brésil) une dimension marketing dans le sens où ils organisent pour leurs membres des opportunités de rencontrer de nouveaux clients potentiels.

3. La place de la culture de l'innovation dans le cadre des mutations du modèle québécois

Les LL et la culture qu'ils contribuent à véhiculer s'inscrivent dans la droite ligne de processus de changement en cours notamment dans les nouvelles logiques d'allocation des ressources (par projet et sur la base de partenariat multi latéraux), de recomposition des savoirs locaux et de recomposition partielle des réseaux d'acteurs. Relevant de ces changements, ils constituent des options permettant de s'y adapter et d'en tirer parti.

3.1 Un succès lié aux atouts permettant la captation des ressources et facilitant l'adhésion des acteurs…

Les démarches LL et la culture de l'innovation dont ils sont porteurs facilitent la captation et la mobilisation de ressources qui, sans cela, demeureraient fragmentées, se rapprochant ainsi de l'économie présentielle, laquelle inspire plusieurs acteurs en développement territorial. Plusieurs éléments expliquent cette capacité qui contribue au succès des démarches et à l'engouement qu'elles suscitent.

Comme nous l'avons souligné dans un travail précédent (Rochman *et al.*, 2017b), les LL observés favorisent le développement d'une identité commune de nature positive entre les acteurs et bénéficiaires impliqués. Les acteurs développent le sentiment d'être réellement partie prenante du projet, ce qui, tel que le définissent Marchand *et al.* (2012), correspond à une dimension identitaire mobilisatrice qui peut favoriser une dynamique de changement à l'échelle locale. Il s'ensuit l'émergence d'un sentiment identitaire autour d'activités, d'initiatives et de projets qui, traditionnellement, ne généraient pas ce type d'effet. À titre indicatif, dans le cas d'Espaces pour la vie (LL 10), le projet du LL invoquait la thématique du renouveau, appliquée à la fois à des valeurs organisationnelles (le musée en tant qu'organisme) et à l'expérience muséale (le musée en tant que lieu de visite). Au fil de la démarche, le personnel, des spécialistes et des visiteurs ont été mobilisés (parfois séparément, parfois conjointement). Cette mobilisation a su éveiller un sentiment identitaire autour du projet, chacun se percevant comme contributeur et comme acteur impliqué dans ses résultats. Dans le cas de Montréal Couture, le LL a amené les designers et les clients potentiels à expérimenter des processus collaboratifs depuis l'idéation d'un produit jusqu'à sa vente. Le projet a eu pour effet le développement d'une identité associée à la démarche et cristallisée par le produit en générant, au-delà du succès commercial, la formation d'une communauté de pratique.

Le recours à des méthodes de management mobilisant la co-création constitue également un facteur facilitant l'adhésion (et donc la contribution des ressources humaines et financières) des parties prenantes. L'atelier collaboratif ou atelier de co-création est en effet l'une des pierres angulaires des Living Lab et, dans le discours des acteurs, a même tendance à être assimilé au LL lui-même. C'est par lui que les acteurs d'un même projet se rencontrent, échangent, confrontent leurs idées et les font évoluer en co-créant les contours d'un projet et en l'amenant vers sa réalisation. Ces méthodes[28] véhiculent une forme d'urgence qui est bénéfique au projet, justement parce qu'elles obligent les participants à produire des résultats dans un temps prédéterminé. Ces outils créatifs, permettant de découper les tâches à remplir, de représenter les idées et d'en faire émerger de nouvelles, ont été de plus en plus raffinés (Chevalier *et al.*, 2008 ; 2013) et sont devenus le cœur de métier des organisations dont nous soulignions l'émergence comme de nouveaux acteurs (p. ex. Grivert, Percolab, etc.).

Un autre atout de ces techniques est de mobiliser la créativité de chacun à titre individuel et non en tant que membre d'une institution ou d'une organisation. Cela a pour effet d'assouplir les statuts hiérarchiques des participants (et les tensions qui pourraient y être associées) et de faciliter, du moins temporairement, leur collaboration au sein de démarches multisectorielles.

3.2 …et au contexte

Les atouts précédents, qui semblent propres aux LL, sont autant d'éléments expliquant l'intérêt qu'ils ont suscité auprès d'acteurs bénéficiant d'une crédibilité à l'échelle locale et régionale et qui étaient eux-mêmes poussés à

[28] Cela va du classique *workshop* aux *barcamps, hackatons*, mais aussi aux world cafés, journées de créativités ou même aux concours d'innovation.

un repositionnement dans le cadre de l'évolution du contexte sociopolitique. En effet, parmi les porteurs des LL au Québec, on retrouve majoritairement deux catégories d'acteurs, lesquels agissent seuls ou en partenariat. Les LL sont en effet fréquemment menés à l'initiative de diverses instances de l'administration territoriale (tableau 3.1) dont les responsabilités au chapitre du développement local n'ont cessé de croître. Les centres de recherche universitaires et collégiaux, dont un CCTT (précédemment cités) et un organisme de liaison et de transfert (le CEFRIO), ont, comme nous l'avons souligné, joué un rôle clé dans la diffusion des LL au Québec. Le rôle de ces organisations en tant qu'acteurs et accompagnateurs dans les dynamiques de développement local s'est également accru depuis une dizaine d'années. Cette tendance relève à la fois d'une sensibilité et d'un intérêt croissant des chercheurs pour ces questions, mais également de la volonté du gouvernement qui, dans un contexte de transition vers une économie du savoir, mais aussi de coupes budgétaires et de retrait de l'intervention directe en matière de développement, a soutenu de telles initiatives.

De même, les LL se présentent comme des démarches permettant d'apporter des pistes de solution à des problèmes complexes en articulant (et en faisant s'entendre) une diversité d'acteurs. Alors que la tension augmente entre une exigence de transversalité pour traiter des questions de plus en plus complexes (p. ex. le changement de visage de la pauvreté) et, plus concrètement depuis 2015 au Québec, la fragilisation, voire l'abolition des espaces de concertation à l'échelle locale et régionale due à l'application de politiques d'inspiration néolibérale. Dans ce contexte, la question centrale est donc de savoir si les LL favorisent une résilience des écosystèmes d'action face à ces changements ou s'ils constituent au contraire un soutien, voire un accélérateur des changements en cours.

Conclusion

L'étude des LL québécois laisse penser que leur développement s'inscrit dans les dynamiques de changement en cours plutôt qu'ils ne les influencent. L'émergence et la multiplication des acteurs véhiculant la culture de l'innovation dans laquelle s'inscrivent les LL sont dues au soutien que leur ont apporté plusieurs fondations subventionnaires[29], qui, dans le nouveau

[29] Centraide pour Dynamo, la Fondation Lucie et André Chagnon pour Communagir, la Fondation McConnel pour l'INM, la Fondation Charles Léopold Mayer notamment pour Percolab, etc.

contexte socio-économique, se positionnent de plus en plus comme des acteurs sociaux. Ils peuvent encore être le résultat de montages financiers issus de formes hybrides, des économies collaboratives. Ces acteurs émergents contribuent à l'ingénierie qui permet aux autres acteurs (et leurs anciennes et nouvelles configurations) de s'adapter et d'adopter de nouvelles dynamiques à la fois de communication (avec les autres milieux) et de fonctionnement dont les LL sont l'une des configurations possibles. Ces configurations confèrent un deuxième souffle à une dynamique d'innovation qui commençait à manquer. Le regain de vitalité en résultant n'est pas le fruit d'une recomposition de l'espace communautaire à partir de lui-même. Il s'agit d'un nouvel espace suscité par de nouvelles formes de partenariat qui se développe sur des terrains autrefois occupés aussi par le communautaire, le tout, afin de combler les vides laissés par les défaillances de l'acteur public.

Ces nouvelles configurations ne sont toutefois pas génératrices de changements profonds dans la mesure où elles ne remettent pas en question les rapports (de force), ni avec le gouvernement, ni avec le marché. Elles favoriseraient davantage, par un processus soit de professionnalisation, soit de technologisation des partenariats et des initiatives de développement, ce qui pourrait être considéré comme une mise à niveau sociétale.

Selon la même logique, le renforcement du rôle des centres de recherche et de formation[30] ne s'inscrit pas en opposition, mais dans la continuité des orientations sociopolitiques, dans un contexte de transition vers une économie du savoir (Callon, 2012). Plus concrètement, l'affirmation de ces organismes, comme acteurs du développement, répond au besoin croissant de faire face à une carence récurrente en ce qui a trait à la capacité d'action liée à leur manque de moyens. Les organisations de recherche, de formation et de transfert disposent en effet de ressources dédiées (étudiants, professionnels de recherche, professeurs), capables de documenter les expérimentations (une des premières choses qui a été coupée dans les budgets des autres acteurs) et d'avoir une vision transversale des systèmes et dynamiques dans lesquels ils se développent.

Les LL constituent des démarches qui s'appuient sur des référentiels qui prônent une innovation non linéaire ayant pour objectif de résoudre des problèmes complexes en faisant évoluer les organisations comme les

---

[30] Les Centres collégiaux de transfert et de technologie (CCTT), les Centres de liaison et de transfert (CLT) et les Organismes de liaison et de transfert en innovation sociale (OLTIS), les Sociétés de valorisation universitaire (SVU) : pour accompagner des chercheurs, évaluer des technologies, étudier le positionnement technologique et de marché.

situations. Ils n'ont donc pas pour but d'atténuer les effets négatifs des changements (socio-économiques ou environnementaux), et encore moins d'infléchir les facteurs qui provoquent les faiblesses structurelles en matière de développement des territoires, mais de se développer sur la base de ces changements afin de faciliter la résilience des structures organisationnelles comme des milieux. Ils contribuent donc à passer au travers des problèmes de développement des territoires, mais ne changent pas les rapports sociaux et économiques qui les provoquent.

Les LL et la culture de l'innovation qu'ils véhiculent constituent donc autant de miroirs des bouleversements que connaît actuellement le modèle québécois et peuvent être aussi bien des accélérateurs de ces changements que des moyens d'augmenter la résilience face à ceux-ci.

Chapitre 4

Les Living Labs comme démarches collaboratives
Compenser la concentration des intercommunalités françaises et retrouver des espaces de projet et d'innovation collective ?

Claude Janin et Bernard Pecqueur

Les collectivités locales, notamment depuis les lois de décentralisation de 1983 concernant l'intercommunalité française, ont pu élargir le champ d'action des politiques publiques locales (partie 1). Mais en s'agrandissant et en se concentrant sous l'influence des réformes territoriales des années 2000, les intercommunalités ne perdent-elles pas une partie de leur capacité à s'appuyer sur des démarches coopératives et collaboratives multiacteurs ? Dans un cadre de crise de l'action publique, certaines des collectivités locales, notamment celles vivant les réformes comme imposées, sont en quête de sens (partie 2).

Les Living Labs dans leurs formes contemporaines, en s'inscrivant dans un mouvement de recherche de solutions aux problèmes productifs et sur la mutation nécessaire des politiques publiques locales (partie 3) à partir d'une notion renouvelée d'acteurs, peuvent-ils contribuer à répondre à cette quête de sens ? (partie 4).

Le Living Lab se présente[31] en effet comme une modalité de concertation entre consommateur et producteur intervenant en amont du marché et faisant évoluer la nature des produits. Il a connu des évolutions importantes qui vont du simple panel ponctuel de consommateurs à un processus permanent de concertation entre acteurs de la vie sociale.

---

[31] On se réfère à l'article de Bergvall-Kåreborn *et al.* (2009). Pour ces auteurs la définition proposée est la suivante : « Un laboratoire vivant – ou Living Lab – est un milieu d'innovation centré sur l'utilisateur, fondé sur la pratique et la recherche quotidiennes, avec une approche

Une des évolutions décisives est constituée par le passage du LL d'innovation technologique au LL d'innovation sociale. Le concept d'innovation sociale a été développé dans de nombreuses publications par le groupe de recherche québécois CRISES (Klein *et al.*, 2014). Pour ces auteurs, l'innovation sociale met en avant une réflexion renouvelée sur la notion d'action collective jusqu'ici cantonnée dans le domaine des politiques publiques :

> Une réflexion approfondie sur l'innovation sociale exige une réflexion sur l'action collective, voire sur l'acteur et sur son rapport à l'environnement institutionnel auquel il se confronte, mais également, paradoxalement, sur lequel il appuie son action et qu'il contribue à construire à travers des compromis sociaux et des dispositifs de régulation. (p. 14)

Dès lors, dans un contexte d'agrandissement et de concentration des collectivités intercommunales, pouvant entraîner la « verticalisation » de leur fonctionnement, la capacité des LL du « travailler ensemble et agir ensemble » peut-elle être une possibilité pour ménager ou favoriser des espaces de projet et d'action collective ?

1. L'intercommunalité ou le pouvoir de coopérer

Car dans la mouvance des lois de décentralisation des années 1980, les dynamiques intercommunales ont été affirmées la plupart du temps comme des espaces nouveaux de projets dans la coopération entre communes. Les SIVOM, ou syndicats intercommunaux à vocation multiple, en ont été la première manifestation. Mais c'est véritablement la fondation des communautés de communes, dès 1992, dotées de fiscalité propre, qui en a été l'outil.

De fait, les communes et les départements avaient été mis en place par les lois de découpages territoriaux ayant accompagné l'établissement des institutions républicaines au début du XIXe siècle. Dans cette logique, elles ont été en premier lieu l'échelon local de l'État, les maires étant depuis représentants du Préfet dans leur localité. Au-delà de ce rôle, les lois de

---

facilitant l'influence des utilisateurs dans les processus d'innovation ouverts et distribués, engageant tous les partenaires pertinents dans des contextes réels, dans le but de créer des valeurs durables » (p. 3, traduction libre). Il s'agit d'une approche très liée à des objets techniques qui va, comme on va le voir, fortement évoluer.

décentralisation successives ont dévolu aux communes une fonction de gestionnaires et de développeurs. Cette fonction a été facilitée par le renforcement de la fiscalité locale et notamment la taxe professionnelle instaurée par les lois de finances de 1974. Les communes ont ainsi en charge la gestion des « biens collectifs » tels que voirie, bâtiments, services (comme les écoles), mais jouent encore un rôle d'administration important (cadastre, état civil, fiscalité locale, etc.).

Les intercommunalités sont tout autres. Si les premières formes datent de 1890 avec les syndicats de commune, les coopérations intercommunales, bien que créées à partir de 1959 avec les SIVOM et SIVU (syndicat intercommunal à vocation unique) qui ont pu lancer des services comme la gestion des ordures ménagères ou des programmes culturels, ont réellement émergé dans la mouvance des lois de décentralisation de 1982 et la création possible de communautés de communes dotées d'une autonomie fiscale. Cette loi a ainsi donné les moyens aux communes de réellement travailler ensemble. Et, quelles que soient leur histoire et leur forme, les intercommunalités ont comme point commun d'être définies par rapport à un périmètre et des compétences que leur donnent volontairement les élus locaux, avec certes l'aval nécessaire du Préfet. Elles permettent aux communes qui le souhaitent, de s'organiser et de rassembler leurs moyens pour des missions qu'il est plus pertinent de gérer à plusieurs. Ainsi en est-il souvent de la gestion des ordures ménagères, de la gestion de l'environnement avec par exemple les contrats de rivières, du développement économique par notamment l'aménagement de zones d'activités intercommunales, etc.

Certes, bien des intercommunalités ont été des coquilles vides nées de l'opportunisme financier – pompes à subventions – d'élus locaux ou de leur recherche de titres supplémentaires pour leurs cartes de visite. Cela a valu aux intercommunalités d'être dans le feu de critiques, notamment au début des années 2000, où les arguments fusaient pour combattre le mille-feuille institutionnel et justifier la future réforme territoriale (Beaudoin et Pemezec, 2005). L'idée que ce mille-feuille pourrait être source de complications et d'immobilisme a ainsi été répandue.

Toujours est-il que les intercommunalités étaient dans leur genèse par définition des territoires de projet ne pouvant émerger – en théorie – que de l'intention et de la volonté d'élus locaux pour traiter un problème commun. Au-delà des critiques, l'observation a montré que, lorsqu'elle est réussie, l'intercommunalité est porteuse de nouvelles formes d'action. Celle-ci se trouvait apparemment facilitée par les mises en réseaux entre collectivités et entre équipes techniques et équipes d'élus. La gestion des rivières par exemple a permis d'initier de réelles dynamiques à l'échelle de bassins versants. Au plan économique, de réels projets innovants de mutualisation de moyens ou de mise en réseau d'entreprises ont été de véritables laboratoires d'innovation. Au plan culturel, l'échelon intercommunal a été le ferment de projets artistiques créatifs, l'échelle étant pertinente autant en termes de public potentiel que de moyens mis en œuvre et mis en commun. Les intercommunalités ont ainsi souvent contribué à doter les communes, particulièrement les communes rurales, de services nouveaux auxquels les communes seules ne pouvaient prétendre sans faire appel à des échelons comme les départements et l'État.

Toute forme de collectivité intercommunale pourrait donc en théorie correspondre aux conditions de l'innovation et de fabrication de milieu innovateur, caractérisé par les économistes du GREMI (Groupe de recherche européen sur les milieux innovateurs) comme un milieu capable de mettre en place des conditions de changement voulu par des « ressources organisées, coordonnées et mises en relations par des structures économiques, culturelles et techniques » (Maillat, Quevit et Senn, 1993, p. 9). À ce titre, l'intelligence collective est identifiée comme un élément clé : « dans la mesure où notre société devient de plus en plus dépendante du savoir, cette faculté collective prend une importance fondamentale » (Maillat, Quevit et Senn, 1993, p. 9). L'intelligence collective est ainsi positionnée comme une des conditions de l'innovation : « l'innovation est rarement le fruit d'une pensée brillante et individuelle, mais plutôt de nouvelles formes d'interaction entre les personnes, les idées et les objets » (Hargadon, 2003, traduction libre).

Au plan des territoires, le travailler ensemble, où l'ingénierie tient une place de choix, participe de la construction territoriale.

> Dans cette vision vertueuse de compétences qui peuvent être celles de l'ingénierie territoriale, se dessine la compétence collective dont peuvent – et doivent ? – se doter les acteurs pour fabriquer du projet, du territoire, et le mettre en mouvement. […] C'est dans ces questions au cœur de la fabrication territoriale, où sphères techniques politiques et citoyennes doivent être mises en synergie, que se situent les processus d'interactions et de réflexions collectives des acteurs. (Janin *et al.*, 2011b, p. 11)

En ce sens, le processus formel de collaboration (vouloir, savoir, pouvoir collaborer) dans les intentions et les capacités à conduire le changement relève au plan managérial des processus favorables à l'émergence de coopérations, de décisions et d'actions collectives, et sur le *knowledge management* (Zara, 2008 ; D'Herbemon, 2012) et au plan des territoires et territorialités par la question des dynamiques collectives sous l'angle des processus de construction territoriale ou la sociologie des processus (Mendez, 2010).

1.1 Des intercommunalités de dimensions modestes favorisent proximité et transversalité

Les formes intercommunales rurales ayant bien souvent une dimension modeste (de l'ordre d'une à trois dizaines de communes) ont pu favoriser la proximité entre des diversités d'acteurs, et leur montée en capacité du « travailler ensemble » (Frej *et al.*, 2003), au sens de « capacité humaine de coopérer sur le plan intellectuel pour créer, innover, inventer » (Lévy, 1994). Certes, la corrélation entre taille des organisations et modes managériaux reste en débat. Toutefois, il est un fait que, par nécessité, les grandes structures ont une forte tendance de verticalité dans leur organisation afin de pouvoir en assurer le contrôle et la maîtrise.

Or, la proximité entre acteurs de différents domaines, dans des figures plus transversales d'organisation et de fonctionnement, peut être un atout pour les structures modestes afin de co-construire une dynamique de développement. À défaut d'être démontrable, cette hypothèse peut être illustrée par des cas concrets vécus par des acteurs territoriaux.

En mettant ensemble des acteurs dans des formes diversifiées de structures, ces intercommunalités de dimensions modérées paraissaient à même de favoriser le travail collaboratif entre des diversités d'acteurs. Favoriser et non systématiser… car au-delà des modes d'organisation et d'évolution des structures, l'histoire collective et les compétences des acteurs qui les composent jouent aussi un rôle essentiel. Pour autant, des tendances sont-elles observables ? Les expériences d'agents territoriaux peuvent au moins être sources d'indices et de pistes de réflexion.

> Pour certaines missions, il nous arrive de plus en plus souvent de nous regrouper avec les agents des communautés de communes voisines qui, globalement, ont les mêmes contraintes et les mêmes problématiques territoriales. Notre

> groupe d'action locale LEADER, porté par le parc naturel régional des Volcans d'Auvergne, nous permet aussi d'échanger et de nous ouvrir à d'autres territoires. Selon les thématiques, nous nous partageons les dossiers avec mon collègue chargé de l'économie. Je m'occupe plus particulièrement des projets touristiques et environnementaux. (Pauline Hérault, Chargé de mission tourisme Communauté de communes du Pays Gentiane Riom-ès-Montagnes ; Cap Rural, 2018a, p. 7)

> Nous travaillons depuis quelques années sur la redynamisation et le développement commercial des centres bourgs. Un diagnostic partagé a permis de faire ressortir six axes stratégiques, validés par les élus et la chambre de commerce. Ces axes concernent autant des actions de développement que d'aménagement : si le pôle développement du Parc s'occupe de la définition des besoins, de la recherche de porteurs de projets, de leur accompagnement, etc., nos collègues de l'aménagement interviennent sur le fonctionnement des centralités. Cette coopération au sein de l'équipe projet a lieu sur l'ensemble des phases de la démarche. (Étienne Clair, Responsable du pôle Développement, promotion et valorisation Parc naturel régional du Livradois-Forez ; Cap Rural, 2018a, p. 5)

La mise en coopération dans ces exemples paraît favorisée par la proximité des acteurs et le besoin de se rapprocher de compétences complémentaires pour ne pas se retrouver isolés. Dans d'autres territoires, la culture du travailler ensemble est inscrite dans le temps, et favorisée par la dimension modeste des intercommunalités qui a permis de construire de véritables réseaux innovants. Ainsi, les Monts du Lyonnais ont-ils mis en place de véritables partenariats entre acteurs économiques, sociaux, publics, pour construire des initiatives d'activités innovantes par leur production ou dans leurs modes d'organisation.

> Sans vouloir en tirer des généralités, il est intéressant de repérer que ces dynamiques de développement intercommunales ou communales ont été fortes dans des territoires ayant déjà une histoire en matière d'action et d'organisation collective comme le soulignent dans les Monts du Lyonnais Jean Pierre Houssel ou plus récemment Ludovic Measson (Measson 2008). (Janin *et al.*, 2011a, p. 51)

La transversalité entre agents de développement et la proximité entre acteurs publics et privés y ressortent comme facteurs de mises en réseau. Le long apprentissage collectif autour d'actions mutuelles y serait en outre un des éléments explicatifs de la capacité des acteurs du territoire à s'inscrire dans une dynamique visible et insufflée par les réseaux locaux agricoles dans un premier temps, puis, dans des intercommunalités, et enfin, dans des projets intercommunautaires comme les pays.

> La capacité des acteurs locaux à créer et structurer des dispositifs d'accompagnement des politiques publiques apparaît comme l'un des déterminants à l'émergence et à la pérennisation d'une stratégie de développement territorial [...]. Les ressources humaines, les capacités organisationnelles apparaissent alors comme un vecteur de la recomposition territoriale. (Barthe et Lagarde, 2007, p. 285)

D'une manière générale et dans de nombreuses situations, ce mouvement paraît s'être inscrit dans les dynamiques inspirées de l'idée du développement local et du développement communautaire. Au niveau législatif avec :

> La reconnaissance de l'intercommunalité de projet par la loi ATR de 1992, puis par les lois Pasqua (1995), Voynet (1999) et Chevènement (1999), le législateur incarne une conception de l'action publique (1) contractuelle qui prend en compte les spécificités locales et leur potentiel de développement endogène et (2) transversal qui dépasse l'approche sectorielle des politiques publiques. (Barthe et Lagarde, 2007, p. 286)

2. L'agrandissement des intercommunalités comme frein à la coopération

La réforme territoriale, particulièrement la loi MAPAM de 2014, constitue un véritable tournant. Elle oriente les figures territoriales vers la conception néolibérale du ruissellement et de la concentration des moyens vers les pôles de développement déjà forts plutôt que vers l'appui aux acteurs locaux diffus, mais volontaires et organisés.

> Ce phénomène de croissance métropolitaine doit être bien compris : il ne s'agit pas d'accélérer un processus d'agglutination, mais d'accompagner une tendance forte en

> favorisant quand c'est possible la masse critique et l'excellence internationale, et d'interconnecter ces ressources dans des zones denses conçues pour assurer une mobilité maximale, car c'est la mobilité en zone dense qui multiplie les opportunités de contacts entre les membres des zones denses, les habitants des zones diffuses bénéficiant de ces opportunités lorsqu'ils se rendent dans les zones denses à condition qu'elles soient facilement accessibles. (Saint-Étienne, 2009, p. 7)

À partir de 2010, en incitant à la métropolisation et à la recherche – théorique – d'économies d'échelles par concentration des intercommunalités autour des agglomérations, l'État a impulsé une tendance importante (mais non générale) d'agrandissement des intercommunalités.

Tableau 4.1 : Évolution des collectivités locales de 2010 à 2018

Nature juridique	Nombre moyen de communes		Nombre moyen d'habitants		Maximum en nombre de communes		Maximum en nombre d'habitants	
	2010	2018	2010	2018	2010	2018	2010	2018
Métropole de Lyon	-	59	-	1 390 240	-	59	-	1 390 240
Métropole	-	43	-	853 917	-	131	-	7 086 571
Communauté urbaine	25,8	47,5	477 419	221 272	85	143	1 277 218	413 904
Communauté d'agglomération	17,2	33,5	124 158	106 578	71	158	494 382	352 112
Communauté de communes	13	26,2	11 420	22 249	128	129	172 105	104 039
Syndicat d'agglomération nouvelle	5,8	-	64 751		8		99 523	-
Total	13,3	28	22 197	53 691	128	158	1 277 218	7 086 571

Source : DGCL, BANATIC mise à jour le 01/01/2010 et 01/01/2018

D'une certaine manière, la réforme a été une réussite. Le territoire national est aujourd'hui couvert d'intercommunalités. Et les formules de nouveau statut métropolitain ont été un succès.

L'observation des effectifs en communes et en habitants montre également que l'objectif d'agrandissement et de concentration en nombre de communes et d'habitants est réel. Toutes formes confondues, la taille moyenne des intercommunalités est passée en huit ans de 13,3 communes adhérentes en 2010 à 28 en 2018, et de 22 197 à 53 691 habitants. Si les effectifs maximums de communes ont modérément varié, le nombre d'intercommunalités ayant crû en nombre de communes est important, les moyennes le montrent.

2.1 Quelle analyse en faire ?

À l'évidence, le changement de paysage institutionnel a brouillé un certain nombre de cartes et de réseaux.

> Je ne suis pas experte dans ce domaine, mais, depuis que les communautés de communes se sont restructurées, nous avons perdu le lien avec elles. Nous ne savons plus quelles sont leurs compétences ni qui sont nos interlocuteurs. La suppression du CDDRA nous a également fait perdre notre contact à ce niveau. (Blandine Berchoux, chargée de projet de la Commoderie, Association Valhorizon Trévoux (Ain) [Cap Rural, 2018b, p. 7])

Mais est-ce une question de temps pour repositionner de nouveaux repères ? En partie, car il apparaît que l'accroissement des tailles d'intercommunalité a généré un renforcement des équipes d'ingénierie et une certaine verticalisation des relations et des organisations.

> Nous avons mis en place des réunions d'équipe pour que l'information circule et créer des passerelles. Mais je m'interroge sur l'organisation dans les grosses structures, qui ont de fait des organigrammes descendants où la transversalité ne paraît pas évidente. Ma crainte est que les vagues de réforme territoriale nous entraînent dans des regroupements importants, et que cela se fasse au détriment du développement local. (Patricia Stadler, directrice Communauté de communes de Dieulefit [Cap Rural, 2016, p. 7])

Ces recompositions territoriales, en combinaison avec les politiques contractuelles qui se généralisent, contribuent apparemment à cette verticalisation des organisations par la spécialisation des membres de la sphère technique.

> Il est aussi plus difficile d'avoir une approche globale et transversale. Lorsque je m'occupais du contrat de pays, je « balayais » toutes les thématiques : agriculture, économie, équipement culturel, tourisme, etc. Mais, au fur et à mesure, les procédures contractuelles se sont thématisées ou positionnées sur des échelles territoriales plus grandes. Les recrutements d'agent ont suivi cette évolution, avec des postes thématiques et, parfois, une vision moins transversale. (Pauline Billat, directrice Albertville Tarentaise Expansion [Cap Rural, 2016, p. 7])

Ces témoignages sont des illustrations de l'ambiance dominante ressortant de la période mouvante de recomposition territoriale. Sous un angle qualitatif, il ressort que, si les moyens sont plus importants grâce à la taille plus importante des collectivités, celles-ci perdent par rapport à trois dimensions favorables à l'innovation et à l'apprentissage collectif : la transversalité, l'interdisciplinarité, la « procédurisation » du développement local qui induit des stratégies souvent plus financières que de réponse à des problèmes posés aux et par les acteurs. Les actions nouvelles, qui se démarquent de la musique ambiante, peuvent ainsi avoir plus de mal à émerger.

Il apparaît ainsi que les recompositions territoriales en cours amplifieraient le caractère mécaniste des collectivités intercommunales au détriment d'une conception organique de leur fonctionnement.

> La conception organique du développement mobilise un large panel d'acteurs qui recourent aux savoirs réflexifs et participatifs dans des forums hybrides, dans une logique de relais avec la société civile, pour répondre aux besoins constatés sur le territoire infra régional. L'enrichissement cognitif du processus de développement et la démocratie participative en sont les principes de légitimation. [...] La conception mécaniste du développement territorial est orientée vers la gestion routinière de procédures standardisées de l'Union européenne aux territoires de projets. Les savoirs managériaux tels que les bonnes pratiques, le *benchmarking*, les procédures standardisées, les logiques d'audit et les appels à projet, aussi strictes que les règles impersonnelles wébériennes, résument le territoire infra régional à la procédure qui l'anime. (Janin *et al.*, 2011a, p. 18)

3. Les Living Labs, une piste dans le nouveau paysage territorial pour favoriser les démarches collaboratives en vue de l'innovation ?

Lorsque les agrandissements des territoires et des acteurs publics conduisent à la verticalisation de leurs fonctionnements et à une sectorisation de leurs activités, quelles figures organisationnelles pourraient permettre la mise en proximité géographique et organisationnelle des acteurs pour initier des démarches collaboratives et favoriser ainsi une conception organique du développement local ? Une telle question part du prérequis que nous avons déjà eu l'occasion de développer (Janin et Pecqueur, 2017), à savoir que l'innovation est porteuse d'intentionnalité de changement, voire de progrès, et que sa dimension collaborative permet une large appropriation par les acteurs et habitants.

Une simple mise en œuvre de partenariat public privé aux échelles territoriales nouvelles ne peut que pâtir de la verticalisation et sectorisation des acteurs publics.

> Aujourd'hui, avec la recomposition des collectivités, certaines ACA [association cantonale d'animation] se retrouvent sur le territoire de grosses communautés de communes, dont les élus ne connaissent pas ces associations d'animation et de développement. Les relations entre ces nouvelles intercommunalités, qui disposent de leur propre ingénierie territoriale, et des ACA dont le savoir-faire est ancré dans les territoires depuis longtemps ne sont pas évidentes. (Catry Ploquin, chargée de mission Vie associative et dynamiques territoriales, CPIE Savoie Vivante [Cap Rural, 2016, p. 7])

Pour autant les initiatives individuelles et collectives ne manquent pas, mais les organisations nouvelles ne correspondent pas toujours en termes d'agilité et de réactivité pour les accompagner.

> Pas mal de jeunes viennent nous voir et nous disent que leur projet a été rejeté par les chambres consulaires et les structures de développement. Ils ne trouvent pas de soutien parce qu'on plaque des modèles et des outils d'accompagnement qui ne sont pas adaptés à ces projets alternatifs ou atypiques. Nous sommes un peu le contresens de la musique ambiante, qui dit

> que pour s'assurer qu'un projet est viable, il faut faire un prévisionnel et une étude de marché. Nous pensons qu'il faut plutôt avoir de l'énergie, y croire, être plusieurs et foncer un peu… (Cap Rural, 2016, p. 7)

Une organisation structurée autour des acteurs publics risque en effet de se caler sur leur propre fonctionnement. Dès lors, l'enjeu ne réside-t-il pas dans la mise en place et la construction de lieux collaboratifs où se retrouvent acteurs publics et privés de différents domaines, réunis par l'intention de trouver des réponses ensemble à des questions communes ?

Les LL apparaissent comme pouvant être une réponse possible. Ils associent et impliquent des diversités d'acteurs allant de la recherche à l'usager ; leur échelle est adaptée à l'échelle du problème commun aux acteurs. Peuvent s'y inscrire acteurs publics et acteurs privés, ce qui peut permettre de faire le lien entre collectivités locales et société civile. De même, pour les LL qui co-construisent leurs problématiques et les leviers de leurs projets, le questionnement de l'attente des habitants et acteurs peut être suffisamment approfondi dans une logique de « problème/réponse ».

Nous avons déjà développé la question des capacités collaboratives de nombreux LL entre des acteurs diversifiés allant de la recherche aux usagers (Janin et Pecqueur, 2017). Leur potentiel à amener les acteurs à travailler ensemble réside aussi dans les échelles variables qu'ils peuvent adopter selon les problèmes posés. GERHOME dans le Limousin, qui traite de l'aide aux personnes dépendantes, est à l'échelle départementale. Le LL s'intéressant à la création d'activités dans le Gapençais est à l'échelle du petit territoire local. Ainsi, la démarche LL ne correspond pas par définition obligatoirement au périmètre de compétence de l'acteur territorial. Celui-ci doit alors nécessairement s'adapter, voire organiser les interventions de ses équipes en mode projet, et en tout cas ne peut se l'approprier.

La structuration souple et limitée dans le temps des Living Labs est aussi intéressante. Elle atténue le risque d'institutionnalisation et de création de structures parallèles qui pourraient à leur tour entrer dans une logique de procédurisation. Cette logique a souvent en effet été constatée dans les collectivités qui, dans le jeu amplifié des procédures financières liées aux contractualisations du développement, peuvent privilégier la recherche de financement liée aux procédures, calquant leurs orientations et actions sur des projets correspondant aux attentes des financeurs plutôt qu'à leurs propres besoins. Cela entraîne souvent un déplacement de pouvoir du politique vers la sphère technique.

> Si les acteurs, élus, responsables associatifs n'ont pas les compétences pour comprendre et maîtriser dans leurs processus de décisions les produits de l'ingénierie, le risque d'une technocratisation du territoire ou du projet est grand. En d'autres termes, ce sont dans ce cas *les techniciens qui commandent.* (Janin *et al.*, 2011a, p. 22)

Or, en s'identifiant et en se réunissant autour d'un problème, les acteurs doivent logiquement limiter la durée de leur coopération à la résolution de celui-ci. Quitte à se réorganiser dans un nouveau LL si le problème évolue ou pour s'intéresser à de nouvelles questions.

En plus de la durée limitée du LL, cette caractéristique présente aussi l'avantage d'identifier la démarche au problème traité, et donc de concrétiser, de donner corps au problème, de le rendre visible à l'échelle du territoire. Cela ne peut que contribuer à la traçabilité de la démarche LL et de ses projets, contribuer ainsi à éviter qu'ils ne se terminent dans l'indifférence ou ne se diluent dans les préoccupations d'acteurs institutionnels.

Dans des territoires réorganisés à l'échelle de grandes collectivités de services, les LL, au-delà d'être de potentiels créateurs d'espaces d'innovation et de projets collaboratifs, peuvent aussi devenir acteurs à part entière, interlocuteurs reconnus de politiques publiques.

Enfin, le Living Lab contient une proposition de réarticulation avec les politiques publiques locales afin de trouver des solutions collectives.

Conclusion

Si les premières intercommunalités sont nées d'une mouvance de développement coopératif ou du développement communautaire des années 1970, les logiques de la réforme territoriale, teintées de libéralisme et s'appuyant sur des organisations concentrées, comme les métropoles, pour faire émerger l'innovation, ont orienté les intercommunalités vers une stratégie de services, avec agrandissement, management entrepreneurial…

Dans ce contexte de recomposition territoriale *concentrante*, et pas toujours consentantes, les LL peuvent être une manière de réinjecter des dynamiques collaboratives de développement en regard d'institutions verticalisées. Par leurs dimensions et périmètres de réflexion et d'action correspondant aux problèmes questionnés et aux solutions recherchées, par leur composition multiacteurs et leurs processus collaboratifs, par leur démarche « problème / réponse », ils peuvent permettre aux acteurs de donner la priorité aux dynamiques de processus de développement plutôt qu'à des démarches pragmatiques plus procédurières.

La critique peut être faite que cette vision exagère les champs possibles des LL, dont le domaine concerne essentiellement l'innovation technologique. Pour autant, les figures de LL inscrivant dans leurs priorités l'innovation sociale, les processus collaboratifs, ne constituent-elles pas en elles-mêmes, surtout lorsqu'elles correspondent à un espace territorial défini, des démarches de développement local ?

N'initient-ils pas alors une façon de repenser les politiques publiques ?

Chapitre 5

Living Lab et co-construction des connaissances
Réflexions à partir de l'expérience des Ateliers des savoirs partagés à Saint-Camille

Denis Bussières, Juan-Luis Klein et Pierre-André Tremblay

Ce chapitre porte sur une expérience conduite entre une équipe de chercheurs du Centre de recherche sur les innovations sociales (CRISES) et des acteurs et citoyens de la communauté de Saint-Camille. Entre septembre 2012 et octobre 2014, ils ont mené une expérience de partage de connaissances dans le but de réfléchir conjointement au processus de revitalisation territoriale vécu par cette communauté depuis les années 1980. L'objectif de cette expérience était d'approfondir la connaissance de ce processus par le partage de savoirs expérientiels des acteurs de la communauté et des savoirs plus académiques des chercheurs en matière de développement des territoires. Chercheurs et citoyens, suivant une formule d'échanges et de confrontation de connaissances, ont identifié les principaux jalons de la dynamique de développement de Saint-Camille, les valeurs qui les sous-tendent et les défis auxquels la communauté doit faire face (Klein *et al.*, 2015). Dans ce texte, nous ciblerons surtout la démarche de partage de connaissances mise en œuvre, car nous considérons que cette expérience a constitué un véritable Living Lab (LL), même si elle ne s'est pas présentée comme tel. Comme nous le verrons, plusieurs expériences constituent des LL qui s'ignorent. Elles s'inscrivent dans des modèles d'action dont les principes convergent avec ceux des LL. Saint-Camille au Québec en est un bon exemple.

1. L'approche des Living Labs

Rappelons que le terme « Living Lab » désigne essentiellement des expériences réalisées en mode collaboratif destinées à rechercher et opérationnaliser des réponses à des problèmes sociaux dans des contextes organisationnels délimités sur la base d'innovations ouvertes centrées sur les usagers (Bergvall-Kareborn et Stahlbrost, 2009). Il s'agit pour l'essentiel d'expériences de production de biens ou de services, mais plus souvent de services, ce qui justifie l'utilisation du terme usager.

On peut situer la source de l'approche des LL dans les recherches menées dans les années 1990 au Media Lab du Massachusetts Institute of Technology (MIT), qui visaient à mettre les nouvelles technologies d'information au profit de la constitution de nouveaux lieux ou espaces « intelligents » (Lafontaine, 2017). Il y a donc au départ l'idée de mettre la technologie ubiquitaire (*ubiquitous computing*) au profit de la capacité de résoudre des problèmes dans le sillage de ce qui a été appelé « troisième révolution industrielle » associée à l'ordinateur (Rifkin, 1995). Ainsi, il est possible d'établir une certaine filiation avec la trajectoire qui a mené à l'intelligence artificielle (Boyd et Holton, 2017). Pendant les années 2000, l'approche des LL s'est développée en Europe grâce au Programme européen de soutien à l'innovation par les Living Labs lancé en 2006. Ce programme a conduit à la création du réseau européen de Living Labs (European Network of Living Labs : ENoLL) qui a favorisé la diffusion de cette approche à l'ensemble de la planète (Dubé *et al.*, 2014). Depuis, ce réseau est devenu une organisation qui tient des réunions annuelles sous forme d'écoles d'été et qui reconnaît les LL en leur accordant une homologation. Au moment d'écrire ce texte, ENoLL a reconnu 409 LL répartis à travers le monde, parmi lesquels plus de 150 sont actifs (ENoLL, 2018b). On comprendra cependant que de nombreuses expériences puissent être considérées comme des LL même si elles n'ont pas participé au réseau officiel des LL et n'ont, par conséquent, reçu aucune homologation à ce titre. Il s'agit donc de LL qui s'ignorent.

L'approche des LL s'est diversifiée. Bien que peu orientée, au départ, vers le développement des territoires (Lafontaine, 2017), la démarche LL s'est progressivement rapprochée de la perspective du développement territorial (Santoro et Conte, 2009 ; Klein et Pecqueur, 2017). Plusieurs expériences prennent place dans des territoires délimités justement par l'usage, puisque centrées sur les usagers, dans une perspective qui rejoint certains principes établis par Ostrom (2008, p. 18) pour la gestion commune des ressources. Parmi eux, retenons, en les adaptant, les suivants : définition collective des règles concernant l'usage des ressources, mise en place de mécanismes qui rendent imputable les usagers face à la collectivité, possibilité de sanctionner les transgressions aux règles communes, gestion efficiente des conflits entre les usagers et entre les usagers et les dirigeants, reconnaissance des organisations locales et imbrication de celles-ci dans des réseaux multiscalaires.

L'approche des LL n'a donc pas été pensée pour développer des territoires. Elle l'a été dans une perspective de rapprochement du milieu des affaires et des besoins sociaux. En effet, selon ENoLL:

> Les laboratoires vivants sont des environnements qui permettent l'expérimentation dans des conditions réelles. Au sein d'un laboratoire vivant, les utilisateurs et les producteurs co-créent des innovations dans un écosystème reposant sur la confiance et l'ouverture, favorisant ainsi tant l'innovation commerciale que sociétale. De plus, par la coconstruction de recherches centrées sur les besoins des usagers, ces laboratoires contribuent à la production d'innovations technologiques, de produits ou de services axés sur le bien-être des personnes. (ENoLL, 2018a, en ligne)

Un aspect devenu central dans cette approche réside dans la production et le partage de la connaissance. C'est ce que montre une synthèse des écrits sur les LL réalisée dans le cadre du CEFRIO, dont une équipe de travail a dégagé les orientations méthodologiques qui permettent de parler d'un LL. Selon elle, cette démarche a les caractéristiques suivantes :

- elle est centrée sur une augmentation des connaissances impliquant des acteurs sociaux et des processus réflexifs liés à l'action, à caractère participatif et itératif ;
- elle est centrée sur le partage et l'intégration de connaissances et d'expériences ;
- elle comporte l'observation d'expérimentations en contexte réel et la mesure de la valeur des activités et des innovations pour les usagers, humains, citoyens ;
- elle prévoit des activités d'échanges ou de transferts de connaissances liées à l'innovation ;
- elle est axée sur la prise en compte de l'espace (ou territoire, physique ou non, d'expérimentation et d'innovation) et du temps (processus, cycle, durée, durabilité) (CEFRIO, 2013, p. 7).

Mais avec le temps, les acteurs concernés par le développement des territoires y ont vu une modalité d'action intéressante (Rochman *et al.*, 2017a), car elle est susceptible de favoriser l'apprentissage collectif, la constitution de réseaux d'acteurs multiples et à diverses échelles (locale et supralocale), ainsi que diverses formes d'action partenariale (Klein et Pecqueur, 2017). C'est dans cette perspective que nous présenterons l'expérience des Ateliers des savoirs partagés (ASP) menée avec la communauté de Saint-Camille. Comme on le verra dans la section suivante, l'expérience des ASP rencontre les critères établis par le CEFRIO, tout en innovant. Cette expérience montre que la co-construction de la connaissance repose sur la production d'un « commun cognitif » constitué à la fois de savoirs, de règles et de valeurs (Fontan *et al.*, 2014).

2. Les Ateliers des savoirs partagés (ASP)

L'expérience des ASP est la résultante de deux moments antérieurs de réflexivité auxquels ont été conviés les leaders de la communauté incluant les instances politiques. Le premier fut le Microprogramme en éthique appliquée. Au début des années 2000, des citoyens ont mis en place ce microprogramme de formation, fruit d'une collaboration avec l'Université de Sherbrooke, avec laquelle une formation créditée sur l'éthique et le développement local fut donnée au village. Elle permit de réfléchir à la question du développement socio-économique de la communauté et a été déterminante pour engager les citoyens dans une réflexion sur l'avenir de la communauté, réflexion qui identifia le redressement de la situation démographique comme le défi principal du village. Le second moment se situe en 2009, dans la suite de l'expérience du cours d'éthique. Tirant avantage d'un programme gouvernemental québécois, les citoyens mirent sur pied un Laboratoire rural. Une étudiante de maîtrise y réalisa son mémoire, tout en occupant le poste de chercheure en résidence (Dufresne, 2013).

Le rapport final du laboratoire mena à la conception du projet des ASP sur lequel nous nous attarderons plus longuement. Le partenariat au sein des ASP réunit trois organisations : la Corporation de développement socio-économique de Saint-Camille (<http://www.corpo-st-camille.ca/>), le Centre de recherche sur les innovations sociales (CRISES, <http://crises.uqam.ca>) et le Service aux collectivités (SAC) de l'UQAM (<https://sac.uqam.ca/>). La communauté de Saint-Camille et le CRISES avaient déjà collaboré par le passé, une étudiante du CRISES y ayant réalisé son mémoire de maîtrise dès 2001 (Huot, 2001). Ces relations se sont poursuivies en 2004 (Langlois, 2004) et en 2008 (Champagne, 2008). Des chercheurs du CRISES entretenaient des relations fréquentes avec les principaux dirigeants de Saint-Camille, qui avaient participé à des colloques organisés par le CRISES. Ces collaborations antérieures permirent d'installer un climat de confiance entre les partenaires.

Les ASP ont réuni des chercheurs universitaires et des acteurs, incluant des citoyens, dans une expérience de croisement de savoirs visant à mieux cerner le modèle de développement de la municipalité afin, d'une part, de former la relève au sein des différents organismes du milieu et, d'autre part, de diffuser ce modèle vers d'autres municipalités rurales aux prises avec des problèmes de décroissance.

Cette expérience se déroula en deux temps[32]. Pendant la première année (2012-2013), six rencontres furent organisées, en plus de celles de la préparation du projet. Elles portèrent sur les thématiques suivantes : la mobilisation sociale et le développement des territoires ; la culture ; le leadership partagé ; la gouvernance ; le développement intégré ; une communauté apprenante. Préparées conjointement par des duos de chercheurs et de praticiens, ces rencontres furent essentiellement des lieux d'échanges et de discussion.

Basée sur l'exercice de l'année précédente, la seconde année (2013-2014) fut consacrée à la mise sur pied de quatre chantiers de travail visant à approfondir les réflexions autour du développement des ressources naturelles, de la gouvernance et du leadership, de la cohésion sociale et, enfin, de la reconnaissance, de la mémoire et de la qualité de vie. Prises dans leur ensemble, ces thématiques offrent un cadre assez clair de ce qu'on peut entendre comme un modèle de développement rural intégré. Chaque chantier eut comme objectif de préparer une activité qui devait être une occasion de réflexion collective et d'identification des actions à accomplir pour mener à bien les orientations identifiées au cours des échanges.

Ainsi le chantier portant sur la cohésion sociale donna lieu à un forum citoyen sur l'avenir de l'église du village et sa transformation possible en centre culturel. Pour sa part, le chantier mémoire, reconnaissance et qualité de vie réalisa une exposition de photographies d'un certain nombre de résidents âgés du village remettant un objet à un des plus jeunes (Tremblay, 2017).

Un rapport sur l'ensemble de l'expérience des ASP fut rédigé dans un premier temps par un collectif de chercheurs, mais discuté et bonifié par les citoyens et citoyennes lors d'une séance d'information et de validation (Klein *et al.*, 2015).

---

[32] Pour une présentation de l'ensemble de l'expérience, voir le site <http://www.recitsrecettes.org/ateliers>.

L'expérience se termina par un colloque régional tenu dans l'église de Saint-Camille sous le titre Susciter la relève et l'engagement pour un développement créatif de nos territoires. On y discuta des résultats des ASP ainsi que du modèle d'action de Saint-Camille. On y présenta aussi l'exposition de photographies produites par le chantier Mémoire, reconnaissance et qualité de vie.

Caractéristique importante et qui témoigne de l'engagement des partenaires, toutes les activités se déroulèrent au village de Saint-Camille, principalement au centre d'animation culturelle Le p'tit bonheur (<https://ptitbonheur.org/>). Ce choix facilite la participation des résidents et fait en sorte que l'essentiel de l'organisation repose sur la communauté villageoise. Pour leur part, les chercheurs devaient se déplacer pour participer aux activités. Pendant la première année, celles-ci débutaient le vendredi soir et se poursuivaient le samedi matin. Notons enfin que les différentes rencontres regroupaient entre 20 et 40 personnes, ce qui est imposant pour un village comptant un peu plus de 500 résidents et résidentes.

3. Living Lab et laboratoire traditionnel

L'expérience des ASP, comme nous venons de le présenter, se rapproche de la description généralement acceptée d'un LL, ce qui démontre l'intérêt d'élargir l'univers sémantique couvert par ce terme. Aussi, essayons de cerner davantage ce que les acteurs ont mis en action dans le cadre de ce LL qu'a été les ASP. Mais avant d'aborder cette dimension, précisons la dimension laboratoire de cette expérience.

Le type idéal d'un laboratoire se présente comme un lieu caractérisé par le contrôle où il s'agit de maîtriser les différentes composantes qui servent à l'expérimentation. De plus, un laboratoire cherche à ériger une barrière d'étanchéité avec l'extérieur. Le laboratoire moderne se veut un lieu stérile où les imperfections du monde ne peuvent pénétrer, se dégageant ainsi de toute forme de contextualisation. Or, un LL est différent, car il est ouvert sur le monde.

En réalité, comme l'a souligné Mondada, « le savoir scientifique n'est pas l'œuvre d'individus isolés, mais de laboratoires et d'équipes où interviennent des modes complexes d'organisation et de distribution du travail intellectuel » (2005, p. 15). L'activité de recherche suppose donc la création d'un collectif de réflexion, d'un espace de production cognitive où les acteurs confrontent leurs idées tout en cherchant ensemble une explication plausible du phénomène étudié. Cette caractéristique nous permet d'établir un lien entre un laboratoire et la réflexion collective que l'on retrouve dans un LL. Nous y reviendrons.

Ces échanges entre chercheurs reposent sur ce que Vinck (1999) appelle des objets intermédiaires. Nous retrouvons ces objets au sein des ASP. Ils ont pris la forme de textes, de présentations PowerPoint, d'exposés oraux qui apparaissent ainsi « comme autant de supports, de vecteurs, de matérialisations ou de médiatisations des interactions entre acteurs » (Vinck, 1999, p. 393)[33]. Au sein des ASP, ils avaient comme fonction première de lancer les discussions entre les différents partenaires. Enfin, un autre ingrédient commun au LL et au laboratoire traditionnel est l'importance accordée aux traces ; « le laboratoire se caractérise par une *intense activité de codage, de marquage et d'écriture*[34] » (Vinck, 2007, p. 221). Sur ce point, l'expérience des ASP a été exemplaire par la mise en place d'un site web, la réalisation d'entrevues filmées avec des participants et participantes, la publication d'un rapport d'évaluation (Rufo, 2015) et d'un rapport-synthèse de recherche (Klein *et al.*, 2015).

4. Un moment de réflexivité

Abordons maintenant la dimension de réflexion collective soulignée par Mondada. Celle-ci nous apparaît être au cœur de l'activité des ASP comme des LL. Le concept de réflexivité a été particulièrement développé par le sociologue Anthony Giddens dans son livre *La constitution de la société* (Giddens, 2012) et dans *Les conséquences de la modernité* (Giddens, 1994). Chez cet auteur, la réflexivité comprend deux caractéristiques. La première, anthropologique, définit la réflexivité comme « inhérente à l'action humaine. L'être humain en action reste normalement "en contact" avec ses motivations, lesquelles font partie de cette action[35]» (Giddens, 1994, p. 43). La réflexivité serait donc une composante innée de la nature humaine, au point où celle-ci permet de différencier ce type de société des sociétés animales.

[33] Tous ces « objets » sont accessibles sur le site <http://recitsrecettes.org/ateliers>.

[34] Les italiques sont de l'auteur.

[35] Les guillemets droits sont de l'auteur.

Cet élément originel a naturellement des répercussions dans la vie des sociétés et dans leur développement historique. Pour Giddens, l'utilisation de cette composante innée a eu et a encore un impact dans l'évolution des sociétés, ce qui est sa seconde caractéristique fondamentale. C'est ainsi qu'il en vient à caractériser les sociétés modernes comme des sociétés où la réflexivité occupe une place cruciale et devient une donnée constitutive de leur fonctionnement et de leur développement. Dans sa version contemporaine, « la réflexivité [est] conçue comme l'usage systématique et régularisé d'informations pour orienter et contrôler la reproduction des systèmes sociaux » (Giddens, 2012, p. 19). Cette fonction réflexive propre à toutes les sociétés explique l'évolution des sociétés antérieures vers la modernité, mais avec elle, cet usage systématique d'informations connaît une accélération et une accentuation de leur utilisation au sein des sociétés.

Giddens n'est pas le seul auteur à utiliser le concept de réflexivité pour caractériser les protagonistes de nos sociétés modernes. David Schön dans *Le praticien réflexif* (1996) y a recourt pour qualifier ces praticiens actifs, éveillés, en mouvement qui font appel à l'ensemble de leurs savoirs et particulièrement à leur savoir pratique pour répondre aux exigences de situations nouvelles qui surgissent dans leur travail.

Schön ne nous donne pas une définition précise du praticien réflexif. Il parle de réflexion en cours d'action qui renvoie plus à une forme de réflexe mental qui se fait dans le processus même de l'action, « dans la tête de l'acteur » si on peut dire. Comme il le note ailleurs, « la réflexion que j'ai en tête ici se déroule au milieu de l'action, dans ce que j'appelle l'action-présente, et elle n'a pas besoin d'employer le médium des mots » (traduction libre). Ce type de réflexion est souvent accompagné d'un retour sur l'action qui peut prendre l'aspect d'un dialogue avec un confrère, un superviseur. Quoiqu'il en soit de la difficulté de bien cerner la différence entre les processus « en cours d'action » et « sur l'action », Schön (1996) note que « c'est tout ce processus de réflexion en *cours* d'action et *sur* l'action qui se situe au cœur de "l'art" qui permet aux praticiens de bien tirer leur épingle du jeu dans des situations d'incertitude, d'instabilité, de singularité et de conflit de valeurs » [36] (p. 77). Retenons pour les besoins de notre propos que le praticien réflexif tel que le conçoit Schön devient un acteur estimé dans toute organisation ou communauté qui s'inscrit dans une phase de développement.

Giddens et Schön confirment dans leurs écrits la place importante qu'a prise le concept de réflexivité tant sur le plan du développement de la société

[36] Les guillemets et les italiques de l'auteur.

qu'individuel. Le premier nous propose une vision macro ou sociétale du rôle de la réflexivité et le second une vision micro au cœur du développement professionnel. Mais la particularité de l'expérience des ASP, lorsque considérée comme celle d'un LL, se situe au niveau intermédiaire, méso, puisqu'elles regroupent des collectivités d'acteurs sur différents projets et dans un temps limité. C'est ce que Donati (2011), en s'inspirant des travaux d'Archer (2013), désigne comme la métaréflexivité. Celle-ci est en quelque sorte construite, à l'image des ASP comme nous le verrons plus loin, et s'appuie essentiellement sur l'organisation d'activités d'interrelations entre acteurs provenant de différents milieux.

Ces moments de réflexivité que sont les LL et qu'ont été les ASP reposent avant tout sur l'engagement des partenaires à mettre en jeu un ensemble de capacités et d'aptitudes, condition première à un dialogue fécond. Ces capacités que nous qualifions de réflexives font appel aux connaissances théoriques et pratiques des acteurs sur l'objet à l'étude, parfois aussi à un vocabulaire commun aux praticiens et aux chercheurs pour nommer la réalité. À ces capacités réflexives s'ajoutent des aptitudes relationnelles : ouverture, écoute, respect mutuel, qui jouent le rôle de liant entre les partenaires. Dans l'exemple des ASP, ces éléments ont été enrichis par un partage de valeurs autour des dimensions de changement social, de développement durable et de sauvegarde des petites collectivités rurales. S'est donc constituée dans le cadre des ASP une grammaire commune aux protagonistes qui s'est édifiée sur les capacités réflexives des partenaires, sur leurs aptitudes relationnelles et sur des valeurs partagées.

L'expérience des ASP comme celle d'un LL ne reposent pas uniquement sur la bonne volonté des acteurs. Elles nécessitent la constitution de ce que Vinck (1999) nomme une infrastructure sociotechnique (p. 394) (voir aussi Doing, 2008). Elles touchent aussi à des dimensions éthiques et épistémologiques qui découlent directement de l'importance prise, dans ces expériences, par la transmission et la circulation des connaissances, ainsi que nous l'avons noté plus haut. Ce sont ces éléments que nous abordons dans la suite de ce texte.

5. La co-construction des connaissances

La co-construction concerne les liens entre acteurs producteurs de connaissances. Elle comporte donc des aspects relationnels. Les ASP ont été basés sur la mise en contact d'acteurs d'origines différentes. À la différence de plusieurs autres LL, il ne s'agit pas d'acteurs institutionnels, ce qui est certainement une des originalités des ASP. Certains de ces participants, désignés comme « acteurs-terrain », sont des intervenants ayant leur ancrage dans le village. D'autres, appelés « chercheurs » ou « universitaires », ont été mobilisés sur la base de leur appartenance au Centre de recherche sur les innovations sociales (CRISES). C'est donc l'appartenance organisationnelle qui, au départ, a défini la place de chacun dans la division du travail, sur la base des capacités et compétences découlant de cette appartenance. Celles-ci sont vues comme complémentaires, ainsi que le montre l'organisation bicéphale de chaque activité qui réunissait un (ou plusieurs) acteur-terrain et un (ou plusieurs) chercheur universitaire. Dans le déroulement de l'expérience, les limites découlant de ces assises institutionnelles se sont assouplies et les interactions se sont peu à peu déroulées sur des conceptions moins rigides des rôles, sans toutefois que la distinction ne soit abolie. L'interaction de ces acteurs n'est pas automatique et, en plus de qualités personnelles, a demandé une structuration des activités capable d'établir des synergies tout en préservant les espaces de compétence de chacun.

Cet aspect organisationnel peut être envisagé sous deux angles. Le premier tient aux relations interpersonnelles et peut être appelé médiation. Il concerne la confiance mutuelle et la compréhension entre les participants, la connaissance des compétences et des limites de chacun, mais aussi la gestion des différences, des conflits et des désaccords. Une partie de ces objectifs ont été atteints au moyen d'activités dépassant le cadre strict des ASP et ont profité de repas en commun ou de pauses de fin de journée. Le but (et l'effet) a été de créer un climat de confiance plus large que ne le demanderait le seul travail, car il implique les personnes dans une plus grande complexité relationnelle. La conséquence a été de permettre à chacun de se sentir partie prenante d'une histoire commune. La responsabilité, plutôt informelle, de ces activités de médiation relevait d'une équipe restreinte formée de quelques chercheurs, de quelques acteurs-terrain et du membre provenant du SAC qui, tous ensemble, composaient le groupe-pivot des ASP.

Le second angle est celui de la coordination des actions et des personnes dans la performance des tâches attendues. Les ASP ont connu plusieurs paliers d'organisation. L'ensemble des participants se réunirent à plusieurs reprises dans des rencontres larges. C'est là que les discussions les plus profondes et les orientations de bases étaient données, sur la base de discussions visant à établir des consensus. L'équipe restreinte s'assurait du suivi plus régulier et du respect des échéances et des objectifs. Elle a été l'instance fondamentale garantissant la cohérence du processus, ce qui a demandé des communications fréquentes entre ses membres.

Autour du couple coordination + médiation s'est organisée concrètement la gouvernance des ASP. Elle se basait sur un partenariat entre chercheurs et acteurs. En plus de l'organisation et de la prestation des séances de formation de la première année et des projets de développement de la seconde, un des enjeux fondamentaux de ce partenariat a été l'appropriation des résultats, c'est-à-dire des connaissances émergeant du processus. Cette question avait fait l'objet de discussions dès la mise sur pied de l'expérience, mais s'était présentée de façon croissante, sans nécessairement soulever de conflits notables, à propos de la rédaction des rapports scientifiques, des présentations dans des colloques et rencontres, etc. Dès le début, les enjeux de la gouvernance et du partenariat avaient été soulevés à propos de la participation au processus (qui décide du choix des participants, et comment ?) et de son contrôle (comment organiser l'idée de « faire quelque chose ensemble » ?). Ils se sont aussi manifestés dans les échanges sur les objectifs souhaités, les réajustements, etc. Ils se sont poursuivis jusqu'à la fin, c'est-à-dire jusqu'à la phase de diffusion. Ils ont soulevé des interrogations éthiques qui vont plus loin que la simple déontologie professionnelle : à la base, ces questionnements portent sur la reconnaissance des intérêts différents – ce qui ne signifie pas contradictoires – des participants, ainsi que sur la légitimité de ces intérêts. C'est fréquemment dans des discussions au sein de l'équipe restreinte que ces enjeux ont été soulevés.

Ces aspects organisationnels ont comme fonction de permettre une production conjointe d'information, combinant d'une façon stimulante les intérêts de chaque groupe et leurs compétences combinées. C'est de ce croisement de connaissances pratiques, endogènes, et de connaissances dérivées d'expériences extérieures, formalisées dans des cadres théoriques plus ou moins explicites, que dépend le succès de la démarche.

La demande faite à l'équipe universitaire a été de se servir de ses expériences plus formelles pour identifier le non-dit, le sous-entendu de l'expérience pratique de 20 ans d'interventions par les acteurs de Saint-Camille. La fonction de l'équipe universitaire a été de fournir un vocabulaire permettant de nommer d'une façon plus abstraite les processus à l'œuvre pendant les ASP puis d'articuler les liens entre les concepts que désignent ces termes, c'est-à-dire de formuler une grammaire de l'intervention. Ce langage commun n'est pas qu'une simple façon transparente de dire le réel ; il en sélectionne certaines dimensions dans une perspective pragmatique, ce qui revient à dire que derrière les mots se trouvent en fait des concepts abstraits que la « modélisation » cherche à organiser de façon cohérente. Ce travail de formulation a donc d'abord été un travail d'identification, car ce qui n'a pas besoin d'être dit demeure souvent invisible puisqu'« évident » et « naturel » à ceux qui l'ont adopté. Ce n'est que peu à peu, d'une manière largement itérative, que la façon de désigner et de comprendre les activités a pu s'ajuster à la réalité locale, au fil des interactions et des discussions dans les rencontres de l'équipe élargie lors des échanges au sein de chacune des catégories de participants et entre elles[37].

La co-construction des connaissances au sein de la démarche des ASP ne ressemble donc pas à une démarche scolaire de recherche telle qu'on la présente généralement dans les manuels de méthodologie. Elle n'a pas donné lieu à l'élaboration d'un cadre méthodologique basé sur des principes théoriques et donnant lieu à des hypothèses qu'une collecte systématique de données permettra de tester. Les ASP ont été des actions, des interventions dans la réalité locale et c'est dans leur élaboration, dans leur réalisation conjointe et dans leur évaluation permanente que, peu à peu, se sont manifestées les lignes interprétatives. Documentées tout au long du processus, échangées entre les membres de l'équipe universitaire et entre les participants locaux, tout comme entre ces deux groupes lors des rencontres des équipes élargies, ce n'est que progressivement que ces impressions plus ou moins confuses ont pu acquérir de la clarté et faire l'objet de discussions. Le critère fondamental pour reconnaître la validité d'une interprétation n'a pas été l'élimination d'un biais ou d'une subjectivité. Au contraire, elle émerge dans la capacité d'un acteur à se reconnaître comme un sujet dans une situation, c'est-à-dire de lui donner un sens où il se reconnaît en tant qu'acteur (Casas-Cortés, Osterweil et Powell, 2008). Cette capacité peut être appelée une compétence réflexive dont l'élaboration a été une des modalités fondamentales des ASP. Ceux-ci peuvent donc être vus comme des moments de réflexivité faisant suite à d'autres (le microprogramme en éthique appliquée, le Laboratoire rural) qui ont comme trait commun de chercher à porter à l'explicite ce qui demeurait implicite. Cette énonciation est indispensable à une projection dans le futur et repose sur l'organisation de structures efficaces de communication.

C'est dans cette circulation qu'émerge la connaissance de la réalité locale qui, comme on l'a vu, dépend de la mobilisation et du croisement de savoirs qui diffèrent par leur origine et par leur type de validation. C'est dans le dialogue entre acteurs qu'est produite la connaissance, qui n'est pas qu'un cumul d'informations empiriques, mais le croisement des interprétations de ces informations (Mulkay, 1979, p. 93 et suivantes).

---

[37] Cet aspect itératif ayant aussi été relevé par May et Perry (2017), on peut estimer qu'il s'agit d'un trait constitutif d'une telle démarche.

Mais un savoir n'est pas une chose inerte. C'est un mot qui s'incarne dans l'énonciation de l'objectif des ASP : modéliser l'expérience de Saint-Camille. La raison d'être de l'élaboration de ce modèle, c'est-à-dire d'une image abstraite, simplifiée, de cette expérience, était de révéler ce qu'il y avait de particulier au village de Saint-Camille. Les utilisateurs en étaient les destinataires premiers, non le milieu académique et le but immédiat n'était pas d'abord d'ajouter une brique à l'édifice de la connaissance théorique. De même, ce modèle ne se présentait pas comme un ensemble de recettes qui pourraient être importées et utilisées mécaniquement dans d'autres contextes. Ses récepteurs souhaités étaient les acteurs ayant participé au processus qui cherchent à le poursuivre dans un environnement qui ne cesse de changer.

Cependant, l'abstraction inhérente à la modélisation, en permettant de mieux comprendre l'histoire présente et passée du village, a aussi favorisé la transmission d'une interprétation de cette histoire aux autres acteurs locaux, ainsi qu'aux acteurs issus de collectivités voisines qui pourraient y trouver matière à réflexion. De ce point de vue, la compréhension des particularités locales permet une appréhension du processus d'innovation qui relève d'une généralité des enseignements (Maxwell et Chmiel, 2014).

La connaissance n'est pas un produit final, elle est une activité, une circulation. Elle s'incarne dans des œuvres (textes, présentations publiques, vidéos, événements), mais surtout dans le processus d'interaction dont elles sont issues. Le partage des interprétations et leur diffusion ne sont pas un à-côté de la démarche. Ils sont son essence même et sa finalité première. En d'autres termes, bien que cela n'ait pas été son but premier, l'expérience menée par les chercheurs et acteurs dans le cadre des ASP a permis de développer une meilleure connaissance théorique de l'innovation sociale locale en milieu local, notamment en milieu rural, démontrant ainsi qu'il y a plus d'une façon de développer la connaissance (Moses et Knutsen, 2012 ; Guba et Lincoln, 1998).

Conclusion

Reprenons l'hypothèse que nous posions au début de ce texte : dans le cadre d'un projet territorial développé selon la formule LL, la co-construction de la connaissance repose sur la production d'un commun cognitif constitué à la fois de savoirs, de règles et de valeurs. L'analyse des ASP nous permet d'élaborer plus longuement sur cette proposition.

Un premier constat à tirer de l'expérience des ASP touche à la dimension de construction, sans pour autant sombrer dans le constructivisme (Hacking, 2001), selon laquelle une série de conditions sociotechniques doivent être mises en œuvre afin de favoriser une rencontre fructueuse entre les acteurs : des personnes responsables de la coordination et de la médiation, une gouvernance partagée, la réalisation de traces (textes, vidéos, images) facilitant ainsi le retour réflexif sur les diverses activités. Le lieu où se déroulent les activités a également son importance dans la construction de l'expérience, car il colore les échanges et assure un climat propice aux interactions.

Dans cette matrice sociotechnique viennent s'inscrire et se confronter différentes formes de connaissances ou savoirs portés par les acteurs : des savoirs théoriques et pratiques, des histoires et récits formant ensemble le substrat nourrissant la dynamique réflexive partagée entre les personnes qui participent aux activités du LL. L'expérience des ASP, comme d'autres pratiques (Bussières, 2018), confirme que les rôles (chercheurs, praticiens de terrain) ne peuvent être confondus avec les types de savoirs ou connaissances détenus par les protagonistes et que le succès de ces expériences suppose l'ouverture à l'entièreté des diverses connaissances apportées par les participants et participantes.

Deux autres dimensions de ce commun cognitif concernent les règles et les valeurs. Les règles constituent les conditions où le partage de valeurs devient un ancrage commun aux acteurs. Dans le cas des ASP, ces valeurs ont des composantes de développement durable, de survie des petites communautés rurales, de l'accessibilité aux activités culturelles. Mais ces valeurs doivent être aussi bonifiées par des aptitudes relationnelles basées sur l'ouverture, l'écoute, la confiance. Les valeurs comme les aptitudes constituent ainsi le liant qui assure la fluidité des échanges.

Terminons sur une dernière remarque. Tant les LL que l'expérience des ASP cherchent avant tout à répondre à des demandes issues de la pratique de différents acteurs et ils sont évalués sur leur capacité à proposer des solutions concrètes. Or, les ASP témoignent que les LL peuvent être des terrains particulièrement propices à la production de connaissances théoriques, voire à l'expérimentation d'une approche de la production des connaissances qui voit les universitaires et les acteurs comme des partenaires d'une démarche qui, tout en étant intellectuelle, est ancrée dans la réalité.

Chapitre 6

La transformation des lieux de savoirs par les Living Labs

Quelles perspectives pour le développement territorial ?

Raphaël Besson

L'histoire des lieux des savoirs nous montre une diversité de configurations territoriales, sociales et architecturales des espaces dédiés à la fabrique des connaissances. Bibliothèques, monastères, universités, cabinets d'études, laboratoires, salons, académies, associations scientifiques, écoles techniques, observatoires, jardins botaniques, muséums, expositions universelles, campus universitaires, technopôles, centres de culture scientifique ou encore *clusters*, constituent quelques exemples de lieux de savoir d'une période allant de l'Antiquité à l'Époque contemporaine. De cette diversité, on constate que la construction de ces lieux de savoir a souvent induit un isolement des chercheurs et des savants dans des espaces clos et hermétiques au territoire. Avec l'hypothèse suivante : l'accès à la connaissance implique de s'extraire des tourments de la vie sociale et urbaine, et de se protéger du monde extérieur. Cette conception de l'épanouissement de la recherche et des savoirs semble aujourd'hui remise en cause. La culture numérique (Douheihi, 2011), l'économie de la connaissance et le développement des méthodes d'innovation ouverte ont pour effet de transformer nos représentations des lieux de savoir. Le modèle des Living Labs en particulier, qui place les usagers au cœur des processus de connaissance et d'innovation, inspire la transformation de nombreux lieux de savoir. Avec comme conséquence, un repositionnement de ces lieux de savoir dans le développement des villes et des territoires.

1. Le cadre des transformations : de l'insularité à l'ouverture

1.1 La philosophe insulaire

Au Moyen-Âge, la construction des monastères isole les savants du monde extérieur. Ce modèle va influencer la construction des premières universités au XIIe siècle : universités de Bologne, d'Oxford, de Salamanque, de Paris ou de Rome, avec le Palais de la Sapience (Palais du savoir). Ces universités reprennent la figure du cloître et se développent sous la forme d'enclos hermétiques à la ville. La description du studiolo de la Renaissance italienne (XVe-XVIe siècle) par l'historien Celenza, révèle elle aussi une pratique ascétique du savoir. Le studiolo représentait selon cet auteur « un lieu de retraite, un centre d'archives privées, où l'on pouvait se réfugier pour lire et réfléchir sans être dérangé » (Celenza, 2007). Le cabinet d'étude sous les Ming chinois (XVIe-XVIIe siècle), est localisé loin de la ville, proche de la nature, et enserré entre des murs protecteurs « contre le monde extérieur et vulgaire » (Schneider, 2007). L'architecte Ji Cheng conseillait dans un traité écrit entre 1631 et 1634 de concevoir les cabinets d'étude « sans trop d'ouvertures : propreté et clarté confortent l'esprit, trop d'ouverture fatigue la vue » (Schneider, 2007). Ce modèle de la retraite se retrouve avec le développement des premiers laboratoires qui n'échappent pas à une vision sanctuarisée de la recherche. Dans la Venise de la Renaissance, l'entrée au laboratoire est sacrée. Il est ainsi coutume de dire que « personne ne peut pénétrer dans les laboratoires de chimie de la Cité sans prendre l'engagement d'y demeurer à tout jamais » (Schaffer, 1999). Pour l'ethnologue Sophie Houdart, les premiers laboratoires étaient en réalité « des espaces privatifs et clos » (Houdart, 2007). D'où l'importance de « faire venir le monde à soi » (Houdart, 2007), en concentrant dans les cabinets d'études et les laboratoires de recherche, le plus grand nombre de collections, d'écrits et d'instruments nécessaires à l'inspiration et aux expérimentations.

Au XIXe et au XXe siècle, de nouveaux espaces de savoir reprennent le leitmotiv de l'insularité. Au début du XIXe, « les professeurs des hôpitaux parisiens, ceux qui enseignent au Muséum, à l'École polytechnique, ou encore les ingénieurs des corps [...] vivent dans des espaces séparés du commun » (Pestre, 2015). Pour le sociologue Dominique Pestre, ces derniers se déclarent « comme ceux qui font et savent (des professionnels), ils s'inventent comme autonomes » (Pestre, 2015). Au milieu du XXe siècle, les campus universitaires se créent dans des lieux isolés et éloignés de l'émulation urbaine. Que ce soit à Chicago (université de l'Illinois de Walter Netsch), Berlin (Freie Universität de Candilis, Josic et Woods) ou encore Bagdad (université réalisée par Walter Gropius), les architectes-urbanistes organisent la vie universitaire de manière autosuffisante, en dehors des villes. Pour André Sauvage (1994), sont progressivement installés des « campus monofonctionnels », caractérisés par « un environnement dépouillé, à destination de ceux pour qui la culture, la connaissance doit se gagner non seulement par des efforts constants, mais aussi au prix d'un renoncement quotidien à la ville ». Cette description des campus n'est pas éloignée de celle des technopôles. Que ce soit la Silicon Valley, la ZIRST de Meylan ou le parc Sophia-Antipolis à Nice, ces technopôles sont localisés dans des espaces périurbains réservés aux centres de recherche, aux universités et aux PME dédiées aux hautes technologies. Pendant la guerre froide, on observe un phénomène similaire avec la construction des technopôles russes, les Naoukograds. Ces cités scientifiques étaient tenues secrètes et fermées par des barrières, franchissables en certains postes de contrôle (Lappo et Polian, 2007). L'existence des Naoukograds n'ayant été officialisée qu'au milieu des années 1990.

Les bibliothèques n'ont pas échappé à cette caractéristique insulaire des lieux de savoir. À travers l'histoire, elles sont souvent apparues comme des espaces isolés, réservés aux hommes d'Église, aux savants et universitaires. Ainsi, la bibliothèque d'Alexandrie n'était-elle pas « un lieu ouvert à tous les lettrés et savants du monde entier. Elle était réservée à l'élite admise dans l'entourage du roi » (Jacob, 2007). Au Moyen-Âge, les monastères et les cathédrales deviennent pour plusieurs siècles le refuge de la culture livresque. Et il faudra attendre la Renaissance pour observer un changement de taille et d'usage des bibliothèques, ainsi qu'une timide ouverture au public (Berroneau, 2005). Mais c'est au XIXe siècle, avec l'idéologie des Lumières, que l'on verra apparaître les premières bibliothèques ouvertes à l'ensemble des citoyens.

1.2 La fabrique des savoirs par l'ouverture et l'hybridation

Ce processus d'ouverture et d'encastrement des bibliothèques dans la cité semble aujourd'hui s'accélérer. Le contexte de mutation des économies ainsi que l'importance croissante de la connaissance dans les processus de création de valeur (Boutang, 2008) confèrent un nouveau statut aux savoirs. Dans l'économie de la connaissance, la connaissance qui crée de la valeur n'est pas la « connaissance informatisable », mais celle qui est par essence « vivante et vécue » (Gorz, 2004). C'est la distinction qu'opère Yann Moulier Boutang entre les « Immatériels 1 », les biens de connaissance codifiés, et les « Immatériels 2 », les connaissances vivantes, non-codifiables, tacites ou implicites. Ces connaissances sont intimement liées aux individus, à leur subjectivité et à leur capacité à collaborer entre eux dans le but de développer des découvertes inattendues. Dans ces conditions, les modes de production et de création de valeur changent. Il ne s'agit plus de produire ce que l'on sait faire, mais bien d'organiser les conditions d'épanouissement de l'intelligence collective, afin de produire en continu des connaissances nouvelles. Pour comprendre une telle transformation, Yann Moulier Boutang utilise la métaphore de la « société pollen » (Boutang, 2010), dans laquelle il ne s'agit pas tant de s'intéresser à l'*output* de ce que produisent les abeilles (le miel), qu'à l'activité pollinisatrice des abeilles[38].

Les lieux de savoir contemporains se transforment également sous l'effet de l'évolution des techniques et du développement croissant d'une culture numérique : l'*open source*, le *hacking*, le développement et l'expérience des pratiques collaboratives, génèrent de nouveaux modèles de production de connaissances et d'innovations, à l'image des Living Labs (laboratoires vivants). L'Union européenne les définit comme « des environnements ouverts d'innovation en grandeur réelle, où les utilisateurs participent à la création des nouveaux services, produits et infrastructures sociétales ».

Ces transformations induisent une « nouvelle économie politique et morale » des lieux de savoir (Pestre, 2015). Il n'est en effet pas certain que les laboratoires, les universités, les bibliothèques, soient les espaces les plus à même de répondre aux enjeux de l'innovation collaborative, et de la production d'une connaissance tacite issue des contacts informels de la multitude. Se développent ainsi de « nouveaux et étranges espaces hybrides » (Veltz, 2010), qui s'inspirent du modèle des Living Labs pour penser leurs transitions. Cette référence aux Living Labs peut être plus ou moins directe et explicite. Mais l'on retrouve dans tous les cas, les caractéristiques essentielles des Living Labs, à savoir : le positionnement des usagers au cœur des processus d'innovation et la prise en compte des enjeux liée à la co-production et l'expérimentation en grandeur réelle des connaissances et des innovations.

---

[38] Dans son exposé, Yann Moulier Boutang s'appuie sur le modèle économique de Google, qui parvient à tirer un profit marchand de la pollinisation humaine (Boutang, 2010). Ainsi s'explique-t-il : en plus des milliers d'employés qui travaillent au Googleplex, Google bénéficie de la contribution gratuite de millions d'utilisateurs par seconde sur son moteur de recherche. Ces derniers produisent de l'information et du réseau, données ensuite revendues à d'autres opérateurs économiques.

2. Description de lieux de savoir transformés par le modèle des Living Labs

De nombreuses bibliothèques s'inspirent du modèle des Living Labs pour attirer de nouveaux publics et permettre à leurs lecteurs d'expérimenter des dispositifs innovants d'accès et de partage des savoirs. Ces bibliothèques se positionnent comme des « Bibliothèques troisième lieu » (Jacquet, 2015), qui se définissent moins comme des lieux de consultation d'ouvrages et de pratique ascétique des savoirs, que comme des espaces de rencontre et de sociabilité. Elles tentent également de s'ouvrir à la cité en introduisant en leur sein des fonctions non directement liées à la sphère des connaissances, avec l'implantation de services publics (pôle emploi, mission locale, La Poste), d'espaces de *coworking*, d'activités associatives et dédiées aux loisirs. Le Labo² de la bibliothèque du Carré d'art à Nîmes ou la Bibliothèque universitaire du Havre testent et débattent d'outils numériques liés à la lecture ou à l'écriture. Aux Pays-Bas, les bibliothèques d'Amsterdam (OBA) et de Rotterdam proposent des ateliers dédiés aux usages du numérique, dans des espaces conviviaux, ouverts et accessibles à tous. À Bordeaux, la bibliothèque de Mériadeck joue la carte du design d'espace. Le mobilier est essentiellement mobile et s'adapte aux projets et usages : cours de tricot, yoga, cuisine, grainothèque, ateliers de recherche d'emploi et de réparation de vélos, etc. Enfin, ces bibliothèques se créent ou se transforment souvent par des méthodes d'innovation ouverte associant habitants, bibliothécaires, lecteurs, entrepreneurs ou chercheurs. C'est notamment le cas des expériences Biblioremix ou Librairimix, qui proposent de transformer certaines bibliothèques et librairies en se centrant sur les besoins, les usages et les savoirs d'un certain nombre de lecteurs ou visiteurs de passage. Citons également les Ateliers citoyens mis en place par la ville de Nantes en 2016 pour réfléchir aux futurs usages des bibliothèques et médiathèques de la ville. On évoquera enfin l'expérimentation de la 27e Région[39] à Lezoux (Auvergne), pour co-construire une médiathèque avec les habitants. Ces derniers, aidés de designers, ont dessiné et prototypé les services et espaces de leur future médiathèque.

Les centres de culture scientifique comme le Medialab-Prado à Madrid, Cap Sciences à Bordeaux ou le Quai des savoirs à Toulouse réinventent leurs modèles de médiation aux sciences, en s'appuyant aussi sur les méthodes des Living Labs. Ces centres de nouvelle génération proposent des espaces multiples à *n* dimensions sociales et fonctionnelles, comprenant autant de

[39] La 27e région est un tiers-lieu implanté à Paris, dont l'objectif est de transformer les politiques publiques.

salles d'exposition interactives, cafés des savoirs, ateliers, salles de créativité, que d'espaces de test de dispositifs numériques. À l'inverse des politiques de diffusion de la culture et des savoirs vers le « grand public », tout est pensé pour que les visiteurs s'interrogent sur l'apport et les limites de contenus scientifiques, technologiques ou culturels, et construisent de manière active et ascendante de nouveaux savoirs, cultures ou dispositifs créatifs (Besson, 2015). Certains musées comme les Arts décoratifs à Paris ou le musée gallo-romain de Lyon, se sont récemment transformés en de véritables laboratoires d'expérimentation lors des événements Museomix. Ces expériences ont rassemblé pendant trois jours des centaines de participants (codeurs, médiateurs culturels, conservateurs, designers, amateurs, bidouilleurs) qui étaient en charge d'inventer de nouvelles scénographies et interactions avec les œuvres. D'autres projets peuvent être évoqués comme le Living Lab Erasme dans le département du Rhône ou le Living Lab franco-italien Alcotra Innovation. Ce Living Lab a été déployé en 2013, dans le musée de la Houille Blanche (Isère) et le musée La Venaria Reale à côté de Turin. Les expérimentations se sont déployées sur des méthodes similaires aux événements Museomix, avec l'objectif de valoriser autrement le patrimoine culturel transalpin, en alliant technologies, sciences, arts et usages.

Ce cadre de transformation des lieux de savoir rejoint celui de certains campus universitaires, qui se vivent moins comme des communautés isolées dans des espaces monofonctionnels, que des espaces ouverts à leurs territoires. Ainsi, sur de nombreux campus, observe-t-on l'introduction de logements, de commerces, de cafétérias, de restaurants, d'équipement dédiés aux loisirs, au sport, à la culture, mais aussi à l'implantation d'espaces de valorisation économique des connaissances (incubateurs, *coworking spaces*, Living Labs, etc.). Certains campus, comme l'Ørestad College à Copenhague, développent une réflexion sur l'aménagement d'espaces de travail collaboratif et ouverts. Ils promeuvent des modèles d'apprentissage collectif et fondés sur le « faire ». En France, l'université de Marne-la-Vallée s'est inspirée de ces modèles lors de la création de son espace de *coworking* et du Fablab Descartes. À travers ces projets, l'enjeu est « d'intégrer les étudiants au fonctionnement et aux programmes de recherche de l'université […], des interlocuteurs qui jusqu'à présent, n'apportaient pas leurs connaissances ». On assiste également à l'émergence de nouveaux modèles de campus, à l'image du campus d'innovation thecamp inauguré en 2017, et implanté sur 7 hectares sur le technopôle de l'Arbois Méditerranée. L'objectif de ce lieu qui rassemble entrepreneurs (grands groupes, PME et start-up), chercheurs et créatifs (artistes, designers ou codeurs) est d'inventer les modèles qui répondront aux grands enjeux et transitions de demain : nouvelles technologies, crises écologiques, explosion des villes, mutations de l'éducation, etc. Au sein de ce campus, les processus d'élaboration des savoirs et des innovations sont moins construits par disciplines, écoles ou champs scientifiques que par des logiques d'échange, d'adaptation, de traduction ou de métissage. Les savoirs sont envisagés comme un système de circulation des problèmes et des idées d'un espace à un autre. Les connaissances et les inventions sont produites, testées et éprouvées dans le cadre de méthodes d'innovation ouverte (*design thinking, design fiction, futuring design…*), d'expériences immersives, d'espaces de prototypage et d'idéation. C'est ici l'un des objectifs de la résidence collaborative La Hive (la ruche en français) qui permet à 20 créatifs venus du monde entier (hackers, codeurs, fabmanagers, designers, facilitateurs graphiques, ingénieurs, managers de l'innovation…), d'apporter « leur regard disruptif » au sein de l'écosystème d'innovation thecamp. Sélectionnés par appel à projets, ces derniers disposent de 6 mois pour prototyper et tester en grandeur réelle un projet (un service, une œuvre, un objet), qui réponde aux grands défis de notre temps (mobilité durable, qualité de vie en ville, énergie propre, protection des océans, éducation).

Ce processus de transformation des lieux de savoir concerne également les espaces dédiés à la préservation et la valorisation du patrimoine. En Europe, différents sites naturels et culturels développent une conception dynamique de leur patrimoine, en l'ouvrant à de nouveaux usages et à de nouvelles fonctions : jardiner, habiter, faire du sport, étudier, etc. Pour gérer cette ouverture, les sites patrimoniaux s'appuient sur le modèle des Living Labs, afin de permettre l'intervention d'experts, des salariés et des utilisateurs finaux (visiteurs, spectateurs, touristes) dans la définition du contenu des visites et des expositions, la mise en valeur du patrimoine et la co-conception d'offres culturelles innovantes (produits, services). C'est le cas par exemple de friches culturelles comme la Belle de Mai à Marseille ou le 104 à Paris qui œuvrent depuis une vingtaine d'années à l'expérimentation, à la co-production et à ancrer la culture dans les territoires. Dans la vallée industrielle de la Ruhr, le long de la rivière Emscher, le chantier des *productive landscapes* a pour objectif d'ouvrir le patrimoine naturel à de nouveaux usages. En partenariat avec les agriculteurs-propriétaires des parcelles, des potagers ont été mis en location pour y faire de l'agriculture urbaine. Autre exemple de patrimoine naturel transformé en lieu d'expérimentation, le Valldaura Self Sufficient Labs, situé à Barcelone dans le parc Collserola. Ce centre vert de 130 ha bénéficie d'un patrimoine naturel préservé, avec une faune et une flore remarquables. Valldaura a été acquis par la IAAC (Institute for Advanced Architecture of Catalonia) en 2010, avec pour objectif de s'appuyer sur ce potentiel naturel, afin de co-produire des prototypes liés à la ville autosuffisante. Son action se structure autour de trois Labs : l'*Energy Lab* (production d'énergie), le *Green Fab Lab* (production de biens) et le *Food Lab* (production de nourriture). Soutenu par les ministères espagnols, l'Université polytechnique de Catalogne et le Massachusetts Institut of Technology (MIT), Valldaura développe actuellement une série de prototypes (bio batteries, micro bio architectures, panneaux bio photovoltaïques, fours solaires, ruches connectées, etc.), qui auront vocation à être testés au cœur de la ville de Barcelone. Évoquons enfin le Living Lab Off Road Memory (mémoire tout-terrain), dont l'objectif est de faire raconter l'histoire du territoire, par les habitants de la région Pays de la Loire, en France. Porté par un regroupement hétéroclite d'acteurs[40], le Living Lab a permis l'installation de Qr Codes sur le territoire du grand ouest, permettant de visualiser des histoires captées sur la mémoire des lieux, via des textes, des images et de courtes vidéos.

On évoquera enfin de nouveaux lieux de savoir qui émergent au cœur des villes sur le modèle des *Urban Labs*. Ces *Urban Labs* défendent un droit à la co-production urbaine et l'expérimentation en grandeur réelle. Les habitants, les touristes, les entrepreneurs, les utilisateurs, sont ainsi invités à agir sur la fabrique des villes elles-mêmes, et à participer au test, à l'évaluation et à la co-production des innovations, des services et des données urbaines. Les expériences sont aujourd'hui nombreuses et se diffusent dans l'ensemble des villes à travers le monde : Barcelone (Fab City, Valldaura Self Sufficient Labs, Ateneos de fabricación digital), Madrid (Media Lab Prado, Laboratorios ciudadanos, Mares), Paris (Paris Région Lab, Fab City Grand Paris), Nantes (Nantes City Lab), Helsinki (Forum Virium Helsinki), Johannesbourg (Maboneng District), Medellín (Medellín Lab), Mexico (Laboratorio para la ciudad) ou encore Rosario en Argentine (Laboratorio de Innovación Ciudadana).

3. De la contribution limitée des Living Labs des lieux de savoir au développement des territoires

Les lieux de savoir transformés sous le modèle de Living Labs ont en commun de sortir d'une vision élitiste et diffusionniste de la culture et des savoirs, pour s'intéresser aux acteurs informels et aux espaces de la vie

---

[40] L'Université de Nantes en partenariat avec l'université mexicaine de Puebla, l'Office du patrimoine culturel immatériel (OPCI), Ethnodoc-Arexcpo et France 3 Centre et Pays de la Loire.

quotidienne. Ces nouveaux lieux de savoir se représentent moins dans de grands équipements solennels ou des lieux de retraite protecteurs, que dans des espaces dédiés à la vie sociale et ouverts à la cité. Ils opèrent par ailleurs un rapprochement intéressant entre les cultures écrites, numériques et techniques des savoirs et une variété de connaissances, qu'elles soient académiques, tacites, pratiques, expertes ou profanes. Contrairement aux méthodes traditionnelles, orientées prioritairement sur la conservation du patrimoine culturel et la diffusion des connaissances, présentant les lieux de savoir comme des « stocks dotés de ressources figées » (Colletis et Pecqueur, 2005), l'hypothèse est ici que la connaissance n'existe pas en tant que tel, mais doit être activée. Ces nouveaux lieux de savoir défendent une vision matérielle, expérimentale et expérientielle des savoirs.

À cet égard ils développent une diversité de méthodes permettant la co-production des savoirs : démarches *bottom-up*, ateliers de créativité, expériences immersives, intégration d'outils numériques, méthodes de médiation incluant les acteurs locaux autour des récits des territoires, etc. Ces expériences renvoient aux publics la question de leur implication dans la vie culturelle et scientifique, « non plus en tant que " consommateur " ou spectateur, mais en tant qu'acteur, qu'il soit décideur politique, créateur, spectateur éclairé » (propos de Catherine Tasca, dans Pignot et Saez, 2017, p. 11). Ils créent des espaces hybrides et ouverts de partage des savoirs et des cultures, qui placent l'usager (le visiteur, le lecteur, l'étudiant, le spectateur, etc.) au cœur des processus d'apprentissage, de production et de diffusion des cultures et des connaissances. Le résultat réside selon les responsables des sites, culturels et patrimoniaux, dans une attractivité renouvelée des sites, qui parviennent à accroître l'intérêt des visiteurs et à attirer une population plus large.

Ces expériences d'innovation ouverte ont également pour effet d'ancrer davantage les lieux de savoir dans leurs territoires et de les repositionner comme acteurs du développement territorial. En se positionnant comme des interfaces entre l'*upperground* des institutions dédiées à la connaissance, et l'*underground* des habitants, des usagers et des sphères culturelles et artistiques émergentes et alternatives, ces nouveaux lieux de savoir jouent une fonction de *middleground* (Cohendet *et al.*, 2011). Leur rôle n'est plus restreint à la diffusion d'un savoir académique, d'une culture patrimoniale ou scientifique. Leur fonction évolue vers une participation à la création de valeur pour les écosystèmes territoriaux au sein desquels ils s'inscrivent : nouvelles offres culturelles, nouveaux services, stimulation de la capacité d'innovation des territoires, etc. En ce sens, ils deviennent pour un temps des laboratoires d'innovation ouverte et d'expérimentation en « grandeur réelle ». Ils permettent aux laboratoires de recherche et aux entreprises ayant des technologies en cours de développement (dispositifs de réalité augmentée, technologies immersives, technologies mobiles, systèmes RFID, techniques de captation de mouvement, etc.) de tester des prototypes *in situ* et favoriser de ce fait l'innovation par les usages, l'accès à de nouveaux marchés et les retombées économiques sur le territoire.

Les expériences de transformation des lieux de savoir par le modèle des Living Labs présentent l'intérêt de repositionner ces lieux comme des acteurs légitimes du développement territorial. Néanmoins, on peut s'interroger sur la capacité réelle de ces expérimentations à impacter les régimes dominants de production de savoir et *in fine* à exercer une véritable influence sur le développement territorial. Sans préjuger des résultats d'études et de terrains de recherche ultérieurs, nous souhaitons d'ores et déjà pointer le risque d'un écart entre les promesses des Living Labs, et la réalité des actions effectivement déployées. Ces Living Labs ambitionnent non seulement de placer les citoyens dans une position active, au cœur des politiques culturelles et du fonctionnement des lieux de savoirs, mais aussi de dépasser des antagonismes structurants entre science et savoirs, culture numérique et culture écrite, société de la connaissance (les communs) et économie de la connaissance (le marché), transmission et disruption, approche conceptuelle et expérimentale des savoirs, approche réflexive et socialisée, conception institutionnelle et alternative, etc. La tâche de ces nouveaux lieux de savoir semble par conséquent immense, et certainement vouée à l'échec, tant elle nécessite de réguler des tensions et des acteurs aux intérêts multiples et de dépasser des oppositions binaires historiquement ancrées dans l'ADN des lieux de savoir.

En outre, l'action des Living Labs déployés dans les lieux de savoir se réduit souvent au développement de solutions adaptatives et partielles aux défis des transitions. Ces espaces n'ont pas la capacité suffisante d'agir de manière globale et structurelle sur la transformation des régimes d'innovation et d'apprentissage dominants. Prenons l'exemple d'une institution comme l'université. Force est de constater que les universités éprouvent des difficultés à se constituer comme des lieux ouverts et ancrés socialement, jouant une fonction d'interface entre la recherche et la cité. Dans le cadre des Initiatives d'excellence, des programmes Science et société ou de leurs politiques de culture scientifique, les universités restent encore largement animées par des logiques de diffusion des connaissances scientifiques vis-à-vis d'une société civile réputée passive et profane. Elles ne semblent pas prendre la mesure des transformations sociétales en cours, en lien avec la société apprenante ou la société de la connaissance et le développement des outils d'intelligence collective, de co-production des savoirs et des méthodes de pédagogie active. Ainsi les labs développés au sein des universités, sont souvent restreints aux cercles des étudiants et des chercheurs. Les expérimentations déployées n'ont pas vocation à réaliser l'idéal des « sciences participatives » : créer des chercheurs-citoyens en capacité de questionner, d'enrichir et de réorienter les recherches en fonction de savoirs non-académiques, des besoins et des aspirations de la cité. Ces expériences se limitent souvent au test de nouveaux modèles d'apprentissage, où les enseignements consisteraient moins en une transmission de savoir qu'en « une expérience partagée de l'expérimentation cognitive » (Multitudes, 2008). Les Living Labs universitaires ne sauraient donc à eux seuls déconstruire quelques lieux communs des sciences et des savoirs (Pestre, 2015). Et notamment : que les sciences et les innovations résulteraient avant tout de la pensée objective de scientifiques et d'inventeurs coupés de la vie sociale ; que les innovations ne seraient qu'affaires intellectuelles et conceptuelles ; que les savoir-faire, les pratiques matérielles, artisanales ou artistiques, ne sauraient jouer une fonction décisive.

On peut également s'interroger sur la capacité des lieux de savoir à s'ouvrir à la cité et à attirer une diversité de publics. Certes, de nombreux Living Labs inventent des stratégies pour attirer des catégories sociales éloignées des cultures et des sciences. Les laboratoires citoyens déploient des actions répondant aux besoins essentiels des habitants des quartiers de Madrid : requalification d'espaces publics, d'infrastructures et de mobiliers urbains, développement de la vie sociale et éducative, création de jardins partagés et de terrains de sport, etc. Ainsi, les Madrilènes se rendent d'abord dans les laboratoires citoyens pour jardiner, échanger, fabriquer, avant de débattre de questions politiques, culturelles ou scientifiques plus globales. Certains campus ou friches culturelles aménagent des espaces dédiés à la vie sociale et urbaine (restaurants, cafés, commerces, skatepark, crèche, etc.). Mais ces « ruses » ne sauraient être suffisantes, pour développer une véritable « politique culturelle de l'accès » (North, 2016). Dans cette perspective, l'enjeu porte moins sur l'accès à la culture et aux savoirs, que l'intégration d'une attitude vis-à-vis de la connaissance, et d'une capacité à regarder et critiquer de manière éclairée une œuvre, une conférence ou un débat scientifique. Il est ici question d'habitus (Bourdieu, 1979), c'est-à-dire de dispositions à l'égard de la connaissance et de la culture, essentiellement transmises dans le cercle familial.

Quant aux promesses de créativité induites par la proximité d'acteurs hétérogènes et la mutualisation des moyens, celles-ci semblent devoir être nuancées. La rencontre entre des organisations et des individus aux statuts divers, avec par exemple la cohabitation entre de grands comptes et des hackers, des chercheurs et des jeunes des quartiers prioritaires, peut aussi générer des externalités négatives, en termes de crispation identitaire, d'augmentation de la distance sociale, et *in fine* impacter la capacité à stimuler les processus de création et d'innovation (Suire, 2015). D'où l'enjeu de l'animation, et de la capacité des responsables des lieux de savoir à intégrer une culture numérique et de l'innovation collaborative. De nouvelles compétences, qui reposeront moins demain sur la connaissance des collections et des stocks d'ouvrage, que sur la capacité à faciliter les échanges entre des acteurs multiples et à innover dans les formats de médiation.

Enfin, on pourra s'interroger sur le risque de déspécialisation des lieux de savoir. Les Living Labs annoncent-ils l'émergence d'espaces génériques, de labs indifférenciés, rendant caduque toute tentative de différenciation entre une bibliothèque, un musée, un incubateur ou un espace de service public ? L'architecture de ces nouveaux lieux de savoir se réduit en effet souvent à la construction de grands plateaux, capables de s'adapter en permanence aux reconversions d'usages. On pense ici à quelques architectures « totem » comme la Maison de la recherche et de l'imagination à Caen, le Media Lab Prado à Madrid ou la Cité de la mode et du design à Paris. Ces architectures s'affirment comme des espaces évolutifs, faisant preuve d'agilité, de flexibilité, de réversibilité et de résilience. Elles cherchent également à surstimuler les contacts, l'ouverture, les collaborations et les échanges continus d'informations entre les travailleurs créatifs. Or, ces espaces hyperrelationnels constituent-ils les lieux les plus à même de diffuser les savoirs et les cultures ? L'épanouissement des idées ne nécessite-t-il pas aussi des lieux de retraite, et « des refuges pour les créateurs scientifiques, techniques, esthétiques » (Perroux, 1967).

Cet ensemble de critiques nous incite à questionner la portée réelle de la transformation des lieux de savoir par les Living Labs. Ces espaces hybrides ne se réduisent-ils finalement pas à des paravents esthétiques masquant la réalité des coupes budgétaires et la perte d'attractivité de certains lieux de culture et de savoir ? Avec comme exemple la fermeture récente de la bibliothèque de quartier Alliance à Grenoble, et la décision de la ville de créer en lieu et place de la bibliothèque un « tiers-lieu ouvert à d'autres usages et aux initiatives citoyennes ». On peut aussi légitimement douter de la capacité des Living Labs déployés au sein des lieux de savoir à transformer les régimes dominants de production et de diffusion des connaissances. Sauf à défendre l'hypothèse suivante : que les micro-innovations et expérimentations déployées au sein des Living Labs auront cette capacité, par effet d'accumulation, à transformer les régimes dominants.

Chapitre 7

Les Living Labs, intermédiaires d'innovation ouverte

Proposition d'une typologie des usagers

Arnaud Scaillerez et Diane-Gabrielle Tremblay

Les innovations sont devenues des sources de développement des activités entrepreneuriales (Koenig, 2006) et des territoires (Torre, 2015). Les politiques publiques mises en œuvre dans les pays de l'OCDE s'inscrivent dans ce mouvement en incitant les acteurs à l'innovation et à la collaboration (Torre et Wallet, 2012). Les innovations collaboratives se multiplient alors (Klein *et al.*, 2014) ; parmi celles-ci, les Living Labs (LL), nommés aussi laboratoires vivants. Un LL est un tiers-lieu facilitateur d'échanges et de rencontres (Boschma, 2005) ne fondant pas son action au sein d'un lieu précis et étant rétif à toute définition stricte, ce qui permet d'ailleurs d'assurer « cette flexibilité nécessaire pour faire face à toutes les problématiques qui lui sont soumises et à la diversité des usages que l'on espère » (Scaillerez et Tremblay, 2017a, p. 81).

Un Living Lab est une technique qui fut développée pour la première fois, à la fin des années 1990, au Massachusetts Institut of Technology – MIT Media Lab. Son institutionnalisation a pris de l'ampleur en Europe dès 2006, avec la création du réseau européen des Living Labs (European Network of Living Labs ou EnoLL, 2015). Plus de 370 Living Labs implantés dans une quarantaine de pays à travers le monde en sont membres actuellement (Deskmag, 2017). L'intérêt d'un laboratoire vivant est d'offrir à un projet des propositions de solutions émanant des usagers eux-mêmes (Niitano *et al.*, 2006 ; Kusiak, 2007 ; Schumacher et Feurstein, 2007b ; Schumacher et Niitano, 2008). Les LL permettent d'inventer collectivement des solutions, la plupart du temps empiriques, répondant à des problématiques territoriales par la mise en place de pratiques innovantes (Stahlbrost et Holst, 2012). Ces laboratoires développent une méthodologie adaptée à chaque situation afin de donner envie aux individus de collaborer, échanger, puis créer ensemble des innovations répondant aux besoins des utilisateurs (Capdevila, 2016). Le Living Lab agit alors « comme lieu d'appropriation et d'expérimentation collective, une communauté de penseurs » (Scaillerez et Tremblay, 2017b, p. 9).

Le but de notre recherche était d'identifier et de préciser, parmi les 10 LL en France et au Québec que nous avons interrogés, qui sont les usagers, de quelle(s) façon(s) ils interviennent dans le processus du LL, et de tenter de les catégoriser. Capdevila (2016) fut le premier auteur à proposer une typologie des espaces ouverts d'innovation en les répertoriant selon leurs modes d'innovation et de motivation à la participation. Toutefois, il existe, pour le moment, peu d'études proposant une typologie selon les acteurs qui utilisent ces espaces. Certaines recherches ont permis d'avancer sur une forme de classification de ces lieux (Scaillerez et Tremblay, 2017b), mais aucune typologie des usagers des laboratoires vivants n'a encore été développée. C'est ce que nous allons tenter de proposer ici en confrontant le concept d'innovation ouverte avec ses intermédiaires, et en considérant, pour ce faire, les Living Labs comme étant des intermédiaires d'innovation ouverte, puis en analysant chacune des étapes de la méthodologie utilisée dans ces laboratoires vivants afin d'en déduire une typologie des acteurs.

1. Les Living Labs, intermédiaires d'innovation ouverte

Nous proposons ici une analyse des Living Labs en nous appuyant sur les travaux qui étudient les dynamiques résultant de l'innovation ouverte (Chesbrough, 2003 ; Chesbrough *et al.*, 2006). Ce cadre théorique nous semble plus propice à l'étude des Living Labs puisque les activités issues de l'innovation ouverte favorisent le développement ou encore l'amélioration d'un produit ou d'une réflexion par l'utilisation de ressources externes, tels des acteurs divers (Chesbrough, 2003 ; Laursen et Salter, 2006). Une innovation ouverte renvoie à l'utilisation des entrées et sorties de connaissances afin d'accélérer l'innovation interne, et d'élargir les marchés à usage externe de l'innovation (Chesbrough, 2006). En fait, il s'agit d'avoir recours aux expertises et connaissances externes, pour améliorer les produits ou services, puisque la R&D interne ne suffit pas toujours pour innover. Ainsi, l'innovation ouverte repose sur l'intervention de ressources externes ou d'intermédiaires, rôle pouvant être joué par un Living Lab, qui prend alors la forme d'un espace ouvert d'innovation mettant en relation utilisateurs et processus innovants (Almirall et Wareham, 2008 ; 2010).

Les recherches sur l'innovation ouverte comprennent deux courants principaux, l'un mettant en avant la relation du concept avec le milieu des entreprises, l'autre se fondant sur le rôle des partenaires externes dans les processus d'innovation. Pour notre étude, nous nous appuierons sur ce second courant de pensée. Les intermédiaires stimulant les innovations ouvertes nous semblent apparaître comme un élément fondamental à la compréhension du phénomène des Living Labs. Les intermédiaires en matière d'innovation sociale correspondent à des individus ou des organisations jouant le rôle d'interface entre deux ou plusieurs parties tout au long des étapes du processus d'innovation (Howells, 2006 ; Tremblay *et al.*, 2012). Ils contribuent à mettre en place un rapport de confiance entre les acteurs sollicités en animant les échanges entre le groupe et en assurant la circulation des connaissances (Leroux *et al.*, 2014), un peu à l'image de ce qui se produit dans les communautés de pratique, où l'on a recours aux expertises et connaissances d'un ensemble de personnes pour solutionner des problèmes ou innover (Tremblay, 2018). Pour ce faire, les intermédiaires font appel à des ressources internes, comme externes (Chesbrough, 2003 ; Pénin *et al.*, 2014). Dans cette perspective, un Living Lab va occuper la fonction d'intermédiaire et créer un environnement propice aux échanges et à la collaboration dans le but d'atteindre le résultat innovant escompté.

Pour mener cette étude, nous avons opté pour une méthodologie de recherche qualitative à la fois théorique et exploratoire. Notre propos se fonde à la fois sur une revue de la littérature des différentes approches en matière d'innovation ouverte en lien avec les Living Labs (Capdevila, 2016) et sur des entretiens conduits, enregistrés (avec retranscription) et analysés selon la méthode qualitative développée par Miles et Huberman (2003). Les entretiens ont été menés auprès des responsables de six Living Labs ou organismes utilisant la démarche en France (le Living Lab de Brie'Nov, Pacalabs, ParisandCo, Silver Normandie Hub, Smart City LL Dedale, Étrange-Ordinaire) et de quatre Living Labs au Québec (le Living Lab de Montréal, Mandalab / Communautique, Technomontréal, Percolab). La durée des entretiens a été de 45 à 90 minutes en moyenne.

Ces entrevues ont été semi-dirigées et les grilles d'entretien comprenaient des questions ouvertes et fermées. Les questions ont abordé les thématiques de la gouvernance des laboratoires vivants, de la coordination et de l'organisation de la méthode, comme celles des méthodes de travail collaboratif, du mode d'animation, de la nature de l'implication des personnes sollicitées et ensuite des modes d'analyse des connaissances sollicitées. Ces entretiens ont fait l'objet d'une analyse faisant ressortir une proposition de catégorisation des acteurs des Living Labs.

Les Living Labs

Nous nous sommes aussi fondés sur des sources secondaires concernant notre échantillon de laboratoires vivants (documents, rapports d'activité, *newsletter* et sites Internet des Living Labs interrogés). Nous nous intéressons particulièrement dans ce chapitre aux usagers et, compte tenu du cadre théorique retenu et de la méthode de recherche adoptée, nous pouvons proposer une typologie des usagers des Living Labs.

2. Les Living Labs, instaurateurs de typologies des usagers sollicités

Au travers de notre recherche, nous avons pu constater que le rôle joué par les usagers est différent selon la nature de la réflexion menée et les modes de collaboration utilisés.

2.1 Catégoriser les usagers selon la nature de la réflexion à mener

Parmi les 10 Living Labs interrogés, nous avons identifié deux grandes catégories de réflexion :

- Les réflexions dont le but est de cibler la ou les problématiques vécues dans un territoire par de multiples acteurs ;
- Les réflexions dont l'objet est de trouver des solutions émanant des usagers eux-mêmes face à une ou plusieurs problématiques déjà déterminées.

Quelle que soit la nature de la réflexion, la première étape est de cibler les usagers qui ont ou auront un lien avec la réflexion à mener. Le laboratoire vivant doit trouver les interlocuteurs pertinents, les têtes de réseaux étant en mesure de définir l'ensemble des personnes (comité de citoyens par exemple) et des organisations publiques (municipalités, arrondissements, table de concertation) et privées (milieu local d'affaires, sociétés de développement commercial) pouvant être parties prenantes à la réflexion.

Ces têtes de réseau vont alors pouvoir mettre en relation les responsables de la mise en œuvre de la méthodologie Living Labs avec la multitude d'acteurs présents sur le territoire concerné. On peut distinguer dans cette étape les catégories d'usagers selon leur fonction et leur degré d'intégration sur le territoire :

- Les usagers institutionnels (municipalités, arrondissements, tables de concertation, sociétés de développement commercial, etc.) ;
- Les usagers organisationnels (les centres de recherche, le milieu universitaire, les milieux d'affaires, les acteurs communautaires tel que le tissu associatif local [associations, membres des tables de concertation ou encore les comités de citoyens, etc.]) ;
- Les individus présents dans le territoire, touchés directement (habitants, commerçants du quartier, etc.) ou indirectement par le projet (usagers ponctuels, touristes, etc.), voire pas touchés mais partageant certaines valeurs, une expérience, une vision, une opinion construite sur le sujet.

L'avantage d'un laboratoire vivant est de mettre en lien ces différents participants qui n'ont pas toujours les possibilités de se rencontrer. La méthode leur permet d'échanger sur des sujets pour lesquels ils n'avaient pas encore eu l'occasion d'exposer leur point de vue ou leur analyse. La démarche en mode Living Lab permet alors de développer une réflexion qui utilise les compétences de ses membres, mais qui, surtout, se fonde sur les besoins de ceux qu'ils servent ; c'est pour cela que les projets sont portés par les usagers eux-mêmes (Lehmann *et al.*, 2015 ; Scaillerez et Tremblay, 2017a ; 2017b). Les Living Labs contribuent à la mise en place d'un processus de co-création avec les usagers dans une démarche d'innovation ouverte fondée sur un partage libre des savoirs.

2.2 Catégoriser les usagers selon les modalités de mise en place de la démarche

Les acteurs de l'innovation se diversifient, ce qui rend plus que nécessaire la mise en place de rencontres multiples et de synergies. Pour servir au mieux le besoin ciblé, le Living Lab va rechercher la méthode la plus appropriée pour rencontrer les bons interlocuteurs et les interroger avec les outils les plus aptes à servir leur objectif. La démarche LL doit alors choisir de placer les participants dans une situation temporelle et spatiale favorisant la créativité et les échanges féconds.

Les Living Labs peuvent atteindre l'objectif déterminé en devenant un instrument facilitateur de rencontres entre individus aux connaissances variées dans un espace, qu'il soit physique ou immatériel. Un Living Lab n'a pas nécessairement besoin d'un lieu précis pour exister et mener son action. Cette flexibilité spatiale aide d'ailleurs la méthode à se parer des modes d'action les plus pertinents pour servir la réflexion en cours. Selon la nature du projet, les 10 Living Labs interrogés nous ont précisé qu'ils avaient recours à deux modalités spatiales : celle de recourir à un lieu précis et connu du plus grand nombre pour rencontrer les divers usagers et celle d'organiser les rencontres sur le lieu même de l'objet de la réflexion. Pour certains projets, les deux modalités peuvent d'ailleurs se combiner l'une à l'autre, pour maximiser les bons résultats. Quelle que soit l'option retenue, les expériences créées ont pour but d'ajouter des données concrètes pour aller au-delà du simple échange de visions et d'opinions, mais surtout obtenir un vécu, une réalité, et ajouter davantage de sens à la réflexion.

Choisir d'organiser la concertation dans la situation spatiale du laboratoire vivant peut avoir pour but de créer une ambiance amicale et d'inviter les usagers dans un environnement attrayant qui inspire un sentiment de confiance et favorisant la proximité. Choisir d'occuper directement le site, objet de la réflexion, pendant plusieurs jours, voire plusieurs semaines permet de rencontrer tous types de personnes. La présence spatiale *in situ* permet de créer le contexte de la réflexion et apporte une meilleure compréhension par les personnes du projet et de ses enjeux.

À l'instar du lieu, le moment choisi peut avoir son importance ; en effet, selon l'horaire ou le jour choisi, on va solliciter telles ou telles catégories de personnes (retraités, étudiants, personnes avec ou sans professions, mères de famille, personnes sans domicile…). En occupant un lieu unique, cela signifie que l'on fixe un rendez-vous précis, selon même parfois un horaire prédéterminé ; on va alors interroger des usagers touchés par le sujet, intéressés à participer et ayant un intérêt suffisant pour se rendre jusqu'à ce lieu. Cela peut avoir l'avantage de rencontrer des personnes ayant déjà conscience, voire connaissance de la réflexion, mais cela peut avoir pour inconvénient de se couper d'une autre partie des usagers, dont la vision aurait pu être tout aussi éclairante. Dans l'approche *in situ*, la diversité des personnes interrogées est plus importante, puisque la population qui fréquente ce territoire est différente selon les heures, ou encore les jours de la semaine. Il est alors possible que leur vision de ce même lieu ne soit pas identique (il pourrait y avoir une différence par exemple dans le sentiment de sécurité ou d'insécurité dans un quartier, selon que l'on se situe le matin, l'après-midi ou le soir).

Le choix des outils a aussi son importance, puisque le but est de mettre en place une méthode inclusive. Cela doit alors passer par le choix d'une multitude d'outils permettant de capter l'attention du plus grand nombre de personnes et ainsi répondre tant à leurs attentes qu'à leurs besoins (Dejean *et al.*, 2010). Le Living Lab peut alors utiliser des méthodes très diversifiées telles que des espaces de participation ; investir les rues du territoire avec des questionnaires ; effectuer des animations de rue, ou créer des ateliers de réflexion ; communiquer avec des images ou des schémas ; solliciter les personnes par le biais d'un site web collaboratif ou par les réseaux sociaux notamment. Cette diversité des outils peut alors susciter à la fois un sentiment de convivialité et de confiance, ou encore stimuler la participation du plus grand nombre (aussi bien de personnes lettrées, qu'analphabètes, comme des personnes disponibles ou ayant des contraintes d'horaire, ou simplement n'étant pas à l'aise avec la prise de parole en public).

Parmi les usagers parties prenantes, quelle que soit la démarche retenue, le Living Lab sollicite la participation citoyenne à la réflexion et mobilise ainsi les ressources du territoire (Hirvonen-Kantola *et al.*, 2015). Cela accroît alors le sentiment d'appartenir à ce territoire, stimulant alors d'autant la concertation (Fu et Lin, 2014). De plus, le Living Lab en retire à la fois des données concrètes et des données intuitives (p. ex. le niveau de bruit ou de vent) apportant une contribution à la réflexion, puisque chacun des usagers y contribue, selon la nature de ses connaissances, qu'elles soient d'usages ou expertes.

3. Catégoriser les usagers selon leur niveau de compétences

Un Living Lab facilite la stimulation de toutes les formes d'intelligence présentes sur le territoire (Bergvall-Kåreborn *et al.*, 2009), que les connaissances proviennent d'experts ou de profanes. Le succès de la méthode provient précisément de ce mélange des différents savoirs sans créer d'échelle de valeurs entre ceux-ci (Giannetti et Simonov, 2009), mais aussi de la diversité des ressources externes qui sont sollicitées, qu'elles soient des clients-usagers, des utilisateurs réguliers ou momentanés, des entreprises, le milieu associatif, comme les institutions publiques (Knudsen, 2007 ; Tether et Tajar, 2008).

L'avantage de solliciter les utilisateurs (experts ou profanes) en matière d'innovation ouverte est que ces individus sont touchés par la situation. Ils peuvent apporter des informations plus précises, se montrer plus motivés pour participer à la démarche LL (von Hippel, 2005), pour que des solutions appropriées soient retenues à leur profit et ainsi, pour améliorer leur environnement (Leminen *et al.*, 2015a). Ces deux catégories ont, dès lors, un intérêt à participer à la méthode ou même à la vivre. Les personnes interrogées nous permettent de préciser qui sont les experts et qui sont les profanes :

- les experts correspondent à des personnes concernées directement ou indirectement, voire non concernées par le projet en cours de réflexion, mais à qui les organisateurs du Living Lab font appel en raison de leurs connaissances théoriques, techniques et/ou pratiques. Les experts ne vivent alors pas nécessairement dans le territoire qui est objet de la réflexion, mais ils possèdent des compétences utiles ;
- les profanes sont, quant à eux, des personnes pouvant être soit concernées directement par le projet, tels que des utilisateurs réguliers et/ou les habitants du quartier, soit faire figure de parties prenantes indirectes, tels que des utilisateurs ponctuels ou des personnes ne vivant pas dans le quartier, mais qui le fréquentent souvent. Les profanes sont détenteurs des connaissances d'usage.

Pour illustrer la richesse des apports émanant tant des experts que des profanes, à titre d'exemple, nous pouvons citer le projet du Secteur Champ-de-Mars et autoroute Ville-Marie : un projet de résilience territoriale (Scaillerez et Tremblay, 2017a). La Ville de Montréal et l'arrondissement de Ville-Marie ont lancé un appel d'offres afin d'obtenir des propositions d'aménagement. Percolab, un organisme facilitateur de projets, a utilisé la méthode LL pour répondre à cet appel en accompagnant cette réflexion. Pour ce faire, Percolab a sollicité tant des experts que des profanes en utilisant différents moyens (blogue, affichage, rencontres informatives directement dans le quartier), en partant du principe que les usagers sont les meilleurs interlocuteurs pour donner leur avis et ainsi améliorer les prises de décisions (Scaillerez et Tremblay, 2017a ; Raasch et Von Hippel, 2012). Dans ce projet, des architectes et des designers ont donné leur avis sur la faisabilité technique de rendre compatible la vie d'un quartier avec la présence d'une autoroute qui s'étend sur 19 hectares dans ce secteur du Champ-de-Mars. De leur côté, les habitants du quartier ont apporté une vision concrète et exprimé un besoin véritable (Anderson, 2012), celui d'avoir un espace vert. Cette double vision d'experts et de profanes a permis de préciser le projet d'aménagement en décidant de la création d'un nouvel espace public au-dessus de l'autoroute, le recouvrant en grande partie et contribuant alors à la revitalisation du quartier.

Pour illustrer la démarche, nous pouvons aussi citer le Living Lab Mandalab/Communautique qui a participé à la réflexion autour de l'aménagement de l'église Saint-Marc, située dans le quartier Rosemont-La Petite-Patrie à Montréal (Scaillerez et Tremblay, 2017a). Le projet de concertation Imaginons Saint-Marc a été mis en place afin d'organiser un cadre de concertation propice à servir le projet et offrant la possibilité d'interroger le plus grand nombre de personnes et de les laisser librement s'exprimer sur le sujet. Cela a permis d'interroger une centaine de personnes, aussi bien des architectes, designers, sociologues, chercheurs que les habitants du quartier. Parmi les activités développées, Mandalab a mis en place des ateliers, rencontres et analyses techniques, ayant contribué à soumettre des propositions (création d'un café au sein de l'église, des logements à destination des personnes âgées au sein du presbytère par exemple). En dépit de la richesse des échanges et de la diversité des propositions, le Diocèse a finalement refusé le projet, ne souhaitant finalement pas que le lieu perde sa dimension cultuelle. Cela a néanmoins permis au Diocèse de s'apercevoir qu'il souhaitait que l'église Saint-Marc ne soit pas dénaturée et de dresser les frontières des changements qui pouvaient être acceptables. Depuis l'automne 2015, l'église Saint-Marc est louée à la communauté catholique vietnamienne, le lieu est donc réhabilité tout en conservant sa vocation religieuse.

Enfin, un projet de co-design de rue et d'urbanisme participatif peut aussi être retenu à titre d'exemple. Dans la ville de Montréal, la rue Notre-Dame Ouest devait faire l'objet d'importantes modifications en raison de l'implantation souterraine de canalisations. Compte tenu de l'ampleur des travaux, la Ville et l'arrondissement du Sud-Ouest ont souhaité saisir l'occasion pour améliorer la rue en elle-même. La candidature de Percolab a été retenue pour réaliser la démarche préparatoire. L'approche LL a été développée pour ce faire (Scaillerez et Tremblay, 2017a). Pendant une période de 14 semaines, Percolab a rencontré les citoyens concernés en utilisant plusieurs moyens (notamment des ateliers, une soirée dans une salle communautaire du quartier, les réseaux sociaux [Facebook], etc.), des images et des schémas facilement compréhensibles et même, un site web (<www.ladame.org>). Les échanges avec une centaine de personnes (experts comme profanes) a permis entre autres de souligner les intersections de la rue par l'installation de bordures en granit (matériau plus esthétique et plus durable), l'agrandissement des trottoirs, la création de passages pour piétons construits avec des pavés, de façon à différencier cette surface de la route utilisée par les véhicules, dans le but de créer et de sécuriser les zones piétonnières, ou encore de différencier la route des pistes cyclables. La méthode LL a aussi permis de créer des fosses permettant aux racines des arbres de continuer à pousser sous la nouvelle route et l'installation de bacs à fleurs pour intégrer des espaces de verdures dans un environnement urbain qui était jusqu'alors constitué de béton exclusivement. Le quartier est, depuis, perçu comme plus agréable par les habitants comme par l'ensemble des usagers.

Conclusion

Les laboratoires vivants jouent un rôle non négligeable en tant qu'espaces ouverts d'innovation, facilitateurs de rencontres et d'interactions entre une multitude d'individus aux connaissances diverses. L'usager, par sa participation active à la pensée (par ses connaissances ou sa pratique) aide à l'élaboration de solutions et devient alors un acteur essentiel au bon déroulement de la méthode LL. L'usager n'est alors ni tout à fait un consommateur, ni tout à fait un producteur, il se situe à la croisée des deux. Le Living Lab devient, dans ce cas, un catalyseur d'innovation en favorisant des rencontres que l'on pourrait juger improbables sans l'utilisation de cette méthode, tant la diversité des acteurs y est essentielle. Cette multiplicité des connaissances et des compétences constitue tout l'intérêt de cette approche qui permet alors d'engendrer des recommandations originales qui n'auraient jamais émergé sans la démarche. On peut ainsi l'apparenter à un processus d'innovation ouverte, puisque des expertises et connaissances « externes » ont alimenté un projet. Comme nous l'avons vu, les usagers ont un rôle central dans le processus, mais ils peuvent prendre une diversité de formes, avec des expertises plus ou moins spécialisées, mais tous contribuant au projet par la diversité de leurs connaissances.

PARTIE 2
APPLICATIONS

Chapitre 8

Les Living Labs et la pertinence des échelles
Deux cas en tourisme

David Guimont et Dominic Lapointe

L'industrie touristique ne diffère pas des autres secteurs de l'économie dans son besoin d'innover pour que les organisations, et les destinations dans ce cas précis, se renouvellent et se démarquent. La nature fragmentée et multiacteur de l'industrie touristique en fait un secteur d'activité propice pour l'innovation ouverte et collaborative (Egger *et al.* 2016). En effet, la compétitivité des destinations passerait par leur capacité à se renouveler en proposant de nouveaux produits et services qui recombineraient les partenariats entre les différents éléments du panier de biens touristiques présents sur le territoire (Pikkemaat et Weiermair, 2007). Si les destinations ont de la difficulté à innover (Najda-Janoszka et Kopera 2014), l'ouverture du processus d'innovation à travers la collaboration des acteurs dans un Living Lab (LL) pourrait stimuler l'innovation d'une destination (Lapointe et Guimont, 2015).

Ouvrir le processus d'innovation, c'est collaborer plus et mieux avec les parties prenantes de son écosystème et impliquer les usagers dans le processus de co-création. L'approche Living Lab vise à stimuler et encadrer la collaboration entre les parties prenantes. Sa particularité est d'intégrer les usagers comme véritables parties prenantes dans le processus, en les impliquant dès le processus de co-création, depuis leur environnement réel. Ce processus serait prometteur pour stimuler l'innovation touristique. Il pourrait non seulement permettre l'identification de nouveaux marchés, mais aussi stimuler l'innovation, le développement et l'amélioration des produits (Buhalis et Amaranggana, 2013) grâce à des interactions plus fréquentes entre les parties prenantes. Les interactions entre les utilisateurs (touristes) et les prestataires de services technologiques et touristiques étant un catalyseur clé de l'innovation (Hjalager, 2002), les LL pourraient créer des opportunités de collaboration accrues via une plateforme commune où les parties prenantes partageraient, discuteraient, évalueraient et élaboreraient différentes solutions (Pucihar *et al.*, 2014). En outre, les LL ont le potentiel de devenir des facilitateurs de l'innovation (Schuurman *et al.*, 2013 ; Lapointe et Guimont, 2015) et pourraient créer ce que les organisations de gestion de destination (OGD) ont du mal à construire : un environnement qui favorise la coopération entre les acteurs du tourisme (Najda-Janoszka et Kopera, 2014).

1. Living Lab, territoire et espace (problématique)

Un Living Lab (LL) constitue, selon Schuurman (2015), une plateforme de choix pour intégrer les approches et les finalités de l'innovation ouverte et de l'innovation impliquant les usagers. L'innovation ouverte (Chesbrough, 2006) implique l'ouverture des frontières de l'organisation et la collaboration entre les acteurs pour innover plus efficacement. L'innovation usager (Von Hippel, dans Schuurman, 2015) s'intéresse à la place prépondérante de l'usager dans le processus d'innovation. Il s'agit d'une méthode innovante favorisant les interactions entre la recherche, la conception, la fabrication et l'utilisation (Janin et Pecqueur, 2017). Un LL se construit sur un écosystème d'innovation ouverte rassemblant des acteurs publics et privés, des institutions de savoir et des usagers.

C'est un dispositif qui facilite la co-création, dans des contextes réels en offrant un espace sécuritaire d'innovation qui permet aux usagers, avec les autres parties prenantes, d'exercer une véritable influence dans les projets d'innovation, de la conception de ceux-ci à leur déploiement (Ståhlbröst et Holst, 2012 ; Westerlund et Leminen, 2011). Un LL s'intéresse à des questions territoriales ou thématiques, à l'innovation technologique, mais aussi, et de plus en plus, à l'innovation sociale (Franz *et al.*, 2015 ; Dezuanni *et al.*, 2017).

Le Living Lab à l'oeuvre dans le présent cas s'intéresse à une activité liée à l'espace géographique : le tourisme. Le Living Lab, au-delà de la dimension « processus d'innovation » (Bergvall-Kåreborn & Ståhlbröst, 2009), est aussi un espace physique, un lieu d'innovation, un outil de développement territorial (Lafontaine *et al.*, 2013) et une forme d'action socioterritoriale (Doyon *et al.*, 2015). Dans ce contexte, on s'intéresse souvent au territoire, qu'il soit rural (Shaffers *et al.*, 2008), régional (Santoro et Conte, 2009) ou urbain (Veeckman et Graaf, 2014), comme objet de développement ou d'innovation. Toutefois, peu de chercheurs se sont intéressés à l'enjeu de la sélection d'une échelle pour intervenir. On note tout de même quelques auteurs qui ont abordé la question sous l'angle de la définition des échelles de concertation et d'intervention (Franz *et al.*, 2015, Bergvall-Kåreborn *et al.*, 2015, Doyon *et al.*, 2015).

Dans un papier démontrant la transférabilité de l'approche Living Lab comme modèle d'action socioterritoriale (plutôt que strictement technologique), Franz *et al.* (2015) notent que « [...] les laboratoires vivants ont le potentiel d'être un instrument pour l'inclusion active des citoyens dans les projets de recherche urbains explorant des questions sociospatiales » (p. 54, traduction libre). Dans ce contexte, en référence à l'implication des usagers, on parle « d'espace de rencontre », de lieu où se réunissent naturellement les citoyens, de lieu où le LL se déplace afin de tenir compte de cette proximité.

Bergvall-Kåreborn *et al.* (2015) s'intéressent à la notion de lieu et d'espace pour l'intervention dans l'approche Living Lab. Ils s'intéressent aux principes guidant un LL : ouverture, réalisme, influence, création de valeur, durabilité (Bergvall-Kåreborn *et al.*, 2009). Parmi ceux-ci, trois sont influencés par l'échelle d'intervention : ouverture (à partager des connaissances et à accueillir de nouveaux participants), réalisme (contexte de la vie réelle) et influence (contextes pour engager, cocréer et décider). Lorsque les LL se penchent sur des secteurs d'intervention fortement territorialisés comme le tourisme (Lapointe *et al.*, 2015) et l'agriculture, le besoin de réflexion sur les échelles et les niveaux d'action émerge.

2. L'analyse par les échelles

L'approche Living Lab se base sur l'implication, en contexte réel, d'usagers et d'autres parties prenantes dans un projet d'innovation (qu'on nommera aussi : projet Living Lab). Un projet Living Lab s'inscrit dans un écosystème d'innovation ouverte (IO) et est porté par un partenariat public-privé-population. Si ce partenariat vise à porter un ou des projets Living Labs à plus long terme, on pourra le nommer « structure Living Lab » (ou Living Lab tout court...). L'écosystème peut être nommé « constellation Living Lab ».

À quelle échelle devraient se situer le projet, le partenariat et l'écosystème ? Pour y répondre, Schuurman (2015) avance que le LL est une approche qui permet de combiner des pratiques issues du paradigme de l'innovation ouverte à celles du paradigme de l'innovation usager (*user innovation*) : « L'innovation ouverte peut être utilisée pour étudier les transferts de connaissances au niveau plus macro de la constellation, tandis que l'innovation usager peut fournir des informations sur la contribution des usagers et les méthodes pour les impliquer » (p. 202, traduction libre). Ce constat découle du modèle à trois niveaux proposé par les mêmes auteurs. Un modèle où l'innovation ouverte se retrouve au niveau macro (la constellation Living Lab : le partenariat public-privé-population et l'écosystème d'IO duquel il découle) alors que l'innovation usager se retrouve au niveau micro (méthodes de contribution et d'engagement des usagers). Le projet Living Lab (projet d'innovation) étant au niveau intermédiaire : le niveau méso.

Parce que le Living Lab est un écosystème multipartite, Schuurman *et al.* (2013) mettent l'accent sur l'intérêt d'avoir plusieurs projets d'innovation dans un laboratoire vivant, « ce qui facilite la rétention des connaissances générées dans l'écosystème, particulièrement quand les projets d'innovation se réalisent dans les mêmes infrastructures Living Labs » (p. 35, traduction libre). Schuurman *et al.* (2013) ajoutent que dans la constellation Living Lab, les différentes parties prenantes peuvent se spécialiser pour certaines tâches relatives au processus d'innovation ouverte. Ceci favorise la rétention de connaissance et la spécialisation dans l'écosystème. Et plus il y a des projets d'innovation différents dans la constellation, plus ce savoir sera accumulé et les expertises seront développées. Cette accumulation d'expérience, à force de réaliser des projets d'innovation ouverte, est bénéfique pour tous les acteurs de l'écosystème.

Selon Leminen *et al.*, (2015b) qui ont identifié des tensions paradoxales dans l'approche Living Lab, il vaut mieux viser large en matière d'échelle, pour maximiser la diversité des parties prenantes et la rétention des savoirs acquis. De plus, disposer d'un plus large bassin d'usagers facilite la segmentation. Par contre, il faut porter attention aux situations et aux besoins locaux. Pour ces auteurs, la combinaison de plusieurs situations locales dans l'écosystème plus large est perçue comme bénéfique.

Nous allons utiliser cette grille des échelles (micro = méthodes, méso = projet et macro = structure/constellation[41]) pour caractériser les projets Living Labs en cours et pour explorer les voies possibles pour pérenniser la mobilisation. Toutefois, ces échelles réfèrent aux processus mis en place pour stimuler l'innovation et non à des échelles géographiques.

[41] L'échelon supérieur (structure/constellation) peut éventuellement se redistribuer en plusieurs échelons s'il apparaît des réseaux de structures Living Labs autour du même thème/secteur ou territoire.

Néanmoins, lorsque le processus d'innovation est intégré à un secteur économique fortement territorialisé, la question de l'adéquation entre échelles d'innovation et échelle géographique nous apparaît fertile.

3. Méthodes

Le dispositif de recherche-action privilégié est l'approche LL où on peut envisager le terrain comme son laboratoire et considérer les usagers et les autres parties prenantes comme co-chercheurs et co-concepteurs. Cette méthodologie est parfaitement adaptée pour effectuer des recherches conjointes, l'expérimentation, l'évaluation et les activités de validation dans notre contexte d'innovation ouverte (Schaffers *et al.*, 2008). De plus, le contexte touristique se prête bien comme laboratoire à une approche itérative de recherche-action, car le cycle entre la haute saison et la basse saison permet d'avoir un cycle d'activité-réflexion (Thulemark et Auge, 2014).

Ces projets comptent sur un acteur local pour co-concevoir et accompagner le processus Living Lab qui permet de placer le dispositif de recherche et faire émerger l'action. Cet acteur est le LLio (Living Lab en Innovation ouverte), un centre de recherche et d'expertise sur les pratiques d'innovation ouverte, affilié au Cégep de Rivière-du-Loup. Son équipe travaille en étroite collaboration avec les chercheurs de l'UQAM et est bien intégrée dans l'écosystème régional (les projets se déroulant dans la région de Rivière-du-Loup). Le LLio étant lui-même une structure Living Lab qui s'intéresse plus largement à l'innovation dans les processus de développement sociaux-territoriaux, il co-pilote[42] également des projets LL plus sectoriels, comme ceux cités, ci-après, dans cet article.

Dans les trois dernières années, deux recherches-actions en tourisme utilisant le dispositif Living Lab ont été amorcées et menées par une équipe de facilitateurs chercheurs issus du LLio du Cégep de Rivière-du-Loup et du département d'Études urbaines et touristiques de l'UQAM. Le premier – Cocréation d'une expérience touristique enrichie par la technologie au sein du Living Lab – visait, comme son nom l'indique, à explorer l'intégration de la technologie dans l'enrichissement des expériences touristiques, autant à l'échelle d'un attrait que pour la destination dans son ensemble. La destination

[42] Ce rôle de co-pilote du LLio implique notamment la planification de la démarche, la mobilisation des acteurs et la facilitation des rencontres en collaboration avec les autres partenaires public-privé-population : UQAM, OGD, MRC, etc.

en question est la région de Rivière-du-Loup (Québec, Canada). Ce projet se conclut par la co-création (impliquant des intervenants touristiques et des touristes) d'une application mobile pour la destination. Au-delà de la réalisation de cet objectif initial du projet LL, la démarche a permis le prototypage et le déploiement de deux autres dispositifs technologiques dans un musée de la région, la mise en place d'une démarche collaborative pour la consolidation d'un pôle touristique secondaire et un accroissement documenté des pratiques d'innovation ouverte et collaborative chez certains des participants (Lapointe *et al.*, 2015 ; Guimont et Lapointe, 2017).

Le deuxième projet – Tourisme en zone côtière, adaptation aux changements climatiques et innovation sociale : le Living Lab comme modèle d'action socioterritoriale – (projet CC) vise à prototyper des solutions innovantes pour l'adaptation aux changements climatiques dans une zone côtière touristique. Ce projet, se réalisant également dans la région de Rivière-du-Loup (mais accueillant aussi des intervenants des régions limitrophes), est en cours de réalisation. Sa description et ses conclusions préliminaires présentées dans ce texte concernent la première année de ce projet disposant d'un financement de deux ans.

Les deux projets Living Labs impliquaient, comme parties prenantes de l'écosystème d'IO, des acteurs privés (intervenants d'OGD, dirigeants et employés d'entreprises touristiques membres de l'OGD), des acteurs publics (intervenants municipaux en développement rural ou en culture) et des acteurs d'institutions de recherche et d'enseignement (des chercheurs facilitateurs, des professeurs en informatique et des étudiants). Dans les deux cas, des usagers sont impliqués : des intervenants touristiques, des touristes et des résidents. Ce qui différencie les deux écosystèmes LL, c'est la présence de développeurs technologiques privés dans le premier et l'ajout d'acteurs issus de groupes d'intérêt et de tables de concertation en environnement pour le deuxième cas.

Le processus nous a amenés à documenter le processus itératif de co-création, l'accroissement des compétences à l'innovation collaborative et l'évolution des représentations des acteurs (sur la technologie en tourisme et sur l'adaptation aux changements climatiques). La collecte de données pour réaliser cette documentation de chaque cas se basait sur :

- Dans le cas du LL tourisme et technologie : Delphi à deux tours (dix répondants/six répondants) ; entretiens (15 personnes) ; journal de projet (deux ans, sept rencontres avec les intervenants et observations sur le terrain) ;

- Dans le cas du LL sur l'adaptation aux changements climatiques : journal de projet (1re année, trois rencontres avec participants) ; questionnaires auprès des participants et collaborateurs ; laboratoire d'expérimentation sur le terrain (trois jours) impliquant passants (résidents et visiteurs) et intervenants et cartographie participative.

C'est à partir de cet ensemble de données hétérogènes que l'analyse par échelle a été réalisée.

4. Résultats

4.1 Échelle macro (constellation LL)

Nous comprenons que l'échelle macro est celle où des intervenants de l'écosystème d'innovation se rassemblent et se concertent au sein d'un partenariat public-privé-population pour assurer la planification et la gouvernance du domaine ou de la filière pour laquelle l'innovation portée par les usagers est nécessaire (en contexte Living Lab, on peut parler aussi de la « question de recherche » du Living Lab). C'est à ce niveau qu'on veille au choix des projets Living Labs plus spécifiques à démarrer. C'est le niveau où s'accumule le savoir, les idées ayant émergées (communs) et l'expertise. Dans le cas du projet techno, le niveau macro et le niveau méso ne sont qu'un seul niveau (chevauchement), ce qui est assez typique d'une structure Living Lab moins mature. Ainsi, pour l'instant, la question de recherche de la constellation Living Lab correspond à la question du projet Living Lab : comment cocréer une expérience touristique enrichie par la technologie ? Et comment intégrer cette approche dans la destination ?

Pour le projet sur les changements climatiques, l'inverse se produit. L'échelle macro est celle du cadrage social de l'enjeu. Il suffit de penser aux travaux du GIEC, mais aussi plus près du projet, aux travaux d'Ouranos sur l'adaptation aux changements climatiques. De plus, plusieurs acteurs exogènes au territoire du projet ont une influence sur l'enjeu, que ce soit les gouvernements canadien et québécois, les médias nationaux et internationaux ou des démarches telles que la stratégie Saint-Laurent. Le niveau macro n'est pas ici un niveau d'action et reste pour les acteurs du LL une échelle où la capacité d'agir et d'innover, dans le cadre du projet, est exprimée comme limitée. Il y a donc l'expression d'un décalage entre l'objectif du projet, « innover pour s'adapter » et la capacité perçue par les acteurs de pouvoir agir dans le cadre existant.

Le niveau macro, selon le modèle Schuurman (2015), permettrait une meilleure exploitation et rétention des connaissances accumulées dans les projets Living Labs (niveau méso). Dans le cas qui nous occupe, on peut penser à l'offre de formations à d'autres intervenants que ceux qui font partie du projet Living Lab. On pense également à la diffusion d'outils, de documentation et au partage de documents en contexte de veille. En se référant au modèle à trois niveaux, le point de vue macro (la constellation LL) est vu comme une structure pouvant mener différents projets. Dans ce contexte, le projet de cocréer une expérience touristique enrichie par la technologie serait un premier projet. D'autres projets pourraient en découler, soit dans la même communauté ou dans une autre communauté territoriale ou sectorielle dans la même grande constellation Living Lab. Pour le projet CC, la constellation nécessite de trouver des moyens d'intégrer les acteurs exogènes aux territoires comme source de connaissance et non seulement comme porteur du cadre institutionnel d'action sur l'enjeu. Ainsi, la constellation pourrait également jouer un rôle important pour la mise à l'échelle de solution et l'identification d'enjeux dans la mesure où les acteurs institutionnels exogènes au territoire d'innovation dépassent le simple cadrage.

4.2 Échelle méso (projet d'innovation LL)

Le niveau méso est le niveau associé au pilotage du projet d'innovation réalisé en mode Living Lab. Dans le cas technologique, il s'agit du comité de pilotage constitué de représentants des trois parties prenantes (enseignement/recherche/LL, fournisseur technologique et organisme de gestion de la destination [OGD]). Ce comité voit à la planification des grandes étapes et à la validation des intrants et extrants de chaque étape. Les chercheurs voient à la planification plus fine de chaque atelier. Jusqu'à maintenant, ce projet Living Lab (niveau méso) a permis le développement de deux applications mobiles, a généré des retombées en ce qui a trait aux capacités innovantes et a permis la mise en place d'un espace physique et virtuel de mobilisation et de co-création.

Le projet changement climatique reproduit cette même structure de pilotage avec un comité de pilotage composé de trois parties prenantes (enseignement/recherche/LL, intervenant municipal et OGD). Toutefois, ce projet LL n'arrivait pas avec un objectif terminal prédéfini, telle une application numérique, mais plutôt un processus de construction collective d'un enjeu, soit l'adaptation aux changements climatiques de l'industrie touristique de la région de Rivière-du-Loup, et l'exploration de pistes de solution à l'enjeu. Le processus de construction de l'enjeu a procédé par une séance de mise en contexte basée sur trois temps : l'expression de représentation individuelle, la recherche d'une représentation partagée et l'élaboration d'une représentation collective. À la suite de cette séance, le cadrage flou à l'échelle méso, autour d'un enjeu complexe fortement institutionnalisé à l'échelle macro, a limité la capacité d'innovation des acteurs. En effet, ceux-ci ont exprimé un besoin d'un message plus clair des institutions sur les possibilités d'actions pour s'adapter aux changements climatiques.

4.3 Échelle micro (méthodologies LL)

Au niveau micro, on s'intéresse aux moments et au déroulement des rencontres de co-création et aux interactions entre les usagers. À ce niveau, via différents ateliers *in situ* et en ligne, ainsi que via l'observation, on identifie les besoins et attentes des usagers (touristes, citoyens, intervenants), on co-crée puis co-développe les concepts et on valide avec des usagers directement sur le terrain. Ces différents types d'interactions impliquent des espaces de rencontres et d'interaction. Dans le cas du projet Living Lab techno, il s'agit de :

- laboratoire d'innovation collaborative (LLio au Cégep) pour les ateliers de co-création et les formations ;
- bureau d'information touristique et institution muséale pour les observations terrain ;
- groupe secret Facebook, SurveyMonkey, Google docs et site web pour la collecte et le partage de données.

Pour le projet changements climatiques, les moments d'interaction ont été :

- des questionnaires auprès des participants et de collaborateurs ;
- un laboratoire d'expérimentation sur le terrain (trois jours) impliquant passants (résidents et visiteurs) et intervenants ;
- une cartographie participative.

Dans les deux cas, l'action à cette échelle a été source de création de liens entre les intervenants et d'échanges sur les enjeux et les obstacles autour de l'innovation technologique et sociale sur le territoire. L'échelle micro a été aussi le lieu d'initiation des retombées du projet d'application technologique où certaines options non retenues par le projet LL ont été développées à l'extérieur de celui-ci.

Du côté du LL sur les changements climatiques, l'échelle micro a permis d'identifier le frein que le trop haut niveau d'ouverture cognitive du projet générait. En effet, comme la question principale du projet était très large, l'adaptation aux changements climatiques du système touristique de Rivière-du-Loup, les acteurs n'ont pas proposé directement de solution à l'enjeu. Ils ont plutôt identifié les freins à l'action, tels que les règles d'aménagement, la difficulté d'agir dans les juridictions de ministère comme celui du transport, etc. Ainsi, l'échelle micro a amené le comité de pilotage à recadrer le processus LL autour de deux acteurs collectifs territorialisés ayant une légitimité et une capacité d'agir dans leur champ d'expertise, l'un à l'échelle territoriale locale/micro, l'autre à l'échelle régionale/méso. La deuxième phase du projet regroupera les intervenants autour d'un projet situé à l'échelle territoriale locale, tout en précisant l'objectif du projet LL changements climatiques à l'échelle méso.

5. De l'importance des échelles

Comme mentionné auparavant, dans les deux cas, les échelles d'innovation méso et macro se chevauchent, mais si dans le cas techno les deux échelles recouvrent le même territoire géographique, dans le cas du projet changements climatiques, l'enjeu a une portée géographique macro créant ainsi un décalage. Le comité de pilotage pourrait s'assimiler à la structure de gestion (intendance) du projet Living Lab (méso) alors que le partenariat des parties prenantes (et son écosystème plus large) en serait la constellation (la gouvernance macro).

Dans une structure Living Lab plus mature, on pourrait s'attendre à ce que le niveau méso soit associé à un projet d'innovation spécifique, comme c'est le cas actuellement, alors que le macro, situé à une échelle territoriale ou sectorielle plus grande, pourrait superviser plusieurs projets d'innovation différents et optimiser la rétention et le transfère de connaissances. Ainsi, dans cette maturité, le décalage scalaire du projet changements climatiques aurait une moins grande importance comme frein à l'action à l'échelle méso et micro. Le niveau méso serait une cellule reproductible, mais adaptable, de cas en cas et de sous-territoire en sous-territoire, dans l'ensemble de la constellation Living Lab.

Le point de départ de ces projets d'innovation, comme leurs échelles de réalisation, sont localisés : OGD locale, institution de l'enseignement supérieur régionale, fournisseur technologique local, MRC locale, parc régional côtier local. Cette échelle d'intervention est de nature méso. Les intervenants touristiques étaient également tous de provenance locale. La communauté de touristes était constituée de personnes (usagers) de l'extérieur et de la région. Toutefois, l'écart entre les deux projets dans leur relation à l'échelle macro nécessite de questionner la manière de consolider les activités et d'atteindre un nouveau niveau de maturité. Ainsi, il devient très pertinent de se demander quelle serait l'échelle à privilégier ? Le même territoire (local), la région (Bas-Saint-Laurent), l'échelle supra-régionale (Québec maritime), l'échelle nationale (par exemple en s'associant à un regroupement de régions) ou sectorielle (par exemple en s'associant à un *cluster* en tourisme) ?

Toutefois, si Schuurman (2015) identifie l'échelle macro comme celle de la rétention de l'information et de l'expertise et que Leminen *et al.* (2015b) suggèrent qu'un bassin très large augmente les opportunités d'innovation, superposer l'échelle macro à un secteur d'activité territorialisé comme le tourisme pose la question de la bonne échelle d'intervention. En effet, le chevauchement d'échelles du cas technologique n'est peut-être pas seulement dû à la faible maturité du LL, mais aussi à un contexte de réalisation ancré dans un espace physique et social à travers la pratique touristique. Par contre, le cas changements climatiques montre bien que l'espace physique de la pratique touristique s'inscrit dans une dynamique spatiale plus large. Néanmoins, l'échelle macro pourrait gagner en pertinence en se détachant de l'échelle méso en portant une grande attention à l'échelle micro.

Ainsi, advenant la poursuite de la structure LL à une échelle macro plus grande, il faudrait voir à reproduire les conditions nécessaires à la démarche LL au niveau micro : lieux de rencontre pour la co-création et les formations, contextes réels d'observation et d'implication des usagers, infrastructure technologique pour impliquer les usagers à distance. C'est le niveau où la plus grande expertise a été développée dans le cadre de ce projet LL. Toutefois, l'omniprésence dans le projet actuel de la coordination du LL aux trois échelles soulève la délicate question du transfert entre les échelles. Le transfert devant permettre d'impliquer une diversité d'acteurs dans les échelles micro et méso tout en maintenant une cohérence via l'échelle macro. Dans le projet actuel, ce transfert s'est fait de manière organique où des intervenants impliqués à l'échelle micro s'approprient les techniques et processus pour les introduire dans d'autres projets où ils sont impliqués à l'échelle méso.

Toutefois, la faible maturité de l'écosystème et les spécificités territoriales du secteur touristique ne nous permet pas de statuer que l'échelle macro englobe l'ensemble des projets qui profitent ainsi de l'essaimage des processus de LL.

La question des territoires et des échelles nous apparaît donc extrêmement pertinente pour réfléchir à l'intervention des LL dans un contexte de développement régional, plus particulièrement pour des secteurs d'activités fortement territorialisés comme le tourisme. Si, dans notre cas, les échelles se superposent, cette superposition ne disqualifie pas la réflexion. Il est toutefois nécessaire de proposer un croisement entre les échelles du processus d'innovation, les échelles géographiques et les caractéristiques d'un LL pour en arriver à une grille de lecture descriptive pour réfléchir à la fois à l'innovation, mais aussi aux échelles de pérennisation du processus LL.

Tableau 8.1 : Liens entre les échelles

	Innovation	Territoire	Caractéristiques LL
Macro	constellation LL (structure, réseau, écosystème)	concertation gouvernance	Approche écosystémique, contexte de la vie réelle ; Infrastructure technique, durée, échelle, niveau d'ouverture
Méso	projet LL	intervention pilotage	Infrastructure technique, communauté, niveau d'ouverture
Micro	méthodes LL	socialisation rencontre	Contexte de la vie réelle, rôle des usagers, niveau d'ouverture ; Évaluation, contextes de recherche et de co-création

Le territoire d'institutionnalisation (Lévesque et Vaillancourt, 1998) est le territoire pertinent pour un ensemble de relations sociales qui se maintiennent dans le temps, donc qui se pérennisent tout en restant dans un processus d'évolution dynamique qui peut différer d'un enjeu à l'autre. La diversité des interventions et des formes de LL appelle à formaliser les échelles d'institutionnalisation propices à la pérennisation des relations mises en oeuvre dans les LL. En effet, le tableau 8.1 résume les liens entre les échelles du processus d'innovation, les échelles territoriales et les caractéristiques d'un LL.

En conclusion, en utilisant le modèle d'analyse des LL à trois niveaux pour nos projets de LL touristiques, nous constatons que le niveau micro des projets actuels correspond au niveau micro décrit dans la littérature. Toutefois, les projets actuels voient les niveaux macro et méso s'intégrer différemment, dans la même échelle, sans distinction hiérarchique ou territoriale pour l'un, dans la même échelle d'innovation, mais avec une divergence spatiale pour l'autre. Nous avons aussi fait ressortir le fait que le niveau macro pourrait avoir avantage à être d'une échelle assez large, mais le manque de maturité des LL étudiés nous permet difficilement d'identifier si l'échelle macro idéale serait régionale, supra-régionale ou nationale et nous questionne également quant au type d'influence que l'enjeu abordé doit avoir dans le choix des formes d'institutionnalisation à travers les échelles. Ces résultats nous amènent toutefois à réfléchir sur la question de l'échelle territoriale appropriée pour pérenniser un LL. Pour ce faire, nous proposons une grille descriptive qui croise les échelles du processus d'innovation avec celles du territoire, territoire associé aux secteurs d'interventions du LL. De futures recherches devront permettre de mettre à l'épreuve cette grille, mais aussi d'approfondir la relation entre l'innovation, les LL, les territoires et les secteurs d'activités territorialisés impliqués dans les LL.

Chapitre 9

Living Lab et changements climatiques
Une expérimentation en contexte local et municipal d'adaptation aux changements hydroclimatiques

Anthony Voisard, Simon Dugré, Marie-Joëlle Brassard[43]

Le dérèglement climatique se traduit concrètement dans la vie des communautés et s'avère maintenant une réalité incontournable (IPCC, 2013). Bien plus qu'un problème physique unidimensionnel qui correspond au seul réchauffement du climat, les changements climatiques sont pluri-dimensionnels. En effet, dans l'ensemble, on observe une augmentation et une intensification de la variété des événements qui sont distincts selon les territoires et les saisons (froids intenses, inondations, sécheresses, prolifération d'insectes nuisibles, progression de zoonoses, etc.). Les citoyens de la région du Centre-du-Québec peuvent s'attendre à une augmentation des pluies intenses entraînant des inondations et des dommages dans les municipalités. Par exemple, en 2003, des inondations importantes ont affecté la région des Bois-Francs, notamment à Victoriaville, alors que les impacts furent considérables après la tombée de 140 mm de pluie en quelques heures. Les redoux sont aussi à l'origine d'inondations dans la région. Ce fut le cas en 2014 à Tingwick, alors qu'une cinquantaine de villégiateurs furent inondés et les alertes maintenues plusieurs jours (RNCREQ, 2014).

En complément aux interventions d'atténuation des émissions de gaz à effet de serre, les communautés locales doivent planifier des mesures d'adaptation aux changements climatiques (Oreskes, Stainforth et Smith 2010) afin de limiter le plus possible les coûts sociaux, environnementaux et économiques associés aux différents événements climatiques enclenchés et à

[43] Nous aimerions remercier les collègues du Centre d'innovation sociale en agriculture qui ont contribué, à un moment ou à un autre et de diverses manières, à la réalisation de cette recherche-action : Charles Belhumeur-Roberge, Dominic Desjardins, Sandrine Ducruc, Philippe Franck-Imbeault, Émilie Parent, Catherine Théberge. Nous tenons également à remercier chaleureusement chacun des participants organisationnels de cette recherche-action sans qui l'existence du Laboratoire ouvert vivant n'aurait pas été rendue possible.

venir. Dans le cas spécifique du réservoir d'eau potable Beaudet à Victoriaville au Québec, le dérèglement climatique se manifeste notamment par une accentuation de l'ensablement du réservoir. Les forts épisodes pluvieux font en sorte d'accroître les débits dans la rivière en amont du réservoir provoquant, par exemple, des ruissellements élevés qui entraînent à leur tour une augmentation de l'érosion des terres aux abords de la rivière. L'augmentation de la sédimentation qui s'en suit n'est pas uniquement influencée par les changements climatiques, mais est également amplifiée par certaines activités humaines de la région.

En 2016, la municipalité de Victoriaville faisait appel à l'équipe interordre (collège/université) et multidisciplinaire du Centre d'innovation sociale en agriculture (CISA) du Cégep de Victoriaville pour accompagner une expérimentation visant à harmoniser les enjeux des acteurs en amont et ceux liés à la restauration du réservoir d'eau. L'approche de Laboratoire ouvert vivant (LOV), inspirée de celle du Living Lab, se caractérise ainsi par le fait que le projet est « porté par les usagers », eux-mêmes issus de plusieurs champs d'activités.

L'objectif de ce texte vise à présenter la démarche méthodologique empruntée pour aborder les enjeux territoriaux dans le cas de la gestion de la rivière Bulstrode et du réservoir Beaudet. L'approche méthodologique de Laboratoire ouvert vivant, aura-t-elle un impact sur l'itinéraire qu'emprunteront les différents acteurs engagés dans le processus de recherche-action ? Outre l'explicitation de la démarche d'accompagnement employée dans le cadre de cette recherche-action, nous souhaitons présenter dans ce chapitre notre cadre conceptuel pragmatiste. Nous discuterons également du terrain à l'étude et des actions proposées par les acteurs mobilisées pour assurer la protection de la qualité de l'eau du réservoir Beaudet et de son bassin versant.

1. Le pragmatisme environnemental comme cadre d'analyse pratique

La méthodologie Living Lab, dont le CISA s'est inspiré, remonterait jusqu'aux travaux de chercheurs du MIT au tournant du XXIe siècle (voir le chapitre de Lafontaine du présent ouvrage). L'approche Living Lab ne réfère à aucun cadre d'analyse philosophique qui lui est propre et qui permettrait d'ancrer rigoureusement la pluralité de notions (p. ex. l'innovation sociale, la co-création, l'expérimentation, l'évaluation par les usagers) imbriquées dans ce modèle (Doyon *et al.*, 2015). Nous croyons qu'il existe une relation implicite sur le plan des connaissances entre la posture épistémologique pragmatiste et l'approche de Laboratoire ouvert vivant appliquée par le CISA dans l'enjeu de la gestion de l'eau en contexte municipal :

> La préoccupation pragmatiste envers les communautés de recherche et d'expérimentation est importante parce qu'elle suggère non seulement que la connaissance du monde est une construction sociale qui s'érige au sein de groupes particuliers (ce qui reflète la position antifondationnaliste du pragmatisme), mais aussi surtout parce que nous gagnons cette connaissance par le développement de projets concrets visant à expérimenter de possibles solutions aux problèmes sociaux. (Karvonen et Heur, 2014, p. 385, traduction libre)

D'une haute pertinence en sciences sociales, cette posture philosophique implique de penser la recherche-action comme un processus itératif et d'expérimentations collectives visant à informer et à accompagner l'action, ainsi que la résolution de problèmes contextualisés. En ce qui nous concerne, nous nous référons tout particulièrement à l'une de ses déclinaisons, soit le pragmatisme environnemental, étant donné notre objet d'étude portant sur la gestion des eaux et l'adaptation aux changements climatiques d'une localité au Québec.

Le pragmatisme environnemental est une posture réflexive et interdisciplinaire intégrant la dimension éthique par l'analyse de l'expérience concrète et des interactions reliant les humains avec leur environnement (Light et Katz, 1996 ; Thompson et Hilde, 2000 ; Norton, 2003 ; 2005 ; 2015 ; Létourneau, 2010 ; Minteer, 2012 ; 2017). Cette démarche est par ailleurs amorcée dans le secteur de la gestion de l'eau au Québec (Milot, Létourneau et Lepage, 2015), mais tarde encore à être mobilisée dans la littérature en adaptation aux changements climatiques des territoires locaux, sauf exception (Létourneau, 2017 ; Voisard, 2018)[44]. Ce cadre d'analyse pratique prend racine dans les riches ressources conceptuelles offertes par le pragmatisme classique qui visait dès son origine à offrir une méthode de clarification des croyances, des conceptions et des idées. Cette posture est énoncée initialement sous forme de maxime par Charles Santiago Sanders Peirce : « Considérer quels sont les effets pratiques que nous pensons pouvoir être produits par

[44] Notons également la conduite d'un projet de recherche en cours (2017-2020), dans l'horizon du pragmatisme environnemental, visant à développer des stratégies durables d'adaptation aux changements climatiques à l'échelle d'une MRC au Québec (direction : Alain Létourneau et Isabelle Thomas).

l'objet de notre conception. La conception de tous ces effets est la conception complète de l'objet » (Peirce, 1879, p. 48). Ainsi, par exemple, la conception consistant à aménager des arbres le long de bandes riveraines pour ralentir le débit d'eau d'une rivière n'est que l'action qui réfère à une conception globale. Les effets de la plantation des arbres sont multiples : moins d'érosion, débits de pointe abaissés, amélioration du paysage, captation de fertilisants agricoles en excès, etc., ces effets étant la conception globale.

On peut dégager de cette formule heuristique une volonté certaine de choisir des conceptions théoriques spécifiques afin d'en faire des outils efficaces pour l'action. En continuité avec notre exemple, l'action d'aménager une bande riveraine est porteuse d'une conception d'outils à co-construire avec les acteurs. Donc, le chercheur doit questionner ses propres croyances et conceptions pour être en mesure de procéder à un exercice de réflexivité, mais également, pour être capable d'accueillir d'autres conceptions portées par les acteurs. C'est en ce sens que le pragmatisme, son volet environnemental inclus, est en soi une méthode philosophique (Cometti, 2010, p. 18), une pratique réflexive et clarificatrice des idées, structurant notre analyse des problèmes dans le monde. Par cette méthode, la visée est précisément d'objectiver les croyances à l'intérieur d'un processus d'enquête bien vivant (Dewey, 1993 [1938]), dynamique et intersubjectif, pour juger de ce qui est raisonnable à travers l'expérience concrète des environnements.

Cette approche de philosophie de terrain peut être désignée comme étant interactionniste, car les organismes, humains ou non humains, et leurs environnements — naturels et sociaux — sont compris comme étant constamment en interrelation les uns avec les autres. Il n'y a donc pas de dualité postulée entre culture et nature ; le monde culturel est imbriqué au monde naturel qui interagit en continu avec celui-ci (Dewey, 2012 [1925]). De ce point de vue, s'il est vrai de dire que les activités des humains transforment le monde au sein duquel ils habitent, il est aussi vrai d'affirmer que ces transformations demandent aux humains de s'adapter en retour.

Sur le plan éthique, le pragmatisme environnemental est une posture pluraliste en ce sens qu'elle admet la diversité des valeurs et des croyances pour délibérer et solutionner les problématiques environnementales. Il est question de co-créer un sens entre des intérêts potentiellement divergents dans un contexte précis : « Le but de l'éthique n'est pas la parfaite justesse morale, puisqu'il n'y a aucune norme absolue de référence, mais plutôt la médiation créative de demandes divergentes à évaluer, visant à rendre la vie sur la planète relativement meilleure qu'elle ne l'est» (Parker 1996, p. 27, traduction libre). En effet, l'examen intersubjectif et rigoureux des valeurs en situation permet d'élaborer le choix moral éclairé pour le pragmatiste.

Le pragmatisme environnemental admet également un pluralisme méthodologique (Light, 2009) : il y a ainsi une visée d'enrichissement des perspectives disciplinaires pour faire face aux problématiques contemporaines complexes (p. ex. les changements climatiques). Ceci implique la contribution, dans la communauté des savoirs, de plusieurs disciplines et intervenants provenant d'une variété d'horizons théoriques et pratiques. L'adoption d'un cadre conceptuel pragmatiste peut être une voie envisageable pour quiconque souhaite contribuer conjointement avec d'autres acteurs à diverses expérimentations méthodologiques visant la résolution de problèmes environnementaux bien réels.

Selon cette approche, il serait souhaitable que les actions environnementales soient élaborées dans un cadre collaboratif par une variété de parties prenantes. Pour ce faire, il s'agirait de favoriser la constitution de dispositifs participatifs et délibératifs, ceux-ci impliquant à la fois le citoyen et la société civile, l'État, et les institutions privées, dans l'expérience politique. En effet, les institutions sociales sont en constantes transformations, tout comme la réalité, et nécessitent invariablement des réformes légitimées par la totalité des intervenants de la communauté environnementale : « Les institutions[45] sont des éléments essentiels pour créer un " public " au sens de John Dewey (1927): une société [mobilisée] capable d'expérimenter, d'observer et d'apprendre face aux menaces et aux problèmes » (Norton et Hirsch, 2012, p. 325, traduction libre). Inspirés par la pensée deweyenne, nous illustrerons comment une démarche participative partagée dans l'action et sur un terrain précis a contribué à la co-création d'une vision commune et à la co-élaboration de ponts, encore à consolider, entre différents acteurs concernés.

[45] Norton et Hirsch (2012) utilisent le terme « institution » d'une façon assez précise dans ce texte : « Dans leur sens le plus fondamental, les institutions sont "les mécanismes externes (à l'esprit) que les individus créent pour structurer et ordonner leur environnement" (Denzau et North 1994). Par le biais des institutions, nos idées sur le fonctionnement du monde, et sur ce qu'il faut faire pour y agir, s'articulent dans un langage, s'incarnent dans des règles et des structures et, dans une plus ou moins grande mesure, sont renforcées (ou entravées) par les dispositifs de l'État, des entreprises ou de la société civile » (p. 324-325, traduction libre).

2. Le Laboratoire ouvert vivant (LOV)

Le pragmatisme environnemental, pour être explicité, exige une illustration concrète qui peut prendre appui sur l'expérience des méthodes d'enquête sociale déployées dans le cadre du processus de recherche. Ainsi, nous procédons par l'exemplification d'une recherche-action réalisée par les membres de l'équipe du Centre d'innovation sociale en agriculture du Cégep de Victoriaville en 2016 et en 2017.

2.1 L'expérimentation méthodologique LOV

Le point de départ de cette démarche de recherche est une invitation adressée à plusieurs organismes du territoire de la région du Centre-du-Québec susceptibles d'avoir une influence sur la conduite d'un projet de recherche portant sur la revitalisation des terres agricoles sous-exploitées. Les organismes invités appartenaient à différents domaines d'activités : gestion agricole, aménagement forestier, concertation dans un bassin versant, administration municipale, syndicat agricole.

Cependant, l'enjeu central était moins pour ces acteurs de revitaliser les terres en friche ou sous exploités de la région que de solutionner un problème d'eutrophisation et de sédimentation dans un réservoir d'eau potable desservant une grande partie de la population de la municipalité de Victoriaville. C'est bien ce qui est ressorti de deux rencontres préliminaires avec les parties prenantes et des entretiens individuels terrain effectués en début de recherche avec des producteurs agricoles[46]. La transformation dans le sens de la démarche[47] s'est traduite par la mise en place de divers comités de travail sur la gestion de l'eau du bassin versant de la rivière Bulstrode et du réservoir d'eau potable Beaudet. Les résultats de ce travail collectif initial ont permis d'identifier certaines « pratiques gagnantes » tout en permettant d'entrevoir, par des projets d'aménagement, un prélude de plan d'action.

---

[46] Par ailleurs, ces entretiens semblent soulever un besoin d'exercer la pensée critique face aux enjeux des changements climatiques.

[47] À noter que le projet de recherche visant la remise en exploitation de terres marginales, sous-exploitées et en friche est en cours au moment de l'écriture de ce chapitre. D'autres acteurs ont été interpellés pour répondre à ces objectifs initiaux. Le projet de recherche a pour ainsi dire doublé en des versions différentes. Nous traitons dans ce texte non pas du projet initial, mais bien du projet en lien avec la problématique de gestion des eaux spécifique à Victoriaville et ses environs.

Les membres de ces comités ont travaillé ensemble pour mieux saisir la problématique de la gestion des eaux les concernant, mais également dans le but de mettre en place une activité de travail et de mobilisation ciblant des représentants du territoire et d'autres acteurs clés. Lors de cette activité nommée *Tous pour la rivière Bulstrode, la rivière pour tous*, les acteurs ont identifié un certain nombre d'actions à prioriser sur lesquelles nous reviendrons plus loin dans ce chapitre. L'accompagnement de ces acteurs, effectué par le CISA, a pu prendre appui sur l'apport méthodologique d'un Laboratoire ouvert vivant à l'échelle d'un bassin versant.

Le CISA, par le rôle qu'il s'était attribué comme acteur accompagnateur du projet de recherche-action, ne pouvait lui-même se soustraire de l'expérience concrète. Les membres du CISA étaient dans l'obligation d'interagir avec l'ensemble des acteurs, et donc d'émettre une analyse susceptible de transformer, certes, cet ensemble d'acteurs, mais également leur propre analyse. De là, deux réalités se sont rapidement imposées à nous. La première est que le CISA étant lui-même un acteur en interaction avec d'autres acteurs, il devenait le porteur de ses propres postures pratiques et théoriques. Du même coup, le projet de recherche lui-même devenait objet de changements. En conséquence, la priorité accordée à la remise en exploitation des terres pouvait prendre un itinéraire tout à fait imprévisible, ce qui fut le cas. La seconde réalité qui s'est posée est en lien avec l'intervention du CISA. Au sein d'un écosystème d'acteurs déjà en place, le CISA a contribué à affecter l'équilibre d'ensemble en relation au projet de territoire, en modifiant ainsi la production de sens construite jusque-là. Le CISA comme les acteurs impliqués se sont retrouvés dans une situation où ils devaient se changer mutuellement.

Notre démarche trouve son ancrage pratique dans la notion de laboratoire ouvert vivant (LOV), soit une méthodologie d'innovation ouverte qui se caractérise par le fait qu'elle est portée par les usagers. Les acteurs mobilisés sont divers et complémentaires, visant ainsi la conciliation d'intérêts différents et parfois divergents, comme c'est bien le cas pour la question de la gestion des eaux du terrain donné. Cette approche est également caractérisée par une expérimentation produite en conditions réelles et par une participation active des acteurs qui se produit tôt dans le processus d'innovation. Cette approche vise la création d'une dynamique d'échange entre les parties prenantes sous la forme de processus collaboratifs, regroupant dans un même ensemble savoirs scientifiques, savoirs professionnels et savoirs d'expérience afin de favoriser l'émergence d'innovations.

2.2 Résultats sur le plan de l'innovation méthodologique des LOV

Le LOV est pour ainsi dire un dispositif générateur d'innovations sociales, ou « d'inventions sociales » pour reprendre l'expression d'origine attribuée à Max Weber qui serait l'un des initiateurs de cette réflexion aux contours flous et demeurant à être précisée d'un point de vue théorique. Sans pour autant prétendre clore le débat, nous soutenons dans ce texte que l'innovation sociale est un processus de création de sens nouveaux, marqué par une relation dialectique entre ce que nous savons et ce que nous souhaitons savoir, et dont la pertinence se vérifie dans les actions concrètes et une mise en forme dans les structures sociales, politiques et économiques. Conséquemment, le LOV, tel que le CISA l'a défini, se pose de manière schématique en 12 clés explicatives.

Tableau 9.1 : Douze clés explicatives du Laboratoire ouvert vivant

Pourquoi un laboratoire ?
1. Parce que cette approche pragmatiste implique une production des connaissances dynamique et engagée au sein de communautés d'expérimentation. Cette posture épistémologique gagne à être clarifiée en début de processus auprès des participants actifs dans la co-élaboration de savoirs.
2. Parce qu'on met en place les conditions de réussite, avec les ressources nécessaires au projet au fur et à mesure qu'on les identifie.
Pourquoi est-il ouvert ?
3. Parce que les expertises qui contribuent au projet sont diversifiées : chercheurs, municipalité, groupes-conseils, citoyens, producteurs agricoles, transformateurs, regroupements, etc.
4. Parce que des joueurs peuvent s'ajouter en cours de processus.
5. Parce qu'on peut trouver « autre chose » que ce qu'on avait prévu.
6. « Ouvert » tout au long de la démarche à plusieurs niveaux : perceptions, relations, choix, manières de faire, valeurs, croyances, etc.
Pourquoi est-il vivant ?
7. Parce que les acteurs sur le terrain connaissent leurs ressources.
8. Parce que les compétences, les savoirs et savoir-faire de ceux qui vivent dans le milieu contribuent aux solutions, à l'émergence de pratiques sociales novatrices et à la création de sens nouveaux.
9. Parce que le projet se construit en temps réel. Il est en constante évolution.
10. Parce que ceux qui sont concernés sont les premiers impliqués.
11. Parce que chacun possède une partie de la réponse (co-construction de solution) et ensemble, on fait le « tout ».
12. Pour que le projet puisse vivre après sa mise en œuvre.

Le CISA dispose d'une expertise sur la mise en œuvre de laboratoires ouverts vivants que les membres de l'équipe ont expérimentée dans le cadre de nombreux projets réalisés entre 2009 et aujourd'hui (voir p. ex. le chapitre de Brassard et Ducruc du présent ouvrage). Le choix du CISA de préférer la notion de Laboratoire ouvert vivant plutôt que celle de Living Lab s'explique par notre expérience de cette approche méthodologique. À notre sens, l'approche Living Lab demeure incomplète pour le moment. Une accréditation de la méthodologie Living Lab suggère une définition arrêtée. Or, nous croyons plutôt que les LOV sont constamment en processus de redéfinition. Ce choix méthodologique s'exprime dans le cadre de la présente recherche par les efforts de co-construction nourrie par des acteurs porteurs de visions et points de vue diversifiés sur le terrain donné. D'une manière générale, le résultat attendu dans le cadre d'un LOV est la création d'un projet de territoire autoporté grâce à la contribution des expertises, des savoir-faire et des connaissances complémentaires et transversales engagés. Enfin, le LOV tel que pensé par le CISA cherche à préserver les dynamiques spécifiques à chaque territoire relié à leur appartenance et à leur identité propre.

3. Terrain à l'étude : le réservoir d'eau potable Beaudet et son bassin versant

Créé lors de la construction du barrage Beaudet en 1976, le réservoir d'eau potable de la Ville de Victoriaville est la principale prise d'eau pour répondre aux besoins de ses citoyens (46 339 habitants en 2018). Depuis sa création, le réservoir Beaudet a bénéficié de plusieurs aménagements et constitue aujourd'hui un parc récréotouristique d'importance pour la Ville et pour ses habitants. Le réservoir est aussi classifié Zone importante pour la conservation des oiseaux (ZICO)[48].

Au fil des années, et avec le dérèglement climatique, le débit de la rivière Bulstrode, située en amont du réservoir, a augmenté significativement. De grandes variations de débits sont également observées. La géométrie de la rivière est actuellement adaptée pour répondre à la dynamique d'un débit plein bord d'environ 70 m^3/s. Or, des débits plus grands à cette valeur sont

[48] Pour plus de détails sur ce programme international le lecteur peut se référer à <https://naturequebec.org/projets/zicos>.

répertoriés à 66 reprises entre 2010 et 2016[49]. En conséquence, l'érosion des berges s'est intensifiée, et c'est approximativement une quantité de 16 000 m^3 de sédiments qui se déversent dans le réservoir chaque année. Cette accumulation est également causée par certaines activités humaines[50] (p. ex. le développement urbain, les activités agricoles et forestières). C'est ce que démontrent des travaux récents qui ont porté spécifiquement sur le traçage des sédiments dans la rivière Bulstrode. Le surplus de sédiments rend ainsi l'eau plus difficile à traiter et menace même à court terme la viabilité de la prise d'eau existante.

La modification de la dynamique sédimentaire de la rivière accentue les vulnérabilités sociétales du territoire, tant sur le plan de la disponibilité et de la qualité de l'eau que sur le plan de la sécurité de ses habitants (Ouranos, 2015). En contrepartie, les facteurs de résilience de la région pour faire face au dérèglement climatique, et aux autres perturbations environnementales, prennent différentes formes, nommément : la présence d'un système économique développé en conséquence des impacts probables, des productions agricoles diversifiées, l'accès aux compétences de centres de recherche et à des intervenants qualifiés, ainsi qu'une organisation adaptée au niveau de l'institution municipale. À cet effet, soucieuse d'assurer la pérennité de son approvisionnement en eau potable, la Ville de Victoriaville a mandaté plus d'une vingtaine d'études entre 2004 et 2017 pour améliorer sa compréhension de diverses facettes de la problématique de sédimentation et de gestion des eaux du secteur. Les résultats des différents travaux de recherche soulignent l'importance de résoudre le problème en tenant compte de l'interdépendance des dynamiques territoriales vécues tant en amont qu'en aval du réservoir.

En amont, de nombreux agriculteurs, propriétaires forestiers, résidents et villégiateurs voient leur terre s'éroder. Les municipalités concernées sont responsables des répercussions vécues par leurs citoyens et devront mettre en place de meilleures pratiques de gestion de l'eau. En aval, la gouvernance et l'imputabilité de la restauration du réservoir d'eau relèvent de la Ville de

---

[49] Ces données ont été présentées le 30 novembre 2017 par madame Karine Dauphin, directrice générale de COPERNIC, un organisme de bassin versant accompagnateur de la communauté de pratique en adaptation aux changements climatiques de la région étudiée. Cette communauté de pratique, la Rés-Alliance, est déployée à la grandeur du Québec. Les collectivités de huit territoires, dont le nôtre, accompagnées de leur organisme de bassin versant, réalisent une même démarche pour se doter de plans d'adaptation (2017-2020). Cette démarche est coordonnée par le Regroupement des organismes de bassins versants du Québec (ROBVQ).

[50] Ce genre de situation est typique des problèmes liés aux dérèglements climatiques, lesquels s'ajoutent à des difficultés déjà présentes.

Victoriaville, car elle est responsable de desservir de l'eau potable à tous ses citoyens, d'entretenir et d'améliorer le site récréotouristique et d'assurer la vocation de protection des oiseaux. La restauration du réservoir Beaudet suppose des investissements majeurs qui se répercuteront sur le quotidien des citoyens. D'une part, des impacts se feront sentir par l'augmentation de la taxation municipale et d'autre part, diverses mesures toucheront l'aménagement et les installations récréotouristiques de même que les infrastructures d'observation des oiseaux.

Un total de trois municipalités régionales de comté (MRC) et 11 municipalités sont situées sur ce territoire, dont Victoriaville et Princeville qui sont toutes deux affectées par une sédimentation excessive dans leur prise d'eau potable. La Ville de Victoriaville faisait appel en 2016 au CISA pour l'accompagner dans une démarche de soutien auprès des acteurs localisés en amont du réservoir, lesquels sont soutenus par plusieurs organisations réunies en divers comités de travail (l'Union des producteurs agricoles, le Groupe conseils Agro Bois-Francs, l'organisme de concertation pour l'eau des bassins versants de la rivière Nicolet COPERNIC, l'Agence forestière des Bois-Francs et la direction régionale du MAPAQ).

Le projet consistait à travailler à la co-création d'un plan participatif de gestion de l'eau qui favoriserait une approche de gestion intégrée des usages et des usagers situés en amont. La direction envisagée par les membres du CISA reposait sur l'idée selon laquelle la pérennité d'un modèle de gestion de l'eau et la capacité de le porter par la suite est tributaire d'une réponse adaptée aux différentes réalités des acteurs qui ont pu être consultés à différentes étapes. Le 30 novembre 2017 fut un moment charnière de la démarche de recherche-action. Un travail collectif fondé sur le dialogue, et prenant appui sur les options dégagées des études préalablement produites par la municipalité de Victoriaville entre 2004 et 2017, a mobilisé ce jour-là une soixantaine d'acteurs ciblés issus de domaines d'action multiples : agriculture, forêt, municipal et organismes territoriaux[51]. Un plan d'action modélisé, par et pour les différents acteurs, est ressorti de cette démarche de mobilisation. Ce plan d'action inclut 12 pratiques jugées prioritaires et 25 actions pour les réaliser. Les données ont été recueillies et assemblées par certains partenaires et par différents membres de l'équipe du CISA afin d'en faire émerger un plan d'action prenant en compte l'ensemble des préoccupations des acteurs.

---

[51] Une vidéo explicative de cette initiative est disponible à <https://bit.ly/328g4FO>.

Le contenu du plan d'action, qui ne peut être discuté en détail ici faute d'espace suffisant, est riche en termes d'applications concrètes, de projets d'aménagement intégré, de précisions sur les engagements et de responsabilités de chacun pour mettre en œuvre les actions adaptées au milieu. Notons que pour le territoire étudié, les points saillants en termes de pratiques privilégiées par les acteurs regroupent deux ensembles principaux où les projets d'aménagement en vus sont nombreux. D'abord, la catégorie « Stockage et percolation de l'eau » est une priorité afin de ralentir le débit des eaux. Trois types de projets pilotes se dégagent du propos général des acteurs, soit l'aménagement sylvicole, l'aménagement de bassins de rétention d'eaux pluviales et l'aménagement en milieux humides. Ensuite, la catégorie « Bandes riveraines » ressort également du lot. La volonté d'implanter des bandes riveraines aménagées est présente pour plusieurs acteurs d'une variété de secteurs qui y voient plusieurs bienfaits possibles. Puis, certaines options pour diminuer le ruissellement par l'abaissement du flux hydraulique municipal sont également considérées (aménagements divers en gestion des eaux pluviales, projets fauniques, inclusion d'actions dans les plans existants). Enfin, le besoin d'acquérir des données de base et de développer des outils permettant de compléter l'état des connaissances sur l'hydrologie et le transfert des sédiments du milieu étudié est également un élément mentionné et à prendre en compte, notamment dans un contexte où les impacts probables des changements climatiques accentuent les vulnérabilités du système territorial examiné.

Conclusion : qu'en est-il de l'innovation sociale ?

À la lumière de l'expérimentation réalisée, nous sommes en mesure, à ce stade-ci, de constater qu'il est possible pour les acteurs concernés de travailler selon une approche transversale. Or, à ce jour, l'enjeu de la gestion de l'eau fut surtout travaillé selon une approche sectorielle, c'est-à-dire en créant des comités par secteur (forêt, agriculture, municipal, etc.). Nous suggérons qu'un changement structurel soit appliqué par les acteurs du milieu afin de favoriser la résolution d'une problématique qui nécessite une véritable collaboration transversale et transdisciplinaire entre les parties prenantes.

Nous observons toutefois qu'il n'y a pas de remise en cause des structures en place, mais plutôt de multiples tensions entre elles (divergences sur le plan des modalités de gouvernance territoriale, résistance de certains acteurs, conflits organisationnels, intérêts à protéger, etc.). Le choix des acteurs de s'engager et de poursuivre dans son ensemble la réalisation du plan d'action commun semble incertain à ce moment-ci. Les actions collectives qui seront réalisées dépendront du mode de gestion pratiqué par les organismes de ce terrain.

Selon nous, un modèle de gestion environnementale adaptée aux nouvelles réalités des changements climatiques implique de repenser le territoire avec ses ressources comme milieu de vie et de mobilisation collective, modifiant positivement notre rapport à l'eau (Da Cunha et Thomas, 2017) Il faut également revoir nos rapports à nos institutions et à leurs relations d'échelles distinctes sur les plans spatial (local, régional, global) et temporel. Pour reprendre la métaphore de Bryan G. Norton et de Paul Hirsch (2012), formule déjà adaptée de l'écologue et forestier Aldo Leopold, nous ne pouvons plus faire autrement que de *penser* les actions locales, de préservation et de mise en valeur de l'environnement, comme une planète, ou du moins à l'échelle de cette dernière, c'est-à-dire en prenant bien compte de la complexité des interactions entre les diverses composantes du système Terre sur les plans temporel et spatial, et de leurs relations avec les systèmes humains.

Pour l'instant, un modèle anthropocentriste de gestion de l'environnement, conventionnel et à court terme, semble être privilégié par certains acteurs de ce terrain, notamment en ce qui concerne la vitalité récréotouristique du réservoir Beaudet, la protection de la biodiversité (centrée spécialement sur l'observation des oiseaux), de même que la conservation de la source d'eau potable principale pour laquelle on prévoit faire plusieurs interventions de dragages hydrauliques au cours des prochaines années. Un phénomène en aller-retour marquant des mouvements de type « ouverture-fermeture » vis-à-vis de l'expérience démocratique créatrice semble se présenter sur ce terrain, quoiqu'une trajectoire de résilience visant une gestion adaptative des impacts des activités humaines à l'échelle d'un bassin versant soit toujours à l'ordre du jour.

Chapitre 10

Living Lab et coconception

Le cas d'un tracteur autonome en agriculture

Marie-Joëlle Brassard et Sandrine Ducruc

Ce chapitre porte sur le retour d'expérience d'une démarche de coconception d'un tracteur autonome qui implique à la fois les usagers finaux, soit les producteurs agricoles, le concepteur, soit l'Institut du véhicule innovant (IVI) et le fabricant, ELMEC. Par « tracteur autonome », nous entendons un véhicule guidé à distance, sans que l'agriculteur n'ait lui-même à se déplacer, et qui réalise certaines fonctions de production traditionnellement réalisées par un ou des ouvriers. Un laboratoire vivant fut conduit pendant une année et a contribué à l'acquisition de nouvelles connaissances et d'apprentissages stratégiques pour chacune des parties impliquées.

ELMEC est une entreprise québécoise située à Grand-Mère, spécialisée dans le câblage électrique depuis plus de 20 ans. Elle est le premier fabricant québécois de bornes de recharge à domicile pour véhicules électriques. En avril 2016, ELMEC concluait un partenariat avec l'Institut du véhicule innovant (IVI) et un centre collégial de transfert de technologie (CCTT) affilié au Cégep de Saint-Jérôme, dans le but de concevoir un tracteur autonome. Ce véhicule vise à effectuer, de façon automatisée, des tâches minutieuses, contraignantes et répétitives telles que le désherbage, la détection de maladies et l'application de pesticides[52]. Conscients du fait que cette nouvelle technologie constituerait un changement de paradigme important pour les travailleurs du secteur agricole, les deux partenaires ont voulu mieux comprendre la relation qu'entretiennent les agriculteurs avec la venue de la robotisation dans leur environnement de travail. En conséquence, ELMEC et l'IVI interpellaient le Centre d'innovation sociale en agriculture (CISA),

---

[52] Le partenariat entre ELMEC et l'IVI s'est réalisé dans le cadre du projet de recherche *Innovation dans les collèges et la communauté – Renforcement des innovations* (ICC-RI) du Conseil de recherches en sciences naturelles et en génie du Canada (CRSNG) de 5 ans intitulé *Projet ARION : Développement de la capacité de recherche pour le guidage de véhicules électriques et hybrides semi-autonomes et autonomes pour applications hors route*.

établi au sein du cégep de Victoriaville, sur la base de sa double expertise en agriculture et en innovation sociale. Le bénéfice souhaité était de saisir comment l'agriculteur se projette dans cette nouvelle réalité, ses attitudes et perceptions face à l'utilisation d'un robot, les conditions de production actuelles et les fonctionnalités d'usage et d'opération pour le tracteur autonome. La réponse à ces questions devait permettre de définir les conditions de couplage entre les agriculteurs et le véhicule. Une fois ces conditions éclairées, elles guideront la conception mécanique et opérationnelle du véhicule ainsi que les stratégies de commercialisation d'ELMEC. Ultimement, ce processus devait faciliter l'introduction de cette nouvelle technologie dans le milieu preneur. Soulignons qu'au départ, le type de production n'était pas encore spécifié (productions extensive ou intensive, spécialisées ou diversifiées, biologiques ou non, etc.).

L'intervention du CISA consistait à préciser qui était le preneur type, à accompagner la coconception d'un prototype préliminaire répondant de façon adaptée aux besoins et aspirations des producteurs agricoles ciblés, des ingénieurs d'IVI et du fabricant. L'hypothèse était que l'identification des fonctionnalités du prototype résulterait avant tout dans la systématisation des connaissances, des savoir-faire et des savoir-être des producteurs agricoles, et ce, avant même la conception par les ingénieurs. Pour le CISA, la démarche reposait sur une amélioration de la compréhension de la relation entre les producteurs agricoles, leurs compétences et la technologie de manière symbiotique (Brangier *et al.*, 2009). La démarche de laboratoire vivant était jusque-là inhabituelle au sein d'IVI et d'ELMEC dans leur processus de conception de technologies.

La première section de ce chapitre expose succinctement les défis actuels qui se posent en agriculture et introduit les contributions possibles des technologies numériques à ces défis. La seconde section expose le déroulement de l'expérimentation du laboratoire vivant réalisé dans la phase de préconception du tracteur autonome. À ce moment, nous préciserons en quoi l'approche de laboratoire vivant est adaptée à cet exercice de préconception. La troisième partie introduit les méthodologies préconisées au sein des entreprises technologiques pour répondre à la concurrence sur le marché. Nous terminerons sur les apprentissages réalisés par l'IVI et le CISA à la suite du processus de recherche. Quoique chaque organisation en ressorte gagnante, les pistes de recherche qui s'ouvrent diffèrent, l'une étant de nature à modifier les pratiques organisationnelles et l'autre étant orientée sur l'optimisation des technologies à l'avantage d'un développement agricole ancré dans les territoires.

1. Agriculture et technologies : quels défis ?

Au milieu du siècle actuel, la production agricole devra augmenter de 70% si l'on veut être en mesure de nourrir la planète (FAO, 2009). D'ici 2050, une hausse de population de 34% est prévue, pour une population totale atteignant les 9,1 milliards de personnes. Le modèle de production hérité de la révolution verte ne tient plus. Le réchauffement climatique, la crise écologique et énergétique, la hausse démographique annoncée et l'accentuation des écarts de pauvreté entre pays nous obligent à revoir nos façons de produire et de consommer (Lipietz, 2012). La période qui s'amorce exige de combiner productivité et soutenabilité puisque la généralisation de la mécanisation, la motorisation et l'utilisation soutenue des intrants chimiques sont considérées non viables, risquées pour l'environnement et pour la santé humaine. Pour plusieurs, les technologies numériques sont une avenue porteuse de solutions.

Les technologies fascinent à ce point qu'elles sont souvent abordées comme le synonyme d'innovation. En 2014, c'est 2,36 milliards de dollars qui étaient injectés en investissements dans le monde pour développer des technologies agricoles, dépassant les investissements de la technologie financière (Agfunder, 2015). Le défi lancé à l'agriculture et à l'ensemble de ses acteurs est alors de produire plus et mieux tout en respectant l'environnement et en abaissant le temps de conception jusqu'à la mise en marché. La finalité pour les entreprises est de se positionner en avance sur la concurrence pour être les premiers sur le marché, voire pour y rester, et ce, en introduisant la notion d'acceptabilité sociale (environnement, santé, etc.). Dans un tel contexte, l'intelligence artificielle et les technologies de pointe sont en passe de transformer le métier d'agriculteur et la gestion de son entreprise. Des plateformes interactives et des produits interconnectés colligent maintenant des données en temps réel. Le téléphone intelligent suit l'évolution de la production des vaches laitières. Des capteurs optiques de surveillance de lumière en serres sont connectés à la plante. Des drones fournissent des données précises des champs. Des capteurs sur roues de tracteurs sondent le compactage des sols, etc. Selon cette perspective, l'innovation émergerait des activités au sein de l'entreprise : fabrication de biens nouveaux, méthodes de production, débouchés nouveaux, nouvelles matières premières et transformation de l'organisation du travail. Les entrepreneurs joueraient un rôle central de force motrice de la croissance économique sur le long terme (Schumpeter, 1975 [1942]). L'entreprise ELMEC fait partie de ces entrepreneurs qui aspirent à devenir un chef de file visant à propulser les technologies de contrôle d'équipements dans le XXIe siècle. C'est dans cette visée que l'entreprise souhaite mettre en marché un tracteur autonome d'ici les cinq prochaines années. La collaboration attendue du CISA était d'accompagner la coconception en phase préliminaire du prototype selon une approche de laboratoire vivant. La partie qui suit présente la démarche méthodologique mise en œuvre par le centre et les principaux résultats du projet.

2. La coconception d'un prototype de tracteur autonome

Le projet correspond à la première phase du processus de développement technologique d'un véhicule agricole autonome, soit celle de l'identification des besoins et de la coconception d'un prototype véhiculaire (le processus de conception comportant les étapes suivantes : identification des besoins, conception préliminaire, conception détaillée, prototypage, plan de test). L'objectif principal du projet était de coconstruire le dossier d'ingénierie du tracteur autonome. Ce dossier, généralement complété en début du processus, permet de débuter la conception sur des bases et des hypothèses solides. Il inclut le scénario d'utilisation, l'arbre fonctionnel et le cahier des charges. Pour répondre à cet objectif, l'équipe de chercheurs composée de l'IVI et du CISA a mobilisé les utilisateurs finaux, soit les agriculteurs, pour identifier les fonctions désirées et non désirées du tracteur autonome, étudier leurs besoins, leurs craintes et leurs perceptions face à l'utilisation d'une telle technologie et pour coconcevoir des scénarios virtuels de prototype véhiculaire.

La démarche de recherche repose sur l'approche des laboratoires vivants en référence à celle des Living Labs. Cette méthode de recherche en innovation ouverte vise le développement de nouveaux produits et services. Elle met de l'avant un processus de co-création avec et pour les usagers dans des conditions réelles. Le CISA a donc mis en place un contexte « inclusif » en créant de nombreux espaces d'échange et de partage entre les utilisateurs finaux, les concepteurs et le fabricant de la nouvelle technologie proposée. Plus précisément, cette structure consistait à capter, systématiser, croiser et valider les savoirs des agriculteurs avec ceux de l'IVI et d'ELMEC. Nous avons d'abord procédé par des entrevues individuelles et des visites sur le terrain, avec en main un questionnaire semi-dirigé. Nous avons procédé à l'analyse des contenus des entretiens pour identifier quels types de production et de producteurs répondraient mieux à l'usage d'un tel tracteur autonome, ce qui suppose une évaluation de l'importance du besoin. Nous avons ensuite tenu deux ateliers participatifs de coconception sur la base d'une approche croisée impliquant les producteurs maraîchers, l'IVI et ELMEC. Au total, c'est une trentaine de producteurs et d'intervenants du secteur agricole qui ont participé à la démarche.

2.1 Entrevues individuelles et visites sur le terrain

Dans un premier temps, une chercheuse du CISA tenait des entretiens semi-dirigés, accompagnée d'un ingénieur observateur de l'IVI. Ces entrevues ont été réalisées auprès de neuf agriculteurs en production maraîchère, laitière et en grandes cultures, tant en régie biologique que conventionnelle. Les premiers résultats ont mis en évidence la culture maraîchère comme le type de production idéale pour l'utilisation d'un tracteur autonome, notamment, car elle compte de nombreuses tâches manuelles souvent pénibles (p. ex. le désherbage, la récolte) et exigeantes en main-d'œuvre. Les entretiens ont aussi permis d'identifier six fonctionnalités souhaitées sur le véhicule, dont deux font l'unanimité, soit le désherbage et l'analyse de sol. Les résultats soulignent également que les producteurs agricoles seront davantage tentés d'utiliser un tracteur autonome à condition que celui-ci soit polyvalent, simple, efficace, rentable, fiable et sécuritaire tant au champ que sur la route.

De plus, les rencontres individuelles avec les producteurs agricoles ont mis en lumière les impacts potentiels de l'arrivée d'une telle technologie sur les différents aspects de leur vie et de leur environnement de travail. De façon générale, les agriculteurs perçoivent positivement la venue du tracteur autonome, comme un moyen d'améliorer leur qualité de vie et la rentabilité de leur entreprise tout en diminuant leur impact sur l'environnement. Selon eux, il est peu probable que le tracteur autonome en vienne à les remplacer complètement, mais agira plutôt comme un prolongement intégré de leur travail. Cependant, une utilisation massive de ces technologies autonomes soulève aussi des craintes. Par exemple, les agriculteurs y envisagent des changements de pratique qui les amèneront progressivement à réduire leur interaction avec la nature, mais aussi avec leurs confrères de travail. Ils y voient un risque d'isolement social et une perte potentielle de savoirs agronomiques acquis de génération en génération. Ces réflexions les amènent à se questionner sur l'avenir du métier d'agriculteur et à redéfinir leur rôle dans un contexte où le numérique prend une place de plus en plus importante dans leur secteur d'activité.

Le dépôt du premier rapport d'analyse produit pour donner suite aux entretiens semi-dirigés a provoqué une réaction d'inquiétude de la part de l'IVI. Ses représentants exprimaient alors une forte appréhension face à la possibilité de répondre aux attentes et aux besoins exprimés par les producteurs agricoles en regard, notamment, aux fonctionnalités du tracteur autonome. Quoiqu'il fût de courte durée, il s'agit là d'un moment fort de la démarche, exigeant sur le plan relationnel. Des échanges entre l'IVI et le CISA ont permis d'éclairer deux logiques organisationnelles qui se croisent. L'IVI se positionnait dans une perspective de production d'un livrable à court terme auprès de son client ELMEC. Le CISA, pour sa part, envisageait le projet selon une perspective de changement social à plus long terme et multidimensionnel, soit en lien avec les transformations liées aux modes de vie, à l'organisation du travail, aux fonctionnalités futures et aux enjeux de mise en marché agricole. Cette prise de conscience a apporté un éclairage sur les fondements mêmes du raisonnement porté par les deux organisations, ce qui a permis de poursuivre les réflexions sur la base d'un espace d'échanges vivants et ouverts.

2.2 Un premier atelier de coconception

À la lumière des constats tirés des entrevues individuelles et des visites sur le terrain, un premier atelier de coconception a été organisé dans le but de raffiner les informations nécessaires à l'élaboration du dossier d'ingénierie du tracteur autonome. Cette activité a regroupé neuf producteurs maraîchers, un conseiller agricole et deux ingénieurs de l'IVI lors d'une journée complète de travail collaboratif. Le premier objectif visait à identifier les éléments pouvant saboter une journée de désherbage afin de mieux comprendre le contexte de travail et les défis reliés à cette tâche. Ensuite, les agriculteurs ont été amenés à construire ensemble une fiche technique de conception du tracteur en documentant des informations aussi précises que la puissance du moteur, la dimension du tracteur, le type de traction et autres. Cette fiche a servi de fondement pour la rédaction du cahier des charges et de l'arbre fonctionnel.

2.2.1 Il y a un ingénieur dans chaque agriculteur

Tout au long de l'atelier, deux observateurs externes, l'un du CISA et l'autre de l'IVI, ont analysé les mécanismes de réflexion et de prise de décision des agriculteurs. Ils ont d'abord remarqué que les échanges démontrent que les producteurs agricoles détiennent de nombreux savoirs pratiques et des compétences clés dans le développement de nouvelles technologies. Ceci s'explique par le fait que les agriculteurs sont des entrepreneurs au sens propre du terme, toujours aux prises avec des risques de toutes sortes et qu'ils doivent répondre rapidement aux problèmes qui se présentent dans leur quotidien. En effet, la nature même de leur métier les amène à devoir planifier, calculer, inventer, évaluer, gérer et expérimenter de nouvelles techniques et/ou technologies à la ferme. Ils sont, par le fait même, constamment poussés à innover pour améliorer leur rendement, leur volume, leur prix et ainsi rester compétitifs. Cette prise de conscience a amené les agriculteurs à vouloir faire reconnaître et valoriser leurs contributions au développement du projet, en exigeant une rémunération juste et équitable. En conséquence, un *per diem* leur fut accordé pour soutenir leur participation durant le projet.

2.3 Un deuxième atelier de coconception pour valider

Afin de pousser plus loin la réflexion et les résultats captés jusque-là, un deuxième atelier a été organisé avec l'implication de six producteurs maraîchers, un intervenant agricole, les ingénieurs de l'IVI et deux représentants d'ELMEC. Lors de cette rencontre, des idées de concepts virtuels de tracteur autonome ont été présentées aux participants afin d'obtenir une rétroaction en temps réel à savoir si la conception du véhicule allait dans la bonne direction. Plusieurs caractéristiques et fonctionnalités du tracteur ont donc été validées : vitesses d'utilisation, dégagement par rapport au sol, poids, entretien, navigation, sécurité, etc. Les discussions avec les agriculteurs et les autres intervenants ont permis de valider et bonifier les spécifications préliminaires de conception élaborées depuis le début de la démarche et d'orienter et de réajuster les étapes suivantes de conception.

Plus spécifiquement, l'apport de la démarche en laboratoire vivant est d'avoir créé des espaces vivants où les différents savoirs, soit ceux provenant des producteurs maraîchers, des concepteurs de l'IVI et du fabricant, ont pu être croisés, vécus et expérimentés collectivement. Nous constatons que l'approche méthodologique en laboratoire vivant permet de catalyser et de transformer les espaces dans lesquels évoluent les savoirs. La démarche de coconception confirme que le bénéfice pour l'entreprise réside effectivement dans l'ouverture à une communauté plus large, en intégrant des clients, des partenaires et des professionnels dans son processus d'innovation. C'est dans l'interaction entre l'ensemble des parties prenantes, incluant les usagers, que réside la capacité d'innover. ELMEC et l'IVI ont rapidement reconnu la valeur ajoutée des laboratoires vivants et les deux entreprises comptent d'ailleurs appliquer cette méthodologie à d'autres projets.

L'approche en innovation sociale, croisée avec celle de l'innovation technologique soulève des réflexions et des questionnements. Pour mieux cerner les préoccupations des acteurs en cause, nous posons un premier regard sur les méthodologies dites « agiles » promues au sein des entreprises qui innovent en matière de technologies. C'est le contexte de production dans lequel ELMEC et l'IVI évoluent. Nous aborderons ensuite la composante stratégique territoriale qui préoccupe plutôt les producteurs agricoles, ainsi que le CISA, ce qui nous conduira à préciser le rôle des technologies en réponse au défi territorial de l'agriculture.

3. Des références méthodologiques en innovation technologique

Pour maintenir sa longueur d'avance sur la concurrence sur le marché des technologies de pointe, ELMEC et l'IVI doivent accélérer la réponse aux besoins, et même prévoir les besoins futurs des usagers. Cela explique la popularité des méthodologies dites « agiles »[53] au sein d'entreprises de conceptions numériques et technologiques. Le CISA en a répertorié plus de 59 dans la littérature (Institut Agile et Bossavit, 2011). Une nomenclature complète serait ennuyeuse pour le lecteur. Soulignons seulement quelques approches qui donnent le ton, notamment : le cycle de vie évolutif développée par Tom Gilb, la production en itérations rapides ou *Rapid Application Development* (James, 1991), les techniques *Joint Requirements Planning* (JRP) et *Joint Application Design* (JAD) initiées par Dan Gielan, formalisées ensuite par Chuck Morris d'IBM en 1984 (Rush, 2006), et finalement, le modèle en spirale (Boehm *et al.*, 2014). Il faut retenir de ce courant qu'il repose sur des techniques pragmatiques, impliquant au maximum le demandeur (client) et permettent une réactivité à leurs demandes. Le cycle de développement du produit est itératif, incrémental et adaptatif, et il inclut l'usager pour accélérer le processus d'innovation (Christensen, 1997 ; Christensen et Raynor, 2003 ; Christensen *et al.*, 2016).

Christensen dans son livre *The Innovator's Solutions* souligne pertinemment que l'usage stratégique d'une technologie innovante aurait un effet de rupture sur le marché. L'idée est la suivante : ce qui change radicalement et qui bouleverse le marché, ce sont les usages et les habitudes de consommation. L'usager est donc l'initiateur de l'innovation. La question qui se pose est celle-ci : qu'est-ce que le produit révolutionne chez les usagers pour qu'ils deviennent preneurs ? La démarche déployée par notre projet a permis de recentrer comment l'utilisation du tracteur autonome pourra

---

[53] Les méthodes agiles sont des groupes de pratiques de pilotage et de réalisation de projets. Elles ont pour origine le manifeste Agile, rédigé en 2001, qui consacre le terme « d'agile » pour référencer de multiples méthodes existantes.

modifier à la fois les modes d'organisation du travail et les habitudes de vie des usagers, soit les producteurs agricoles. En conséquence, les croisements entre les partenaires de l'IVI, d'ELMEC et du CISA sont complémentaires.

4. Des apprentissages et de nouvelles pistes de travail

Les deux équipes de travail retirent des apprentissages différents à la suite de l'expérimentation du laboratoire vivant.

Du côté de l'IVI, la méthodologie des laboratoires vivants répond aux exigences des chercheurs d'obtenir, dans un court laps de temps, un portrait juste de ce qui est à traiter en priorité sur le plan du produit qui correspond au livrable. L'approche de recherche, centrée sur les usagers et en conditions réelles, a apporté, de plusieurs manières, une valeur ajoutée pour la conception préliminaire du tracteur autonome. Parmi ces apports, notons une expérience sur le terrain pour l'équipe d'ingénieurs de l'IVI, qui leur a donné un exemple concret des conditions d'utilisation du véhicule et des tâches et opérations effectuées par les agriculteurs au cours d'une année (p. ex. le sarclage), et qui leur a permis d'acquérir de l'information pratique sur les types d'outils et de machinerie utilisés en agriculture. Plus globalement, la participation des agriculteurs aux discussions entre ELMEC et l'IVI au processus de préconception a permis de rester près de leurs besoins et de mieux connaître leurs réalités. En ce sens, l'apprentissage le plus important pour ELMEC et l'IVI réside dans l'insertion des usagers du produit dans la préconception, avec l'effet de modifier leur modèle organisationnel. L'implication des usagers tel que déroulé dans l'expérimentation dépasse largement l'approche agiliste que nous avons déjà explicitée. En effet, les entreprises productrices de technologies innovantes sont effectivement en interactions continues avec les usagers-preneurs, mais dans une perspective de vérification au fur et à mesure des avancées. La finalité est d'éviter les dérives coûteuses en temps. Or, le processus réalisé en laboratoire ouvert vivant diffère en ce sens que le cadrage premier de la conception repose avant tout sur les savoirs et les savoir-faire des producteurs agricoles.

La démarche de recherche a conduit le CISA sur des apprentissages différents qui réfèrent aux apports possibles des nouvelles technologies et du numérique sur l'ancrage territorial de l'agriculture. Lorsque les producteurs maraîchers ont exigé une rémunération pour poursuivre leur implication dans les ateliers de coconception, le CISA s'est interrogé sur ce qui unissait ces producteurs maraîchers qui se sont adressés au CISA par la seule voix d'un producteur. Nous avons donc suivi cette piste et réalisé que les producteurs étaient réunis au sein de la Coopérative pour l'agriculture de proximité écologique (CAPÉ). Cette coopérative de solidarité soutient les producteurs agricoles écologiques dans leur mise en marché de leurs produits en circuits courts alors que la technologie y occupe une place importante. La CAPÉ détient une expertise dans la logistique de vente en optimisant différents canaux de mise en marché directe ou semi-directe : marchés publics, marchés de solidarité, sites Internet, kiosques à la ferme, paniers d'agriculture soutenue par la communauté, livraisons à domicile, ventes aux restaurants et épiceries locales, etc. Ses activités valorisent l'agriculture de proximité, c'est-à-dire celle dont la mise en marché s'opère avec peu ou pas d'intermédiaires entre le producteur et le consommateur. Le but est de faire en sorte de tirer des revenus de leurs activités agricoles en éliminant les intermédiaires :

> Le rapprochement avec le consommateur permet aux producteurs agricoles de jouer le rôle que se sont approprié les distributeurs et les détaillants : un rôle de première ligne qui favorise la communication et l'éducation tout en permettant à l'agriculteur d'obtenir un juste prix pour ses produits. La proximité est donc physique, mais aussi, et surtout, sociale. Le lien étroit entretenu entre le producteur et le consommateur permet de développer des relations enrichissantes où le consommateur peut s'informer des méthodes de production et mieux connaître la réalité agricole, en plus de parfaire ses connaissances culinaires. (CAPÉ, 2019, en ligne)

Le rapprochement avec le consommateur permet aux producteurs agricoles d'être la première ligne de la communication et de l'éducation avec les consommateurs tout en obtenant un juste prix sur les produits. La proximité est donc physique, mais aussi sociale.

5. Déploiement de l'agriculture dans les territoires soutenus par les nouvelles technologies

La mise en commun des différents canaux de proximité permettrait aux producteurs agricoles de planifier leurs productions pour occuper un espace de marché distinctif à l'échelle du territoire. La plateforme technologique est alors un catalyseur pour renforcer une approche fondée sur le développement territorial. Elle agit comme une structure (support numérique) indispensable à la création et au partage de la valeur créée à travers le processus d'innovation par le rôle « d'accélérateur » des interrelations. La technologie permettrait d'optimiser, de coordonner et d'interconnecter les différents canaux de mise en marché d'un territoire : marchés publics, marchés de solidarité, sites Internet, kiosques à la ferme, paniers d'agriculture soutenue par la communauté, livraisons à domicile, ventes aux restaurants et épiceries locales. Les premiers travaux de recherche portant sur les plateformes collaboratives, ou appelées « marchés bifaces », datent du début des années 2000 (Baye et Morgan, 2001 ; Rochet et Tirole, 2003 ; Parker et Alstyne, 2005). Elles représentent l'infrastructure qui supporte les processus collaboratifs et la création de valeur. La plateforme collaborative est souvent adossée aux technologies de l'information et des communications qui en sont un véhicule. Elle supporte principalement les règles de conception associées au développement de nouveaux produits ou services complexes et leurs conséquences sur tous les acteurs participants. Le territoire devient alors un facteur stratégique qui influe sur les capacités des entreprises, organisations et institutions d'un même territoire à innover.

L'établissement de relations ouvertes entre les producteurs agricoles permettrait alors de planifier des productions complémentaires par des logiciels de traitement de données, pour être en mesure d'innover dans les productions de niche associées à leurs particularités territoriales, pour croiser leurs connaissances sur les productions et améliorer leurs méthodes de productions. Les technologies sont aussi un support qui assure une fluidité du consommateur au producteur et vice-versa (plateforme web, facebook, autres). Les producteurs peuvent alors capter les besoins actuels et futurs des consommateurs, ajoutés au contact direct. Sur le plan de la santé des consommateurs, les technologies permettent une traçabilité du produit (*chainblock*), de sorte que la qualité est assurée et le consommateur est rassuré. Ces technologies sont des véhicules, des moyens pour accélérer la circulation des informations stratégiques utiles aux producteurs comme aux consommateurs. Ce qui change alors la donne, ce sont essentiellement les relations directes entre le producteur et le consommateur en référence au territoire. Connaître le produit est une exigence de plus en plus importante pour le consommateur, mais connaître le producteur, c'est déterminant.

Conclusion

Dans un premier temps, nous avons mis en exergue la complexité afférente à l'enjeu de l'agriculture actuelle et posé la contribution éventuelle des technologies en réponse à ces défis. Dans le contexte du développement d'un nouveau produit, soit un tracteur autonome, le CISA souhaitait s'assurer que la technologie ne soit pas seulement acceptée, mais plutôt façonnée par son utilisateur. Ce changement de paradigme était au cœur de l'intervention proposée pour répondre au besoin de ses partenaires, soit ELMEC et l'IVI. Le CISA a donc mis en place un contexte « inclusif » en créant des espaces d'échange et de partage entre les utilisateurs finaux, les concepteurs et le fabricant de la nouvelle technologie proposée. Nous avons ensuite décrit le déroulement emprunté dans le cadre de l'expérimentation.

Des apprentissages ont résulté de la conduite du laboratoire vivant, chaque partenaire étant « gagnant » dans la démarche, mais différemment. L'IVI s'est questionné sur son processus organisationnel, notamment sur l'introduction des usagers comme porteurs des connaissances dans la conception de nouvelles technologies. Le CISA a observé des effets bénéfiques découlant d'un accompagnement lorsque des expertises du domaine technologique et du domaine social interviennent simultanément au début du processus. En effet, ce croisement accélère la rapidité d'innovation, améliore la conformité du produit ou service créé en relation avec les besoins des usagers, et rend possible l'optimisation des compétences et expertises des entreprises, améliorant ainsi leurs capacités innovatrices. Soulignons que l'équipe du projet poursuit la conception préliminaire en situation réelle, sur les capacités de navigation du véhicule (automne 2019). L'innovation sociale et l'innovation technologique convergent donc vers un travail de partenariat que le CISA souhaite approfondir et faire évoluer.

Au Québec, le développement des circuits courts est un enjeu identifié dans plusieurs Plans de développement de la zone agricole (PDZA) des municipalités régionales de comté (MRC). Dans une perspective de maillage et de renforcement territorial, des solutions visant à faire interagir les producteurs entre eux pour intégrer les différents canaux réels et virtuels de mise en marché de proximité pourront reposer sur la mise en place de plateformes technologiques. C'est en ce sens que le CISA a entrepris des démarches partenariales avec cinq MRC de la région du Centre-du-Québec pour développer un carrefour visant une intégration des canaux de mise en marché en circuits courts qui s'appuie sur l'utilisation des nouvelles technologies. La Coopérative pour l'agriculture de proximité écologique a accepté d'être partenaire du projet, avec le cégep de Victoriaville et l'ensemble des MRC de la région.

Chapitre 11

Living Lab et transformation sociale

L'expérience de Espacio Open à Bilbao

Santiago Eizaguirre[54]

Comme beaucoup de villes occidentales, Bilbao a été frappée par la désindustrialisation des années 1980, laissant plusieurs friches au cœur de la ville. Des projets de revitalisation ont été entrepris, le plus connu d'entre eux étant sûrement celui des anciens chantiers maritimes, où s'est installée une déclinaison des musées Guggenheim, et qui a utilisé la culture comme clé principale de valorisation. Ce projet, d'abord impulsé par le haut, a subi la critique comme exemple d'urbanisme néolibéral par son manque d'enracinement territorial. Le présent texte s'intéressera à un quartier voisin, le quartier Zorrotzaurre, où les instances publiques, de connivence avec des intérêts privés, promeuvent le développement d'un mégaprojet en s'appuyant sur le domaine des industries de la création et de la connaissance. Paradoxalement, à tout le moins pour le moment, la dynamique citoyenne semble être à la base des efforts réels de valorisation du territoire. Une coalition de résidents, de petites industries et d'artisans liés à la création, mais à une échelle modeste et, à bien des égards, précaire, s'active à revitaliser un

---

[54] L'initiative analysée dans ce chapitre a été étudiée dans le cadre du projet INNOSOGO *(Innovación social y gobernanza urbana: Prácticas emergentes para ciudades en transformación.)* financé par le ministère espagnol de l'Économie, de l'Industrie et de la Compétitivité. Voir <http://www.ub.edu/innosogo/>.
Ce chapitre a été écrit grâce au soutien de l'Université de Barcelone et de la Fundació Bancària de l'Obra Social de La Caixa (2016-2019) LCF/PR/PR06/11010001 qui ont financé le projet de recherche intitulé *El rol de les iniciatives socialment innovadores en el desenvolupament de la governança democràtica, l'economia solidària i els entorns urbans educadors*. Enfin, l'auteur souhaite également signaler le soutien du programme José Castillejo de mobilité à l'étranger pour les jeunes docteurs (2017) du ministère de l'Éducation, de la Culture et des Sports, pour la réalisation d'un séjour au Centre de recherche sur les innovations sociales (CRISES) à l'Université du Québec à Montréal (UQAM). L'auteur souhaite également remercier Nerea Diaz et Karim Asry, représentants de l'entité étudiée, pour leur collaboration et leur temps, ainsi que les directeurs de ce livre pour leur dévouement à l'amélioration de ce texte.

quartier encore pris dans un cycle de dégradation. Ces acteurs « de base » perçoivent les plans officiels issus des instances publiques comme des menaces pour le modèle de développement économique et territorial qu'ils promeuvent et incarnent eux-mêmes. Espacio Open (<https://espacioopen.com/en/>), une association culturelle implantée dans l'ancienne fabrique de biscuits Artiach située dans le quartier (un des legs architecturaux les plus importants du passé industriel de Zorrotzaurre), y joue un rôle d'accélérateur de projets sociaux. Nous décortiquerons, à partir de la perspective du Living Lab (LL), l'impact des activités de cette association pour le développement de son quartier.

Selon la littérature, les Living Labs sont considérés à la fois comme des moyens d'expérimentation en contexte réel (ce qui renvoie à l'espace) et comme une manière novatrice de faire les choses (ce qui renvoie à l'innovation). Ces deux dimensions du LL sont clairement présentes dans le nom même d'Espacio Open : « Espacio » en tant que support physique, et « Open » en tant que moyen d'aborder ce territoire de manière ouverte.

En considérant que la question de l'implication des usagers dans les processus d'innovation ouverte a été articulée autour de la construction de laboratoires ouverts et de la place des citoyens en leur sein (Klein et Pecqueur, 2017 ; Lafontaine, 2017), nous nous concentrerons, dans ce chapitre, sur l'analyse du cas d'Espacio Open en tant qu'exemple de mise en place d'un environnement dynamique et critique qui a un effet sur la façon dont est pensé le développement d'un territoire. Une fois décrite la dynamique de reconversion urbaine du quartier de Zorrotzaurre, nous nous pencherons sur les caractéristiques qui font d'Espacio Open un exemple de laboratoire urbain. À la suite de l'ouvrage de Bergvall-Kåreborn *et al.* (2009) qui indique cinq principes clés constituant les LL (réalisme, ouverture, influence, création de valeur et engagement social), ce chapitre vise à illustrer ces différents principes à partir des activités promues par Espacio Open et à dégager les pratiques quotidiennes associées au laboratoire vivant.

Espacio Open, avec son ancrage dans le territoire, offre un exemple concret de ce que des auteurs comme Frank Moulaert et Jacques Nussbaumer ont appelé l'approche territoriale intégrée (Moulaert, 2000 ; Moulaert et Nussbaumer, 2008). Cette perspective prône que la culture peut contribuer à l'intégration sociale des membres d'une communauté, concevoir des pratiques artistiques et culturelles comme outils de transformation sociale qui servent à favoriser l'expression des divers groupes, et également servir à ouvrir le processus de délibération sur un territoire au-delà du domaine des élites politiques et économiques. Nous soutenons qu'Espacio Open peut être compris dans cette perspective, en ce sens qu'il agit comme une entreprise créative au sein du secteur culturel, avec comme objectif de renforcer les actifs immatériels en générant du capital social et humain au niveau du territoire. Soulignons que par ce type d'ancrage territorial, l'initiative Espacio Open peut également être comprise comme un exemple d'initiative orientée vers le développement économique inclusif (Klein *et al.*, 2017, p. 54).

1. Champ d'activité et ancrage territorial d'Espacio Open

À travers ses projets, Espacio Open offre différents outils favorisant la co-création, la connaissance ouverte et l'autonomisation des citoyens. Traversée par la culture *maker* (*Do It Yourself [DIY]*), qui valorise le code ouvert (*open source*) et la co-construction collaborative des biens, des services et des ressources, l'association combine différents types d'activités complémentaires. D'une part, à travers le Fab Lab Bilbao dont elle a la direction, elle favorise, chez les jeunes, l'utilisation des nouvelles technologies, déclinées par la tenue d'ateliers de fabrication robotique, de création numérique ou d'impression 3D. De manière complémentaire, Espacio Open organise annuellement l'événement de vulgarisation des technologies créatives Maker Faire Bilbao, un des principaux événements d'intérêt dans le quartier de Zorrotzaurre, où sont présentées les créations d'inventeurs du monde entier.

Après sa création en 2009, l'association, profitant d'activités informelles entre voisins, met également sur pied un marché aux puces nommé Open Your Ganbara (OYG). Ce marché, qui a acquis une notoriété considérable, et attire aujourd'hui près de 2000 personnes chaque dimanche, est ouvert aussi bien aux particuliers qu'aux professionnels. Par leurs démultiplications et leurs croisements, les impacts des activités d'Espacio Open en termes de développement territorial de Zorrotzaurre, ainsi que du quartier de la Ribera de Deusto, sont non négligeables. À travers ses différentes activités, l'association s'engage envers sa communauté par la construction collaborative du voisinage, par son support aux personnes en situation de forte exclusion sociale présentes sur le territoire (comme nous le verrons plus loin) et, malgré sa relation étroite avec des acteurs municipaux, par le maintien d'une attitude critique vis-à-vis des plans d'aménagement urbain menés par les pouvoirs publics et les capitaux immobiliers (nous le verrons plus loin également).

2. « Qu'on ne nous prenne pas Zorrotzaurre ! [55]»

Imanol Zubero (2012) souligne que le quartier de Zorrotzaurre se prête à l'analyse de l'application des pratiques de gouvernance entrepreneuriale en développement urbain. Il souligne également qu'il s'agit d'un espace privilégié pour évaluer la capacité de la société civile à influencer les orientations prises par les administrations municipales. Zorrotzaurre, une ancienne péninsule transformée en île, est aussi un lieu très approprié pour observer la résistance et la réponse sociale à un grand projet de développement urbain. La zone est affectée par un projet de « méga-remodelage », mené par la Commission de gestion du plan de remodelage de Zorrotzaurre, présenté comme un exemple d'urbanisme créatif et promu par les administrations publiques pour attirer des investisseurs. Zorrotzaurre a été témoin de la désindustrialisation de la région de Biscaye. La ville de Bilbao, pour contrer ce processus, a présidé à la modernisation économique. Ainsi, le quartier a été projeté comme un espace où il est possible de développer la future image métropolitaine *ex-novo* (Alcock, 2004), basée sur l'idée d'une modernisation au rayonnement international venant souligner le caractère de Bilbao comme ville créative et innovante (Rodriguez *et al.*, 2005 ; Keating et Franz, 2004, Del Castillo et Haarick, 2003) et ouvrant la porte à une approche écologique du développement urbain (Alcock, 2004).

La désindustrialisation dont a souffert Zorrotzaurre au cours des dernières décennies a généré des processus de dégradation à la fois physique et sociale et est restée à l'écart de la reconversion post-industrielle développée dans la zone la plus centrale de la Ría de Bilbao. De pair avec la littérature critique à propos du « miracle Bilbao » (González, 2006 ; Angulo *et al.*, 2017 ; Rodríguez, 2002), on dira que les principales limites et contradictions dans les stratégies de gouvernance urbaine du nouveau « entrepreneurialisme » urbain qui semble s'activer maintenant dans Zorrotzaurre se manifestent dans l'invisibilité des acteurs qui habitent ce territoire. Cette situation explique que Zubero (2012) voit ce territoire comme un exemple de tension entre deux façons de construire une ville : la stratégie corporatiste ou néo-élitiste de

[55] Le projet de réaménagement urbain de Zorrotzaurre a été comparé à la création d'un nouveau Manhattan à Bilbao. Se référant à la chanson de Leonard Cohen *First We take Manhattan*, et en tenant également compte de l'étude menée par Imanol Zubero (2012) sur le territoire intitulé *Primero tomaremos Manhattan : regeneración urbana, insurgencias ciudadanas y emergencias culturales en Zorrotzaurre*, nous nous permettons ici de nous référer au territoire en tant que scène où se jouent de fortes luttes de pouvoir pour s'emparer de l'espace urbain.

marchandisation de la nature et la stratégie d'*empowerment* participatif, basée sur une conception citoyenne, solidaire et socialement cohérente de la construction de la ville.

Zorrotzaurre, qui est traversé par le récit du « transitoire[56]», peut être caractérisé comme une zone industrielle en déclin dans un très mauvais état de conservation. Près d'une centaine de petites et moyennes entreprises y coexistent avec quelques commerces locaux et une population résidente de seulement 500 personnes. Le quartier est très mal relié au reste de la ville et reste d'accès difficile. Le vandalisme y est courant et l'abandon de l'espace public y est évident. La fermeture d'anciennes industries, la concentration excessive d'activités nocturnes ou l'occupation informelle des espaces en désuétude sont quelques-uns de ses problèmes. Les résidents du quartier dénoncent l'existence de logements insalubres, le manque de services sociaux, l'augmentation des prix des loyers et l'insécurité, entre autres (Fernández, 2018 ; Herran Lekunberri, 2016). Par contre, Zorrotzaurre attire l'attention des instances publiques depuis 10 ans, lesquelles font la promotion du quartier comme celui d'une « île créative » appelée à devenir « le nouveau Manhattan de Bilbao ».

Le mégaprojet d'intervention urbaine pour « l'île créative » de Zorrotzaurre a rencontré la résistance du tissu associatif et économique du quartier. Comme l'a souligné la Fédération des associations de quartier de Bilbao en 2011, la stratégie officielle de revitalisation urbaine dans Zorrotzaurre est perçue comme un exemple de projet qui exclut systématiquement les résidents et les petites entreprises locales. Malgré le fait que ce projet de revitalisation donne une priorité claire aux intérêts privés en tant que moteurs du changement, l'économie du savoir et les industries créatives occupent aussi une place considérable dans sa légitimation. Par conséquent s'y trouvent deux dynamiques contradictoires : celle de l'initiative spéculative des intérêts financiers qui cherchent des profits urbanistiques et qui utilisent le discours de la créativité urbaine comme façon de légitimer leur but, et celle, en opposition, des acteurs liés au territoire représentant les créateurs et la société civile.

[56] L'expression « urbanisme transitoire » (*urbanismo del mientras tanto*) décrit l'utilisation temporaire par des projets éphémères des espaces en friche, principalement des espaces industriels en désuétude. Qu'il s'agisse de projets à vocation sociale promus par des citoyens ou par des entreprises créatives, l'expression renvoie directement à « l'activation » de ces espaces alors qu'ils ne trouvent pas d'utilisation définitive. Également appelée « urbanisme adaptatif », cette approche est devenue populaire autour de la gestion communautaire des terrains vacants, en tant que pratique d'appropriation citoyenne de l'espace public, dans un contexte de récession immobilière, de paralysie urbaine et de réduction des dépenses publiques.

3. Expérimentation « réelle » et réflexivité

Bergvall-Kåreborn *et al.* (2009) caractérisent les laboratoires vivants comme des lieux où se développent des activités « réelles ». Par ce « réalisme », les Living Labs favorisent l'ancrage d'activités innovantes dans la vie quotidienne qui se développe autour d'eux. Par des liens privilégiés avec son territoire, Espacio Open offre une perspective « réelle » de celui-ci, en même temps que critique, par la mise au jour des dynamiques locales rendue possible par son imbrication dans la communauté. Cette position permet à l'organisation la prise en compte des problèmes urbains, économiques ou sociaux qui affectent le territoire, mais aussi des défis sur le plan de la formation ou de la culture auxquels se confronte la société basque contemporaine.

Le marché Open your Ganbara (ouvrez votre salle de stockage) (OYG) promu par Espacio Open, ouvert depuis 2009, constitue un bon exemple d'une approche critique de la citoyenneté dans le contexte global de la crise socio-économique. Ce marché aux puces repose sur des pratiques informelles telles que la vente d'articles d'occasion et part d'une prise de conscience de la précarité de la situation financière des citoyens.

Le marché OYG permet la réutilisation de certains des entrepôts de l'ancienne fabrique de biscuits. Le marché, qui se déroule chaque semaine et attire près de 2000 personnes, sert, entre autres, à rendre visible la réalité du territoire. Il favorise une prise de conscience critique des défis de la revitalisation et du processus de dégradation du patrimoine industriel de la ville.

La prise de conscience des dynamiques qui affectent le territoire s'observe également dans la résistance d'Espacio Open à l'égard de certaines pressions urbanistiques. Une attention particulière doit être donnée à ces dynamiques étant donnée la manière dont les politiques urbaines affectent la vie des personnes et des entreprises qui habitent le quartier. Ainsi, bien que la Commission de gestion du plan d'urbanisme de Zorrotzaurre prévoit des mécanismes permettant la coordination des acteurs émergents du secteur de la création dans l'entité Zorrotzaurre Art Work in Progres (ZAWP)[57], plusieurs

[57] ZAWP (<https://www.zawp.org>) est une entité subventionnée par les administrations et en cours de consolidation en tant que Fundación Bitartean (Fondation Transitoire). Par le fait d'être connu comme un espace de *coworking* pour les projets d'affaires des créateurs de différentes disciplines créatives (design, mode, arts du spectacle, gastronomie, etc.), elle a acquis une

acteurs indépendants représentés par Espacio Open et d'autres initiatives d'affaires dans le secteur de la création[58] présents sur le territoire préfèrent utiliser d'autres plateformes pour faire valoir leurs opinions ou s'engager dans le développement du quartier. Une telle forme de participation représente, à notre avis, un contre-pouvoir, beaucoup plus proche des intérêts des citoyens qui habitent le territoire que de ceux des acteurs publics et privés.

Les acteurs d'Espacio Open portent un regard réflexif et critique sur le développement du quartier. Dans les forums publics, ils expriment ouvertement leurs doutes et doléances à l'égard du modèle de construction territorial défendu par la Commission de gestion, laquelle représente les porteurs officiels du projet de régénération urbaine. Cette position critique n'empêche pas les relations en termes de gouvernance et de prestation de services entre Espacio Open et ces mêmes administrations, qui se feront, d'ailleurs (et paradoxalement), les champions de ces collaborations[59]. La relation dialectique entre Espacio Open et les organisations qui soutiennent le discours officiel de la transformation du quartier permet d'ailleurs d'aller au-delà de l'approche LL. Ainsi, si on élargit l'échelle d'analyse en se référant au territoire de Zorrotzaurre comme celui d'un laboratoire-vivant, nous constatons l'absence de coordination entre les différentes initiatives qui font partie de ce laboratoire, notamment à l'égard des futurs projets à promouvoir et de la méthodologie à appliquer pour les mettre en œuvre. Cette observation nous amène à considérer qu'un laboratoire vivant, pris dans une perspective écosystémique, peut inclure la relation conflictuelle et briser ainsi l'illusion de la collaboration et l'harmonie entre acteurs homogènes.

---

visibilité publique considérable en tant qu'agence pour revitaliser le secteur créatif dans le quartier. ZAWP offre des espaces pour la création, des espaces d'exposition en même temps qu'il participe à la revitalisation des espaces consolidés tels que le théâtre Pabellón 6.

[58] Par exemple, l'initiative de promotion du cirque ZirkoZaurre ou la pratique de l'escalade de Piugaz.

[59] Cette reconnaissance publique des conflits au niveau des acteurs locaux peut être comprise comme un mécanisme *open source* appliqué à la gestion des entités créatives, où s'opère une reconnaissance des contradictions et des conflits des différents acteurs d'un environnement immédiat. Dans ce cas, une place est ainsi faite au contre-pouvoir à l'égard des récits urbains créatifs officiels représentés par ZAWP. Le ZAWP est défini comme une entité de « gestion du transitoire », qui est spécifiquement orientée comme : « un mouvement consolidé de nombreuses personnes travaillant dans la revitalisation sociale, économique et culturelle du quartier à travers la création, l'intervention et la mise en valeur de la mémoire » (ZAWP, 2020).

4. Consolidation de la communauté par des processus d'innovation ouverte

L'ouverture promue par Espacio Open est liée à son engagement en faveur de la diffusion de la culture *maker* et des connaissances *open source*[60]. Espacio Open organise chaque année le Maker Faire Bilbao[61], un rassemblement d'inventeurs du monde entier faisant la promotion de la créativité pour tous les publics. La culture *maker*, liée au principe « *Do It Yourself* » (faites-le vous-même), est une culture émergente qui inclut, parmi ses principes de base, la réutilisation des matériaux, la combinaison de l'innovation technologique et de l'utilité sociale, et l'apprentissage collectif comme forme d'autonomisation des citoyens. Ces caractéristiques de la culture *maker* impliquent la reconnaissance des savoir-faire technologiques issus d'entités qui ne font pas partie des organisations traditionnellement reconnues comme des producteurs de connaissances technologiques (universités, grandes entreprises ou centres de transfert de technologie). La culture *maker* participe à la création d'espaces de rencontre entre des personnes ou des groupes dotés de connaissances technologiques (*hackerspaces* ou *makersespaces*), des espaces ouverts aux citoyens, dans lesquels des communautés virtuelles (en ligne) et réelles sont générées. Au sein de ces communautés, sont rendus disponibles aussi bien des outils technologiques que des connaissances ainsi qu'un soutien pour le développement de projets interactifs axés sur les besoins des utilisateurs.

Avec le soutien des administrations publiques et d'entreprises privées engagées socialement, Espacio Open gère ainsi le Fab Lab Bilbao. Cet espace a mis sur pied différents programmes orientés vers les jeunes visant à promouvoir l'apprentissage par le biais de projets éducatifs et basés sur la promotion de la pensée créative. La promotion de l'offre de formation dans les technologies créatives est faite dans une perspective qui, au lieu de mettre l'accent sur les machines (imprimantes 3D ou fraiseuses CNC de découpe laser), soulève le défi de générer une communauté d'apprentissage autour des outils numériques. En conjonction avec les politiques publiques visant la promotion des technologies créatives, Espacio Open veille à ce que le Fab Lab Bilbao soit ouvert[62] à l'usage de tous les citoyens :

---

[60] L'*open source* (logiciel libre) est une forme de développement de logiciels basée sur l'accès au code source et la collaboration ouverte entre les producteurs de code.

[61] Tenu à Bilbao depuis 2013, ce format, avec un accès libre et ouvert, a attiré plus de 12 000 personnes à l'occasion de son cinquième anniversaire.

[62] L'un des enjeux majeurs pour assurer l'ouverture et l'adéquation de l'exploitation de l'espace avec les besoins de ses utilisateurs est la gestion privée du *Fab Lab* : dans de nombreux *Fab*

> *[...] nous devons trouver des moyens d'abaisser les barrières d'accès, afin que les gens puissent accéder à ces espaces. Indépendamment de vos revenus, de votre niveau social ou de vos contacts ou obstacles tels que le genre, etc. Il y a un écart brutal entre les sexes. [...] Il est important de dire que les outils sont la chose moins importante ; on peut démarrer avec un équipement relativement basique. Ce qui est vraiment important, ce sont les stratégies pour générer de la communauté.* (Entretien avec une responsable d'Espacio Open)

L'appui à la dynamique communautaire liée au développement du marché OYG, né comme une activité d'un groupe de résidents et qui s'est progressivement développé, est un autre exemple de l'apport d'Espacio Open à la construction de la communauté locale. Cette attention aux problèmes et aux dynamiques du quartier s'explique par le fait que les promoteurs d'Espacio Open sont très impliqués dans les luttes pour l'amélioration des conditions de vie de Zorrotzaurre[63]. Soulignons également qu'Espacio Open cherche à partager sa vision des processus de construction citoyenne et d'autonomisation sociale démocratique par une participation active aux instances de discussion mises en place par d'autres acteurs sociaux.

5. Un outil au service d'une hétérogénéité d'utilisateurs.

Klein et Pecqueur (2017) soulignent que les laboratoires vivants permettent à leurs utilisateurs d'imaginer, de développer et de créer des services ou des outils innovants répondant à leurs besoins et aspirations (p. 1). Une des caractéristiques de base des laboratoires vivants sont les mécanismes qui

---

Labs gérés par les administrations publiques, il existe une série de contraintes sur les horaires d'accès. Un *Fab Lab* qui ne peut pas ouvrir le week-end ou en soirée, dû au fait que son personnel travaille pour la fonction publique avec un horaire réglementé, est un projet qui perd des occasions.

[63] L'implication dans des mouvements sociaux issus du quartier est importante. Plus précisément au printemps 2018, les promoteurs de l'entité Espacio Open s'engagent individuellement (en tant que résidents du quartier) en faveur de la création d'un espace de rencontre pour l'Association des citoyens, ainsi que celle d'un centre de dynamisation socio communautaire dans le territoire. Avant l'abandon du bâtiment de l'une des entreprises les plus importantes de la région, Cadenas Vicinay, un groupe de résidents s'organise pour éviter la dégradation de cet espace et se rassemble sur le lieu même en réclamant une solution au conseil municipal de Bilbao. Une telle action citoyenne pourrait être décrite comme une appropriation préventive de l'espace pour éviter sa destruction.

renforcent l'influence des utilisateurs dans les activités, ce qui leur permet d'aller au-delà de la caractérisation des personnes à qui elles offrent des services en tant que simples clients ou bénéficiaires. Les utilisateurs des services sont plutôt placés au centre des initiatives et deviennent des coproducteurs des connaissances et des méthodes qui en émergent. Les initiatives ainsi articulées cherchent à fonder les innovations sur les besoins et les souhaits de leurs utilisateurs potentiels, souvent hétérogènes, surtout lorsque la démarche de LL possède un ancrage territorial, comme dans le cas qui nous intéresse.

En ce sens, les activités d'Espacio Open permettent de souligner différentes modalités de participation des acteurs locaux. Que ce soit avec le marché aux puces OYG, ou encore avec le Fab Lab et la formation aux technologies créatives qui s'y déroule, ces initiatives ont toutes des objectifs de participation orientés vers l'amélioration de l'influence des utilisateurs en regard de la prise des décisions. Le marché compte par exemple sur différents types de modalités de participation, en fonction des besoins des utilisateurs : en plus des modalités citoyennes « amateur » et « professionnelle », déjà décrites, la participation d'associations à but non lucratif qui veulent lever des fonds pour une action concrète est également possible. Par cette diversité des modalités de participation, le marché devient un outil au service de la communauté qui tient compte de l'hétérogénéité des citoyens, ce qui favorise une prise de conscience de ses participants vis-à-vis de l'utilité socioculturelle des marchés :

> *Beaucoup de personnes qui n'avaient jamais envisagé de participer à un marché ont découvert une sorte d'expérience socioculturelle, ce qui a un impact très positif sur leur vie. Il y a des gens qui utilisent cela comme une activité pour les enfants pour apprendre à calculer. Il y a des gens qui l'utilisent, par exemple, pour des activités thérapeutiques avec des personnes qui souffrent d'un handicap ou d'autisme ou quelque chose comme ça...* (Entretien avec une responsable d'Espacio Open)

Espacio Open propose d'autres outils de promotion de la culture *maker*. Ainsi, la mise à disposition, dans les différents espaces de l'ancienne usine Artiach, de moyens de production tels des machines et des matériaux, promeut la collaboration citoyenne où art, technologie et culture urbaine peuvent se croiser. Le développement de la formation aux technologies créatives est un autre des outils développés par Espacio Open. À travers le Fab Lab Bilbao, différents programmes de formation aux technologies créatives et à la fabrication numérique sont proposés tout au long de l'année, incluant des activités telles que l'initiation à la robotique créative, la découpe et la gravure laser, l'impression 3D, les *e-textiles* ou *wearables*. Le centre de fabrication et de création numérique comprend des programmes spécifiquement destinés aux jeunes, avec des formations tous les vendredis soir, des camps intensifs pendant les vacances et un accompagnement personnalisé pour la réalisation de leurs projets. Le Fab Lab envisage également le développement de programmes spécifiques visant à initier les jeunes en processus de marginalisation à la culture *maker*. Ces projets ont été développés en collaboration avec des organisations communautaires de la ville de Bilbao et de la région de Biscaye. Espacio Open a développé aussi d'autres types de programmes de formation promouvant la co-production, comme la conception d'ateliers réalisés avec la participation d'associations ou de groupes spécifiques destinés à leurs propres communautés.

6. La valeur ajoutée au niveau territorial

Bergvall-Kåreborn *et al.* (2009) identifient la création de valeur comme l'un des principes clés pour observer comment les initiatives Living Lab se manifestent en tant qu'activités économiques. On comprend ainsi que les activités des initiatives en question peuvent être transformées en indicateurs de valeur économique[64].

En ce qui concerne la valeur ajoutée du marché hebdomadaire, l'afflux de visiteurs – environs 2000 par semaine – est sans doute l'un des principaux impacts. Compte tenu de sa popularité parmi les habitants de Bilbao, le marché a été inclus dans le guide touristique du conseil municipal comme une initiative intéressante à visiter. Sa réalisation tous les dimanches a eu des effets sur la revitalisation des commerces de la région, notamment dans le domaine de la restauration.

[64] L'idée de valeur économique s'étend également aux notions de valeur ajoutée en termes de création d'occupation, et de valeur pour le consommateur ou l'utilisateur. Au cours de ses presque 10 ans de vie, l'expérience Espacio Open a gagné en autonomie et en taille organisationnelle. Espacio Open emploie actuellement environ 12 personnes (travail temporaire discontinu), entre les gardes de sécurité et le contrôle des entrées et sorties du marché. Espacio Open propose également des ateliers de travail au Fab Lab, en offrant du travail à des gens qui animent des ateliers et au personnel administratif et à la gestion de projet. Finalement, le soutien de l'organisation repose sur le travail de deux personnes à plein temps, qui sont les entrepreneurs de l'entité.

On peut noter également l'effet direct du marché sur son entourage immédiat, notamment sur l'ancienne usine à biscuits Artiach, abandonnée depuis 1983 en raison d'inondations qui ont dévasté la zone. L'usine a été progressivement réoccupée et restaurée par de petites entreprises, certaines d'entre elles dans le secteur créatif de type espace ouvert (p. ex le centre de création et d'exposition en art du cirque de l'association Zirkozaurre [<https://zirkozaurre.com>]), d'autres opérant dans des secteurs plus traditionnels. La réalisation du marché a eu un effet direct sur la conservation physique[65] de plusieurs espaces de cette usine et a également permis une valorisation, comme on l'a déjà dit, du patrimoine industriel de la ville.

> *Ils ont commencé à être une centaine de voisins et l'usine a été rendue à la communauté et si nous n'étions pas entrés à Artiach, la ville n'aurait pas su qu'il y avait une fabrique de biscuits dans lequel travaillaient plus de 700 femmes...* (Entretien avec une responsable d'Espacio Open).

L'« appropriation préventive » est la formule utilisée par les responsables d'Espacio Open pour expliquer la localisation de ses activités dans l'ancienne fabrique de biscuits Artiach. Ce choix d'emplacement par les promoteurs de l'organisme est en partie dû à la reconnaissance législative (au niveau municipal) de l'usine comme équipement public destiné à être utilisé comme centre culturel. L'investissement de l'initiative dans cet espace a fait en sorte que cet usage culturel laisse une forte place aux citoyens et à la conservation du patrimoine physique.

La revitalisation de l'usine d'Artiach pose un défi pratique en termes de gouvernance par le bas (*bottom-linked governance*) (Eizaguirre *et al.*, 2012). Espacio Open rejette l'imposition d'une gouvernance *top-down* pour ce projet de centre culturel et exige un type d'intervention qui prend en compte les activités qui se déroulent déjà dans l'espace, sans les déplacer. Par cette demande, les contradictions et les limites de « l'urbanisme du transitoire » sont toutefois mises en évidence. Du point de vue du Conseil municipal, l'attente de fonds suffisants pour un projet intégral de renouvellement justifie le statu quo. Aussi, pour le récit officiel, ancré dans l'urbanisme à grande échelle, la rénovation de l'espace dépend plutôt des phases de développement du réaménagement urbain prévu pour l'ensemble du quartier. De l'autre côté, les acteurs installés dans l'usine considèrent qu'un investissement minimum pour

[65] Il a été possible d'effectuer des travaux de réhabilitation pour les espaces d'usine qui sont utilisés pour le marché grâce à des prêts concessionnels de l'Union européenne, destinés à des initiatives innovantes.

pallier aux insuffisances actuelles de l'usine serait très efficace économiquement. Cela soulève un paradoxe : la vitalité et l'autonomisation des citoyens obtenues à travers les activités organisées actuellement à l'ancienne usine Artiach semblent constituer un inconvénient pour la méthodologie de réhabilitation à laquelle le secteur public est habitué. La logique dominante, en matière de réhabilitation du patrimoine industriel, favorise de démanteler d'abord, pour ensuite reconstruire, plutôt que d'accepter de petits travaux d'entretien, de conservation et de réaménagement qui pourraient parallèlement développer les activités menées par les actuels locataires de l'usine.

7. L'engagement avec la transformation sociale.

Pour Bergvall-Kåreborn *et al.* (2009), la durabilité d'un laboratoire vivant se réfère à sa viabilité financière et aussi à son engagement envers l'environnement social et naturel. La conjugaison de la durabilité avec l'engagement territorial d'une activité économique peut être liée à la fois à la lutte contre l'exclusion sociale et à la conceptualisation plurielle et hétérogène de ce que certains auteurs ont appelé les « économies transformantes » (Suriñach, 2016).

La durabilité sociale d'Espacio Open – comprise comme l'engagement dans des dynamiques de lutte contre la vulnérabilité et l'exclusion sociale – est évidente dans le support qu'elle accorde au fonctionnement de différents projets, comme celui de l'atelier de recyclage de vélos appelé Bizigura, aujourd'hui fermé[66], qui a agi comme une entreprise d'insertion informelle. Cet atelier de recyclage de vélos a été localisé dans l'un des entrepôts financés par les revenus du marché. L'atelier donnait du travail à des jeunes immigrants au passé souvent traumatisant, liés à la migration illégale ou à la fuite de situations de guerre. D'autre part, dans le cadre du programme Breakers promu par la Fondation Orange, Espacio Open a été pionnier dans l'expérimentation et l'utilisation de technologies créatives pour la promotion de processus d'inclusion sociale et d'expérimentation du travail auprès des jeunes en situation de vulnérabilité.

[66] L'atelier de vélo a fermé ses portes en mars 2018 dû à l'impossibilité de formaliser ses activités par manque de fonds.

Les Living Labs

Au-delà de l'engagement direct envers des personnes ou des groupes soumis à des processus d'exclusion, Espacio Open s'avère un exemple d'entreprise engagée dans les principes de l'économie circulaire, de la transformation sociale, du bien commun ou de l'économie solidaire (Askunze, 2013 ; Eizaguirre, 2017). En ce sens, selon la définition des pratiques de l'économie solidaire promue par Carlos Askunze (2013), nous pouvons observer que Espacio Open met la reproduction sociale au centre de ses pratiques par la mise en contact des gens qu'elles favorisent, tout en générant de l'activité économique, ce qui permet de repenser le poids que l'économie devrait avoir par rapport aux autres domaines d'activité sociale.

L'engagement envers la transformation sociale de son environnement est essentiel dans la manière dont Espacio Open est lié au projet de revitalisation de Zorrotzaurre. La méfiance à l'égard d'une dynamique de gentrification, à laquelle conduit l'urbanisme à grande échelle, part de la croyance en la possibilité de développer de nouvelles pratiques créatives à impact social sans généraliser des effets néfastes tels que l'expulsion de la population, comme le prônent Ghaffari *et al.* (2018). En ce sens, Espacio Open considère en détail l'impact que ses actions peuvent générer sur les résidents du quartier. Bien que cela puisse être très rentable sur le plan économique, les activités ne sont jamais réalisées « sous le tapis » et cherchent toujours à promouvoir le mélange social et générationnel, en évitant d'être orientées uniquement vers un groupe de population spécifique.

La maximisation de la rentabilité financière n'est pas non plus le premier objectif des promoteurs du marché OYG. Dans leurs choix d'activités économiques à développer, Espacio Open exclut la possibilité de commercialiser et franchiser ses expériences. Ainsi, contrairement à d'autres services similaires destinés aux professionnels de l'entreprise créative, Espacio Open n'impose pas de frais à ses exposants. L'organisation considère que la valeur d'un marché social de quartier comme OYG réside précisément dans le fait qu'il s'agit d'initiatives enracinées dans la communauté locale.

Conclusion : un laboratoire critique au service des citoyens

Dans un territoire conflictuel tel que l'est le quartier Zorrotzaurre, Espacio Open nous propose une lecture critique du rôle des industries culturelles dans les processus de revitalisation urbaine. L'initiative a contribué à l'émergence d'une communauté jusque-là sans voix. La mise au jour des dynamiques, parfois problématiques, qui affectent le territoire et la façon dont celles-ci sont vécues par ses habitants souligne également son rôle central dans la mobilisation de la communauté locale.

Espacio Open, basé sur une philosophie liée à la culture libre et à l'innovation ouverte, développe des activités innovantes et en constante évolution qui supposent l'implication de résidents, soit des résidents du quartier, soit des entreprises qui y développent leurs activités. Il exerce aussi une attraction au niveau métropolitain via son marché aux puces, à travers les entrepreneurs et les « créatifs » liés aux différentes formes d'artisanat contemporain, ainsi que par les personnes et groupes engagés dans la culture numérique de l'innovation ouverte.

Pour comprendre comment les différentes activités de l'initiative attirent différents types de personnes, de différents milieux sociaux et de différents profils, il est essentiel de considérer la flexibilité et la modularité avec lesquelles ces activités sont conçues. Il est également essentiel de considérer la place qui est donnée aux utilisateurs, bénéficiaires ou destinataires, qui deviennent des coproducteurs des dites activités et des dits services.

La valeur ajoutée au niveau territorial est l'un des indicateurs les plus clairs du rôle actif de l'initiative dans la dynamisation de l'île de Zorrotzaurre. Face à un récit de la construction urbaine basé sur le « transitoire » ou sur celui des mégaprojets, Espacio Open, à travers ses activités, a littéralement mis Zorrotzaurre sur la carte des activités d'intérêt de Bilbao, en offrant même des externalités positives pour les autres activités du quartier.

D'un autre côté, l'« appropriation préventive » d'une usine classée d'intérêt patrimonial et reconnue par la législation en vigueur pour ses fonctions culturelles pose un réel défi créatif à l'administration communautaire et à la Commission de gestion du plan de remodelage de Zorrotzaurre. Plus précisément, ce défi se manifeste par la co-production du projet de centre culturel, qui tiendrait compte des activités existantes dans le complexe industriel, de leurs besoins et de leur potentielle contribution.

L'analyse des relations de gouvernance entre Espacio Open et les autres acteurs agissant sur le territoire de Zorrotzaurre offre des exemples de dynamiques de négociation, mais aussi d'épisodes spécifiques de conflit et de confrontation entre des intérêts concurrents qui cherchent à influencer la définition du futur d'un territoire. L'expérience d'une association culturelle telle qu'Espacio Open souligne que la co-construction d'environnements créatifs d'expérimentation sociale, comme on peut qualifier les laboratoires vivants, n'implique pas nécessairement une collaboration harmonieuse entre tous les acteurs et intérêts présents sur un territoire. Au contraire, nous suggérons que c'est la reconnaissance de l'existence d'un conflit social – la défense d'une position alternative ou contre-hégémonique – qui pourrait être un indicateur de la créativité d'un environnement social. En ce sens, il est important de souligner le rôle d'Espacio Open comme constructeur d'une position alternative de développement territorial, face à la position proposée par les instances municipales. Le laboratoire vivant mis en place par Espacio Open permet justement la consolidation et l'articulation de cette position alternative, qui en même temps, en mélangeant et en hybridant celles d'autres acteurs, transforme le récit officiel.

Enfin, compte tenu aussi des critères économiques par lesquels l'initiative développe ses activités, il est également important de noter son engagement en faveur de la transformation sociale. En plus de son point de vue sur des questions innovantes telles que la culture numérique à travers des critères basés sur la durabilité sociale et écologique, l'entité peut être identifiée comme une entreprise créative engagée dans la transformation sociale. Cet engagement prend forme à la fois dans ses activités permettant de pallier aux situations d'exclusion sociale et aussi dans l'analyse qu'elle opère vis-à-vis des retombées « sociales » de ses activités commerciales. De tels mécanismes permettent d'associer les activités d'Espacio Open aux économies transformatrices qui promeuvent la démocratisation économique et qui mettent la transformation sociale, et en particulier la dynamisation communautaire de la citoyenneté locale, au centre de leur activité.

Chapitre 12

Du marché au laboratoire récréatif
Valeur d'un bien de consommation, le cas de Roquefort

Jean Corneloup et Katia Fersing

De nombreux producteurs et vendeurs de biens de consommation s'interrogent sur la manière de définir la valeur du produit qu'ils proposent de vendre sur un marché à destination de consommateurs. La valeur peut se définir comme relevant de l'attachement qu'une personne accorde à un bien marchand ou non marchand. Plus une personne développera un sentiment, une sympathie, un goût ou une affection pour ce bien, plus elle sera attachée à celui-ci et désireuse de nouer un lien de proximité avec lui (contact, achat, possession, consommation, etc.). Comment, dès lors, définir la valeur d'un bien de consommation pour favoriser son achat auprès de différents consommateurs ? L'approche économique du marché a tendance à sous-estimer le rôle de la culture et de l'espace local dans la définition de la valeur du bien (Ladwein, 1999 ; Pecqueur, 2001). Notre propos consiste justement à inverser la lecture du marché et ceci d'autant plus lorsque le bien de consommation est ancré dans un territoire de production et de développement. Pour appuyer notre propos, nous prendrons l'exemple d'un projet de développement local autour du fromage de Roquefort, situé dans le village de Roquefort-sur-Soulzon, en Aveyron, dans le sud de la France, qui s'interroge sur la façon d'amplifier la valeur économique et culturelle de ce bien de consommation. La perspective scientifique consiste à accorder de l'importance au laboratoire récréatif comme ressource territoriale engagée dans la définition d'une forme culturelle (Corneloup, 2016). Celle-ci participe à la valorisation du territoire et au renforcement de son marquage culturel. Ce dernier permet d'associer la forme culturelle à des biens de consommation, localement situés. Un processus symbolique incarné dans des expériences et des usages récréatifs localisés invite les publics à consommer ou à acheter un produit pour renforcer leur adhésion à la forme culturelle affectionnée dans le lieu visité.

1. Le fromage de Roquefort en Aveyron : approche classique

Dans une optique marchande, commerciale et industrielle, différentes lectures sont possibles qui vont permettre de comprendre les logiques d'achat du consommateur. En référence à des ouvrages marketing (Filser, 1993), bien des cadres théoriques sont proposés pour expliquer le processus d'achat et les démarches à entreprendre pour amplifier la vente du produit (qualité gustative, conditionnement, forme alimentaire, prix, commercialisation, positionnement, publicité, réseaux sociaux, etc.). De même, dans le cadre d'une démarche industrielle et économique, on pourra évoquer la nécessité de baisser les coûts de fabrication par la mise en place de chaînes de production plus économes ou rapides tout en diminuant les coûts de fabrication par une délocalisation industrielle. Une chaîne logistique plus performante pourra aussi être évoquée pour fonctionner à flux tendus et diminuer les coûts de stockage et de transport. Tout comme il est envisageable d'associer la fabrique du fromage à des laboratoires scientifiques pour améliorer le produit, son aspect gustatif, sa matière et sa texture. Bref, les logiques marketing, industrielle et biologique sont nombreuses pour amplifier la lecture marchande et économique d'un bien de consommation. Le Roquefort a ainsi fait l'objet de nombreuses opérations commerciales et industrielles pour s'adapter au marché. En référence au marché des fromages, son histoire et sa dynamique actuelle autour des stratégies, des alliances et des évolutions du produit et des fabricants, les théories économiques et marketing permettent donc de proposer différents ajustements pour s'adapter à la transformation du marché, aussi bien au niveau du fonctionnement de l'offre que de la demande. La valeur d'échange du bien de consommation, attachée aux caractéristiques gustatives du produit et à la structuration du marché, sert de cadrage théorique et professionnel pour envisager la façon d'accompagner le développement du produit vis-à-vis de la concurrence et de l'évolution de la demande.

1.1 D'un bien marchand à un bien socio-culturel

Pour amplifier la valeur du produit, les producteurs et la filière du Roquefort peuvent associer le produit à une marque (pour Roquefort, celle de la Brebis Rouge) qui a pour fonction de définir une qualité de production via des actions de certification, de labellisation ou d'engagement dans une AOC (appellation d'origine contrôlée). Il est aussi possible d'associer le produit à différentes scènes sociales et culturelles lors de la mise en place d'actions de communication (via la publicité, des partenariats institutionnels, le sponsoring, le soutien à des événementiels, etc.). Au-delà de la valeur d'échange du produit, une ouverture professionnelle se profile considérant qu'en plus de la valeur gustative, commerciale, stratégique et industrielle du produit, il existe une valeur sociale et culturelle nécessitant d'envisager la déclinaison de la marque via l'usage du marketing culturel (Floch, 2002 ; Sauvageot, 1987). L'enjeu est de pouvoir associer le produit à un univers socio-culturel. Celui-ci permet de faire passer le produit d'un bien marchand à un bien culturel à destination de publics qui pourront identifier le produit à un univers de référence (art de la table, style de vie, public référent, repas familial, nature, ruralité, etc.). Nombreux sont les travaux en marketing et en communication qui analysent la notion de marque (Lebailly et Benarbia, 2011).

Concernant les fromages et les produits du terroir (vin, fruit, olive, etc.), les professionnels associent la valeur de ceux-ci à un lieu, un territoire et à une filière de production. Pour le Roquefort, il s'agit d'inviter les clients et les touristes à venir acheter le produit sur le lieu de fabrication (ou d'affinage) dans le village de Roquefort. Des lieux de vente ont été instaurés chez les producteurs (Société, Papillon, Coulet, Vieux Berger, etc.), en associant à cette pratique commerciale une mise en scène des lieux d'affinage par une visite des caves et une présentation de la filière de production via des films, un guide-conférencier, des salles thématisées, etc. La démarche consiste à associer la valeur gustative du fromage au tourisme industriel qui lui-même est associé à la filière agropastorale. La connaissance du processus de fabrication, de l'histoire de cette filière et de la gestion d'une entreprise en lien avec la conservation d'une économie locale et d'un écosystème rural est présentée comme une ressource touristique qui permet d'associer un fromage à un système productif et agropastoral.

À cet ancrage dans les lieux commerciaux et industriels, des espaces gastronomiques ont été créés pour relier le fromage à une culture gastronomique et culinaire (dégustations de fromages, espace de vente de livres de cuisine et de produits dérivés, restaurant, etc.). Le bien marchand (valeur d'échange sur le marché) est alors associé à une valeur gastronomique et culinaire qui permet le basculement d'un bien marchand en bien culturel localisé. Ce transfert présente les vertus de ce fromage dans la façon de penser l'art de la table et du bien vivre en relation avec des publics qui apprécient la valeur gustative de ce bien. Une appropriation sociale et culturelle du bien est ainsi proposée pour en faire un produit ayant une signification symbolique auprès de publics-visiteurs en lien avec une expérience esthétique vécue (Marion, 2010). L'ancrage géographique du bien de consommation par le partage d'une expérience gastronomique permet d'activer une mémoire sensorielle. Les références au marketing de la mise en scène (Rieunier, 2002) et au tourisme expérientiel (Frochot et Batat, 2014) permettent d'évoquer différentes pratiques commerciales engagées dans la traduction d'un bien marchand en bien culturel.

1.2 La valeur agro-éco-pastorale du bien marchand

Pour renforcer cette relation entre un espace commercial de vente, un lieu de production du fromage et l'espace géographique de proximité (associé à l'agropastoralisme), un projet est envisagé qui consiste à relier le plateau du Combalou (situé au-dessus du village) au village de Roquefort. Ce lieu est historiquement en relation avec la filière de production du Roquefort (pâturage d'estive, présence d'une grange-bergerie, berger, etc.). Mais en plus, il permet d'avoir une lecture du paysage environnant et une vision globale des éboulis et de cet écosystème impliqué dans l'affinage du produit. Une cohérence existe entre cette attention portée à l'ensemble de la chaîne éco-industrielle et le développement d'une activité touristique qui a pour enjeu d'associer un bien marchand (un fromage) à un pays, une économie locale, un écosystème et une filière de production. La valeur du bien ne réside pas que dans les qualités gustatives du produit, mais aussi dans son ancrage dans un système de production industrielle, elle-même attachée à une filière agropastorale. Dans ce cas, il s'agit d'associer le bien marchand, non seulement aux plaisirs de la table, mais à une valeur écopastorale, qui elle-même peut avoir une résonnance avec les principes du développement durable et la volonté de prendre soin de la marque, de la filière et de la terre, associées à cette production fromagère. Cette orientation serait conforme aux tendances d'évolution des sociétés contemporaines soucieuse d'une gestion durable des pratiques industrielles (Tietenberg, 1984). L'existence d'une AOP (appellation d'origine protégée) renforce le lien entre une production industrielle, un processus de fabrication certifié et une filière agropastorale (brebis, lait, berger, parcours, cultures fourragères et céréalières, etc.) qui permettent d'associer le bien marchand à un système agropastoral ayant les valeurs du terroir (nature, économie rurale, agriculture locale, ressource spécifique, protection de l'environnement, type d'élevage, etc.)[67].

---

[67] À noter que la confédération des producteurs de Roquefort est sortie du pôle fromager AOP Massif central (<http://pole-fromager-aop-mc.org>). Certaines personnes critiquent son approche trop industrielle, marketing et verticale de la filière agropastorale.

Figure 12.1 : Village de Roquefort et plateau du Combalou

Source : photo réalisée par Delphine Atché

Cependant, une question fondamentale reste en suspens dans le cadre de ce projet : quelle place accorder au mode d'accès au plateau permettant cette rencontre avec l'espace écopastoral ? Et quelles pratiques envisager sur ce plateau ? L'enjeu est d'importance, car il permettra de saisir la cohérence de la chaîne écoculturelle que l'on veut associer à ce bien de consommation. En partant de cette idée que plus la chaîne écoculturelle est cohérente et forte, plus le capital écoculturel du bien augmente, amplifiant sa valeur sur le marché des biens de consommation. Si l'orientation choisie est de promouvoir la création d'un moyen d'ascension reliant le village avec le plateau, on engage alors un aménagement technologique d'importance pour associer un système industriel de production avec une filière agropastorale et un public à la recherche de connexion avec les valeurs écopastorales du bien de consommation : soit il s'agit d'associer le roquefort à un système technicien que l'on renforce avec, par exemple, la création d'un ascenseur ; soit on privilégie un autre mode de développement, ancré dans l'écodéveloppement du territoire. Sans aucun doute, on ne peut pas opposer d'une manière radicale ces deux orientations, mais elles induisent cependant des effets symboliques non négligeables dans la façon de penser le bien de consommation en lien avec le territoire vécu, partagé et vivant.

1.3 Deux logiques symboliques se télescopent

L'enjeu est-il l'attractivité d'un lieu via la fabrique d'une attraction touristique qui permet d'amplifier le nombre de visiteurs en proposant diverses animations pour un parcours organisé ? Dans ce cas, les décideurs privilégient la quantité de visiteurs pour justifier l'investissement, l'effet d'appel produit par l'innovation technologique et l'expérience du vide généré par le transport ascensionnel des visiteurs. On s'inspire de l'effet viaduc de Millau qui a généré un tourisme industriel important pendant plusieurs années (Senil, 2011). Soit les décideurs s'engagent dans une voie alternative qui consiste à dire que l'enjeu n'est pas quantitatif, mais qualitatif, non seulement pour entretenir une relation personnalisée et relationnelle avec les visiteurs en lien avec des écosystèmes fragiles visités, mais surtout pour saisir que la finalité de la démarche repose sur l'effet symbolique produit par rapport à l'image du produit en lien avec le capital écoculturel généré. L'enjeu est-il la visite massifiée d'un lieu qui va rapidement être confronté à la gestion de tous les parcs touristiques français (flux, fidélité, renouvellement des attractions, conquête de nouvelles clientèles, etc.) ou de soigner un ancrage dans une relation écopastorale avec le milieu local ? Dès lors, la relation à la pente (ici la falaise) n'est pas anecdotique ou secondaire, mais fondamentale dans la manière de la concevoir. L'accès au plateau induit de réfléchir à la relation à la pente comme symbolique d'une vision globale du territoire. Préférer des mobilités douces (pédestre, équestre, véhicules légers et électriques, vélo à assistance électrique, trail, navettes, etc.), c'est privilégier une écologie corporelle (Andrieu, 2017) qui soit en relation avec certains principes de la ruralité, ceux qui expriment une différence avec la tendance à l'urbanisation des sites touristiques et qui font le choix de privilégier un mode de déplacement qui invite les gens à s'inscrire dans une santé active et relationnelle avec le milieu fréquenté (Ingold, 2013).

L'enjeu est de taille pour réactiver ce désir d'une « nature » de proximité, pour saisir que la production d'un fromage s'ancre dans le temps long et cyclique de la nature et de l'affinage et qu'il devient opportun d'engager une transition pour inviter les publics à penser autrement les filières industrielles dans les relations qu'elles doivent entretenir avec les espaces écopastoraux. La valeur du bien marchand, associée à cette symbolique agropastorale, ne s'inscrit pas dans la même vision du développement des territoires et de relation aux clients. L'orientation vers un parc touristique s'ancre dans une gestion des flux, d'ateliers attractifs, d'un temps ludique et éducatif permettant de découvrir une filière, de voir quelques animaux et de proposer diverses animations autour des pratiques agropastorales. Plusieurs parcs thématiques existent en France et se positionnent sur le registre ludo-pédagogique. Cependant, une voie alternative est-elle possible pour concevoir autrement la définition de la valeur agropastorale du bien de consommation ?

2. Le choix d'un écodéveloppement assumé

Valoriser un écodéveloppement culturel du territoire, c'est accepter d'associer la valeur marchande du Roquefort, non seulement à sa valeur gustative, gastronomique ou agro-éco-pastorale, mais aussi à la valeur culturelle que ce bien peut retirer de son alliance à une forme culturelle localisée, ancrée dans le village, lui-même en connexion avec les autres dimensions du territoire de proximité portées par le parc naturel régional des Grandes Causses. Le bien marchand peut amplifier sa valeur marchande par sa capacité à renforcer son inscription culturelle dans une forme culturelle produite dans le village, pris dans son ensemble. Le transfert du bien marchand en bien culturel localisé permet d'associer le Roquefort à des univers culturels qui participent à associer ce fromage à un style de vie, à des pratiques et à un ancrage dans la vie sociale, musicale ou artistique. Dès lors, le fromage Roquefort s'ancre dans la valeur culturelle et sociale du monde et permet d'amplifier les symboliques attachées à ce produit (Marion, 2010). Dans cette perspective, le public ne vient pas simplement dans le village de Roquefort pour visiter les caves et acheter du fromage, mais pour s'immerger dans un lieu marqué par une dynamique culturelle singulière. Différentes pratiques culturelles doivent être choisies et privilégiées pour activer le processus de territorialisation du bien marchand : *trail*, fête du Roquefort, balades numériques, parcours sensoriels, rencontre avec les habitants, habitats de proximité, etc. L'enjeu repose sur la capacité à fabriquer une forme culturelle associée au village de Roquefort et au fromage pour donner naissance à une chaîne culturelle de la valeur cohérente, emblématique et forte.

Les différents travaux de recherche que nous menons considèrent que la fabrique d'une forme culturelle de qualité ne va pas de soi ; elle nécessite de confier cette tâche à des personnes qui ont les compétences pour le faire et sont aptes à mettre en place un laboratoire récréatif. Celui-ci permettra d'amplifier la déclinaison des différents éléments impliqués dans l'émergence d'une ressource, mais surtout d'un bien culturel spécifique et donc, non délocalisable. Pour ce faire, la mise en place de la structure « Le saloir[68] » se présente comme une opportunité pour donner naissance à cette forme

[68] Centre de ressources, de recherche et de valorisation de et du Roquefort.

culturelle qui permettra d'associer tous les acteurs, les partenaires et les habitants à ce projet. C'est autour et par Le saloir que peut émerger cette dynamique culturelle qui active les mémoires orales, les faits d'histoire, les innovations historiques, mais aussi les différentes pratiques créatives et innovantes en gestation pour positionner le village de Roquefort dans une connivence avec son territoire vivant (habitants, touristes, amis et partenaires). Cette connivence pourra aussi se faire avec l'agro-éco-pastoralisme pour penser les relations avec la dynamique culturelle du village, la Confédération générale des producteurs de lait de brebis et des industriels de Roquefort et le plateau du Combalou, dans la façon de concevoir le contenu des pratiques et des immersions culturelles et récréatives proposées.

La perspective de développement consiste alors à dire que ce n'est pas seulement la valeur culturelle du bien qui permet de renforcer la valeur marchande du produit, mais c'est aussi sa valeur territoriale, attachée à un système culturel localisé permettant de donner naissance à cette communauté locale qui s'associe pour générer cette dynamique collective. Dès lors, le fromage de Roquefort est relié à une habitabilité récréative propre à ce village qui intervient pour renforcer le capital culturel du bien de consommation et son attractivité territoriale à la fois pour les visiteurs et les habitants. Le village n'est plus identifié exclusivement à une forme de développement industriel, mais à un lieu marqué par une histoire sociale et culturelle, une vie locale et des pratiques patrimoniales vécues et partagées avec les habitants. Valoriser un écodéveloppement du bien de consommation, c'est associer le Roquefort à un ancrage dans un territoire auquel les producteurs s'associent pour souligner un engagement dans un agro-éco-pastoralisme habité. Le laboratoire récréatif est engagé dans la fabrique de cette forme culturelle localisée qui ancre le territoire dans une orientation culturelle choisie. Celle-ci se décline par la constitution d'un ensemble de recherches-actions participatives (musiques, histoires, événements, parcours artistiques, débats, etc.) qui associent le territoire à l'univers choisi de l'agro-éco-pastoralisme localisé. Plus le marquage culturel autour de cet univers sera présent, plus la valeur marchande des biens de consommation pourra être associée à ce capital culturel spécifique.

La création d'un Living Lab ne consiste pas seulement à favoriser la participation du public et de l'amateur éclairé à l'action collective. Considérant que les laboratoires récréatifs sont une forme de Living Lab particulier[69], leur fonction consiste à développer un système culturel localisé

[69] Le laboratoire récréatif définit une forme originale de Living Lab qui n'est pas identifiée dans la typologie présentée par Janin *et al.* (2013).

(SCL) qui permet de donner naissance à un bien commun partagé. En accordant de la valeur à l'espace public, le laboratoire récréatif a pour objet d'associer une communauté locale, composée de différentes parties prenantes, engagées dans la déclinaison de la forme culturelle localisée (Falaix et Corneloup, 2017). Le SCL est composé de quatre dimensions qui interviennent dans la mise en place de ce Living Lab : capacité à fédérer et enrôler des parties prenantes dans la forme culturelle (économie des rôles) ; capacité à définir le projet culturel autour de dimensions culturelles spécifiques (intelligence culturelle) ; capacité à décliner opérationnellement le concept retenu (ingénierie culturelle) ; capacité à évaluer les effets de cet ancrage culturel sur la production économique des biens de consommation, l'attractivité du lieu, le climat social et politique (régulation).

La lecture économique des biens sportifs permet de montrer les liens qui existent entre la culture et la valeur marchande des événements sportifs. Le Tour de France, Rolland Garros, le Mondial de Foot ou le Marathon de Paris sont tous des événements attachés à un important capital culturel (revues, films, ouvrages, histoire, effervescence populaire, etc.). Des territoires sont aussi marqués par la présence d'un important capital culturel (Ibiza, Saint-Tropez, Chamonix, Vienne, Marciac, etc.). Des différences de marquage culturel sont observables entre territoires permettant de renforcer leur identité et la présence d'une marque territoriale, non délocalisable. Les travaux de recherche que nous menons sur les territoires ruraux permettent d'observer la façon dont des communes rurales ont décidé de s'engager dans une démarche de projet qui ne consiste pas seulement à développer un équipement dans une logique aménagiste ou à concevoir une stratégie marketing. Émerge alors une dynamique territoriale qui participe à la mise en place d'un Living Lab au sein duquel différentes parties prenantes s'agrègent pour générer une intelligence collective et une créativité partagée. Certains territoires choisissent de mettre l'accent sur la constitution d'un laboratoire récréatif comme disposition à fabriquer une forme culturelle qui permettra au territoire d'amplifier la valeur culturelle localisée autour d'un bien commun partagé. Saint-Élie-de-Caxton, Vallée Bras-du-Nord à Saint-Raymond et Saint-Venant-de-Paquette au Québec (Canada) se sont engagés dans cette démarche et ont généré toute une activité sociale et économique autour de la forme culturelle choisie (vélo, poésie, imaginaire, etc.). En France, de nombreux exemples existent sur la capacité des territoires à développer un laboratoire récréatif (les sentiers de l'imaginaire à Mur-de-Barrez, L'école du vent à Saint-Clément, etc.).

Figure 12.2 : Le laboratoire récréatif

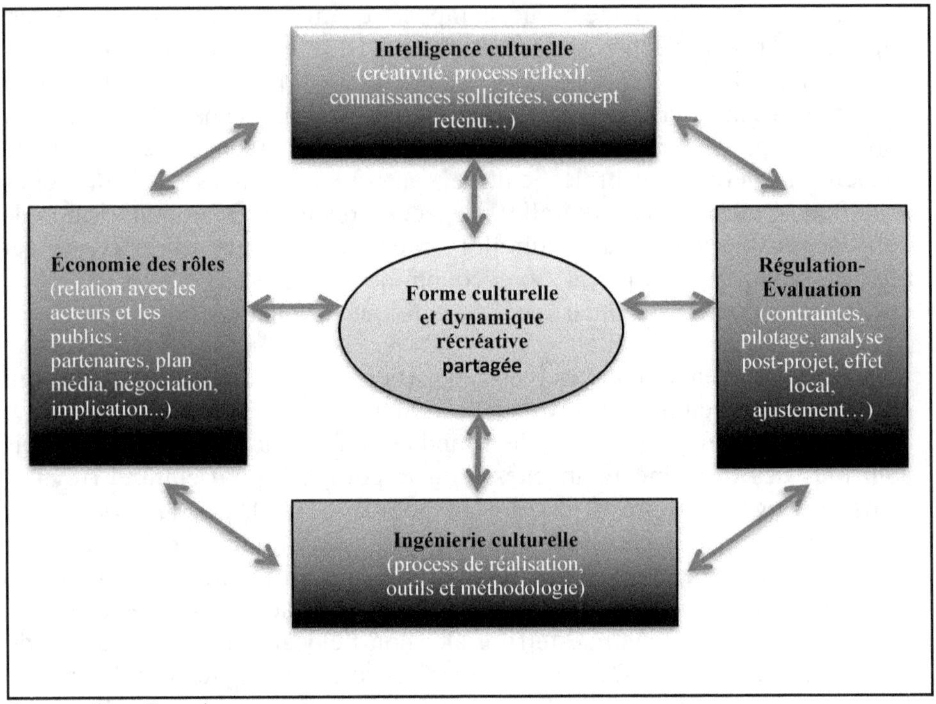

Source : Jean Corneloup

À Roquefort en Aveyron, un agent de développement, ethnologue de formation, a créé et développé un laboratoire culturel et récréatif autour des mémoires orales à partir des années 2008. Entre stratégie politique, développement touristique, transmission scolaire, constitution d'un capital culturel ou renforcement des valeurs culturelles associées aux fromages de Roquefort, les enjeux autour des mémoires orales sont nombreux. Des perspectives scientifiques et territoriales sont activables pour envisager autrement les références habituelles aux patrimoines culturels et à leurs applications potentielles, mais aussi par rapport aux questions du vivre et du faire ensemble dans les sociétés actuelles.

3. Le saloir, un laboratoire récréatif

Rappelons, avant d'aller plus loin, dans quel contexte se situe cette recherche appliquée. Malgré l'intense activité économique générée par la production d'un fromage unique en son genre, bénéficiant d'une AOC mondialement connue, ce petit village faisait, depuis le début des années 1980, l'objet d'un exode continu. Après avoir attiré les populations voisines au cours de l'envolée industrielle du XIXe siècle et être devenu un véritable lieu d'implantation et de vie pour leurs enfants durant le siècle suivant, ce village semble avoir retrouvé, à l'aube du troisième millénaire, sa fonction originelle, celle d'un lieu d'affinage et de conservation alimentaire contrôlés par une poignée de propriétaires fonciers : le long de ses artères ne coule plus qu'un flot ininterrompu de camions transportant la précieuse denrée, mélangé à celui, plus saccadé, de travailleurs et de visiteurs en quête de mondes souterrains à pétrir et de secrets de fabrication à découvrir. Dans les interstices de cette réalité subsistent pourtant quelques irréductibles, anciens et nouveaux venus. Ils sont désireux d'habiter ensemble en ce lieu et de partager une histoire collective, vieille de plusieurs siècles.

Si l'on devait esquisser aujourd'hui les contours de ce territoire pour tenter d'en saisir la structure, l'on pourrait dire que le village de Roquefort se situe à la confluence de trois principales forces à la fois distantes et enchevêtrées :

- une logique marchande autour d'un village, pensé comme une usine, gérée par les sept Maisons qui se partagent actuellement le monopole de l'AOC de Roquefort. Cette économie fromagère fait vivre, à l'échelle de la filière, près de 4500 personnes et repose sur une organisation spécifique : la Confédération générale des producteurs de lait et des industriels de Roquefort ;

- aux portes de l'usine, un village habité, une logique invisible : une vie de village s'organise, en marge de la logique industrielle bien qu'elle jouisse d'une moindre visibilité. Les usages de l'espace, au même titre que les modes d'occupation spatiale, répondent à des enjeux et des besoins tout à fait différents : tandis que le centre du village vit au rythme de l'industrie, la périphérie se voit investie par la population (les jardins ouvriers, le stade, le bois et le quartier de Conteynes, Lauras, etc.) ;

- une logique touristique, un fromage fortement patrimonialisé : chaque année, 200 000 visiteurs viennent dans le village pour acheter du fromage, visiter les caves et se promener dans le village.

Les Living Labs

Au fur et à mesure des années cependant, cette troisième « force territoriale » que constitue la logique touristique a connu un déclin, la fréquentation étant à la baisse ainsi que la vente de fromages. Pour endiguer le phénomène, un comité de pilotage a été mis en place, renforcé par différentes actions touristiques (sentiers, réseaux de partenaires, visites de fermes, etc.). Une ethnologue a, dans ce cadre-là, été recrutée pour travailler à la « sauvegarde, la valorisation et la transmission des mémoires orales de l'AOP Roquefort ». Sans autre consigne, elle a intégré, en octobre 2008, l'Office de Tourisme au titre de « chargée de mission Patrimoine et Culture ». Comment les mémoires orales ont-elles été appréhendées ? Si l'ambition de départ s'inscrit clairement dans les champs touristique et patrimonial, la démarche adoptée s'est rapidement insérée dans le champ social et, plus largement, dans celui du développement local. À son initiative, un laboratoire culturel et récréatif a été développé autour des mémoires orales. Durant cinq années, un important travail de terrain sur le village, mais aussi sur une partie du territoire de l'AOP a été réalisé. Observation participante et entretiens libres ou semi-directifs ont rythmé cette immersion marquée par l'approche inductive et le temps long accordé aux échanges et aux rencontres avec habitants et travailleurs, tous âges confondus. Fondé sur un rapport de confiance, le collectage a été envisagé comme la colonne vertébrale d'un projet collectif au sein duquel chacun a trouvé sa place, puisant et délivrant des clés de compréhension, s'exprimant, se racontant, se projetant et se reliant au collectif dans le temps présent.

En laissant surgir la parole et en laissant chacun se dire, une histoire sociale du lieu s'est constituée exprimant le bien vivre, les souffrances et les jeux sociaux (tensions, lésions, positions sociales, etc.) qui organisent la vie villageoise, mais aussi la filière fromagère. Pour ce faire, une triple méthodologie participative a été instaurée, à travers la réalisation d'entretiens individuels, de réunions publiques et d'un projet ethno-pédagogique mené à l'école du village. Les collectages révèlent ainsi, à travers la subjectivité des regards qu'ils inspirent, les contours d'une intelligence et d'une pratique collective intrinsèquement liées au milieu de vie (Berque, 2014) de ce territoire. Mais les enquêtes ont également laissé émerger plusieurs espaces sensibles, sources de doutes et de déséquilibres au sein du système culturel roquefortais. Les ignorer aurait conduit à jouer le jeu du lissage patrimonial, engendrant une sectorisation des temporalités, creusant plus encore les écarts identifiés entre individus et collectif, et accélérant par là même le processus de momification des mémoires alors que toute la démarche se fonde sur une approche vivante, dynamique et fédératrice de ces dernières.

Située à la frontière de l'art et de l'anthropologie, l'idée était, à travers le projet ethno-pédagogique, de capter le regard des enfants sur leur milieu (naturel, culturel, social, économique, etc.), tout en éveillant leur curiosité ainsi qu'un certain regard critique à l'égard des concepts évoqués et des réalités observées. Le propos était aussi de dynamiser l'intérêt que les plus jeunes portent à leur culture, leur village et le territoire auquel ce dernier se rattache, autrement dit aux éléments qui constituent un premier rapport quotidien au monde. Il s'agissait également d'en enrichir leur compréhension en s'intéressant au détail de l'action sociale, publique et collective (Piette, 1996) en révélant leur contexte d'émergence et d'appropriation.

Cc patrimoine vernaculaire a été abordé au prisme de collectages réalisés par les enfants auprès de nombreuses personnes-ressources, retraitées ou encore en activité. Une fois analysés par les petits enquêteurs, ces témoignages ont fait l'objet d'un processus de création artistique en lien avec le sens abordé, pour lequel divers artistes et corps de métiers (photographe, technicien sonore, plasticien, graphiste, éditeur, imprimeur, archéologue, architecte, etc.) ont été sollicités. Ces réalisations ont permis de donner une forme matérielle aux données collectées en leur assurant un prolongement artistique et esthétique. Cette médiance culturelle réenchante les temps anciens en réintroduisant les savoirs et les pratiques d'autrefois, par-delà la transmission orale, dans des pratiques contemporaines créatives et collectives, ancrées dans le temps présent. Ces travaux ont ensuite été donnés à voir, à toucher, à entendre, à goûter, à sentir ou à lire de différentes manières : la réalisation de veillées publiques ou encore celle d'une exposition polymorphe composée d'installations plastiques, sonores et photographiques, partiellement visibles sur site sous la forme d'un sentier d'interprétation baptisé *Raconte-moi Roquefort*, en sont quelques exemples. Pour accroître les effets géographiques recherchés, le goût et l'odorat ont clôturé, à travers l'édition d'un livre de recettes illustré, l'ensemble de ce projet : un petit précis composé de recettes à la fois collectées auprès de personnes-ressources et inventées par les enfants autour du Roquefort. Cet ouvrage revient également sur le processus de fabrication fromagère et l'évolution des odeurs et des façons de manger qui s'y rattachent.

La publication de livrets pédagogiques distribués à l'ensemble des familles a également permis, sens après sens, de rendre compte du travail réalisé d'un point de vue pédagogique. En dehors du fait qu'ils aient permis aux personnes associées au projet de se retrouver et d'entretenir des relations, différents temps forts ont suscité l'enrôlement de nouvelles recrues dans la dynamique. Ils ont également contribué à rafraîchir, voire même réenchanter la vision altérée que les habitants (anciens et nouveaux venus) ont de leur village. Tout en ouvrant de nouveaux espaces d'interprétation, ces temps de réalisation ont contribué à la fabrication du temps présent roquefortais, dont les mémoires orales constituent aujourd'hui un des principaux ancrages partagés. L'événement organisé à l'occasion de la sortie officielle du livre de recettes en novembre 2014 est en ce sens particulièrement révélateur : portée par un collectif d'une vingtaine de personnes composé de parents d'élèves, d'anciens, de l'équipe pédagogique, de l'ethnologue et de personnes extérieures intéressées par l'initiative, la manifestation a fait l'objet d'une véritable appropriation villageoise à travers la confection d'un programme associant toutes les générations, vivant ou ayant vécu à Roquefort. Se sont retrouvés là les habitants d'hier et d'aujourd'hui, les petits et les grands, les salariés et les dirigeants, les producteurs et les affineurs. Un enrôlement collectif autour de ce bien culturel a permis l'instauration d'un vivre-ensemble dans une vision renouvelée de l'espace public et de sa fonction politique. D'autres actions ont été menées pour renforcer la constitution de ce capital culturel localisé. Derrière cette initiative jusqu'alors inédite à Roquefort, il s'agissait aussi de sensibiliser la municipalité et les industriels quant à l'importance de replacer la parole des habitants au cœur de l'espace public. De la même manière, certaines réalisations ont eu pour objectif de rétablir l'équilibre entre les différents maillons de la filière, entre le village et son territoire.

Un important réseau d'informateurs s'est peu à peu constitué : cabanières, ouvriers et chefs de caves, maîtres affineurs, industriels, frigoristes, électriciens, employés de bureau, producteurs laitiers, gérants de laiteries, transporteurs, responsables qualité, responsables expédition, artisans, commerçants ou employés municipaux. Au total, près d'une centaine de personnes ont été collectées depuis le départ (dont une trentaine par les enfants de l'école). Ces mêmes personnes ont systématiquement été associées aux processus de mise en forme des données, en particulier dans le cadre du projet pédagogique, tout comme elles l'ont été au moment de la restitution publique. Le réseau global des personnes associées représente aujourd'hui plus de 300 personnes, tous âges confondus.

Que faire alors de ce capital culturel ? La réactivation, par les mémoires orales, des cultures sociales, locales et professionnelles du temps passé, exprimées par les générations précédentes, a consisté en l'animation d'un collectif humain et non humain, matériel et immatériel autour d'une entité territoriale contemporaine. Un laboratoire récréatif s'est progressivement constitué (Corneloup, 2014), permettant l'émergence d'une dynamique collective entre les anciens et les jeunes, les habitants d'antan et ceux d'aujourd'hui, les visiteurs et les locaux, les artistes et les scientifiques. Ce dialogue entre des temps présents, ancrés dans des temporalités différentes, a permis de réenchanter les temps anciens des habitants comme vecteur d'appropriation du temps présent par cette filiation avec la mémoire des temps vécus, dans un présent passé.

L'expérience montre que les territoires peuvent ancrer leur identité dans un socle culturel commun. Celui-ci puise ses racines dans le passé, non pas par des ouvrages et des documents historiques qui le muséifient, mais par des pratiques interactionnelles entre les anciens et les jeunes dans différentes formes sociales de réalisation en lien avec la fabrique d'une œuvre collective, comme expression esthétique du politique (Blanc, 2012) entre différentes personnes impliquées dans ce projet territorial.

Les différentes phases du projet ont permis d'activer la fabrication d'une forme culturelle et la création d'un collectif soucieux du passé qui le constitue et d'un présent qu'il est en train, chemin faisant, d'inventer. Le projet autour des mémoires orales roquefortaises constitue le fruit d'une démarche compositionniste (Latour, 2011), faisant sans cesse l'objet de réajustements, répondant à des enjeux de divers ordres, créant du lien, du liant et de la valeur entre les personnes, les matières et les objets pour donner naissance au milieu de vie, base du vivre ensemble et du capital commun partagé. Les mémoires orales deviennent alors le support et la matière socio-technique engagée dans la fabrique de la forme culturelle générée par ce dispositif collectif. Par une opération de traduction sociale et culturelle, ces mémoires sont réactivées dans le quotidien du village pour en faire un activateur de socialisation collective et un support engagé dans la fabrique d'un bien culturel partagé. À Roquefort, les principales lésions identifiées dans le corps social reposent sur la difficulté des habitants à trouver leur place au sein de l'espace public et sur le rapport de domination qui fonde la filière fromagère. L'ensemble des formes culturelles proposées a donc tenu compte de ces réalités, produisant de la sorte divers effets sur le territoire.

Synthèse

Quelle place accorder au laboratoire culturel et récréatif dans la définition de la valeur du Roquefort ? Cette étude porte sur le lien existant entre un territoire rural et une industrie fromagère pour enrichir la valeur d'un bien de consommation. Si l'enjeu consiste à associer un bien marchand à un cadre agro-éco-pastoral ancré dans un territoire de vie, se pose alors la question de la façon de définir le contenu de la forme culturelle localisée. D'un côté, des industriels engagent des actions pour amplifier leur ancrage dans la filière agro-éco-pastoral via la volonté de « touristifier » le plateau de Combalou. De l'autre, une ethnologie développe un laboratoire récréatif dans le village de Roquefort pour associer la valeur d'un territoire au bien vivre du village autour des mémoires orales partagées. Relier les deux logiques permettraient d'engager une transition récréative et économique dans la définition de la valeur d'un bien marchand en remettant en cause le rôle d'un parc touristique industriel dans sa capacité à exprimer l'ancrage dans une filière agro-éco-patrimoniale vivante. Sur un plan théorique, la démarche consiste à discuter la procédure pour qualifier une ressource spécifique, en référence à Hirczak *et al.* (2008), en associant l'économie de la proximité à la capacité à développer un système culturel localisé. Le modèle du panier de biens (économiques) pourrait ainsi s'enrichir, en accordant de l'importance au « panier de biens culturels » engagé dans la fabrique de la valeur territoriale du lieu et de la rente de qualité territoriale via l'activation de laboratoires récréatifs localisés.

Conclusion

Juan-Luis Klein et Bernard Pecqueur

L'étude des Living Labs nous a amenés à réfléchir à l'innovation socio territoriale en termes expérientiels, c'est-à-dire à des expériences d'innovation ouverte en temps et lieux réels où convergent, dans des doses différentes et dépendamment des domaines d'action, l'innovation technologique et l'innovation sociale. Ainsi vus, les territoires apparaissent comme des scènes d'innovation collective.

Comme le montrent les chapitres de ce livre, la formule Living Lab a fait des petits. Issues historiquement de formules permettant la participation des usagers à la définition et à la mise au point de solutions inspirées des technologies d'information et de communication, les expériences de laboratoire vivant se sont progressivement complexifiées et multipliées, comme le documente avec détail Danielle Lafontaine dans le premier chapitre de ce livre. Les chapitres suivants donnent à voir des modalités inscrites dans une trajectoire à travers laquelle la place centrale accordée aux usagers se mute en des démarches composites où les acteurs sociaux et les citoyens tendent à assumer un rôle chaque fois plus important. Apprentissage collectif, constitution de réseaux d'acteurs multiples, formes diverses d'action partenariale permettent de co-construire l'innovation à partir d'approches transversales et non plus simplement à partir de solutions technologiques.

Partir des demandes et des aspirations des citoyens constitue un principe qui inspire des modalités d'organisation et des processus collaboratifs qui favorisent la créativité, qui interpellent la recherche et qui modifient les méthodes de compréhension des enjeux locaux et globaux. Nous avons voulu voir dans ce livre si ces expériences contiennent en elles les germes d'un modèle de développement territorial en accord avec les principaux défis posés par la crise civilisationnelle en cours. Une des caractéristiques de cette crise concerne la déterritorialisation des différentes formes de mise en valeur des ressources qui tend à se faire à travers des filières et réseaux intégrés à l'échelle globale, au profit des intérêts qui dominent la scène globale et aux dépens des collectivités locales, voire des citoyens et leurs milieux de vie et de travail.

Les expériences examinées par les auteurs présentent une grande diversité, aussi bien en ce qui concerne leurs thématiques que les milieux où elles prennent place, mais elles comportent toutes une vocation territoriale forte. Cette dimension territoriale s'appuie sur des configurations d'acteurs issus des milieux de la recherche, du secteur privé (entreprises), du secteur public (instances nationales, régionales et locales) et de la société civile (associations, acteurs communautaires) orientées vers l'expérimentation de solutions à des problèmes concrets. Ce qui varie cependant, c'est le type et l'ampleur de l'implication citoyenne.

Nous pouvons le voir, chaque expérience ou chaque type d'expérimentation, en soi, ne permet pas de dégager un modèle pour le développement territorial. Mais, c'est d'une lecture d'ensemble qu'il est possible de tirer des enseignements plus généralisables. Dans certains cas, des expériences très ciblées sur des problèmes très concrets contribuent au développement économique local. Dans d'autres cas, elles ont pour objectif l'apprentissage collectif et signalent de nouvelles modalités d'action collective en ce qui concerne le développement des communautés et leur intégration à diverses échelles. Mais, dans tous les cas, les parties prenantes sont amenées à produire des connaissances et à les mobiliser pour l'élaboration de solutions concrètes, améliorant ainsi leur capacité à transformer les facteurs qui créent les problèmes et à rendre leurs communautés plus résilientes, ce qui, nous croyons, constitue un aspect crucial du développement territorial. Elles poursuivent la mise en œuvre d'innovations co-construites et l'apprentissage collectif.

Il est ainsi possible de dégager de la lecture de cet ouvrage l'hypothèse selon laquelle plus l'identité et le sentiment d'appartenance au territoire constituent des facteurs déterminants dans la configuration d'acteurs prenant part à l'innovation, plus la construction et la mise en œuvre de celle-ci, ainsi que le partage des effets et résultats de son application, auront un effet sur la capacité d'agir des acteurs et sur leur capacité à induire des modèles de développement plus équitables et écologiques à partir de la base.

Ainsi, notre vision du développement territorial, qui prend appui sur la capacité collective des acteurs locaux, ne le réduit pas au local. Elle embrasse le territoire de façon large, incluant ses différentes échelles. Nous voyons le développement territorial lié à la structuration et à la mise en œuvre d'un modèle social plus équitable et démocratique que celui qui domine actuellement dans nos collectivités. C'est pour cela que nous insistons dans cet ouvrage sur l'expérimentation en temps et lieux réels afin de révéler de nouvelles formes de collaboration entre acteurs centrées sur la réflexivité et le milieu de vie lequel est, ne l'oublions pas, à la fois local et planétaire.

Dans cette perspective, nous postulons que le développement territorial devrait produire de la valeur pour l'ensemble des parties prenantes au sein des expériences territoriales et devrait contribuer au développement de l'ensemble de la société, à toutes les échelles (locale, régionale, nationale, globale). Ceci nous amène à poser l'hypothèse que la valeur à produire doit être surtout une « valeur d'usage », laquelle doit avoir prééminence sur la « valeur d'échange » qui inscrit les territoires dans des processus de concurrence sans égard au bien-être collectif. Dans la mesure où le territoire est un milieu de vie pour les citoyens, l'accroissement de sa valeur d'usage correspond à son amélioration et à sa protection en tant que milieu de vie, incluant les dimensions économiques, sociales, culturelles et environnementales qui le façonnent, conformément aux aspirations citoyennes. Voilà la leçon qui doit être tirée de la lecture de cet ouvrage.

Bibliographie générale

Aarts, E. H. L. et S. Marzano (2003). *The New Everyday : Views on Ambient Intelligence*, Rotterdam, 010 Publishers.

Abowd, G. D. (1999). « Classroom 2000: an Experiment with the Instruction of a Living Educational Environment », *IBM Systems Journal*, vol. 38, n° 4, p. 508-530.

Abowd, G. D et E. D. Mynatt (2000). « Charting Past, Present, and Future Research in Ubiquitous computing », *ACM Transactions on Computer-Human Interaction*, vol. 7, n° 1, p. 29-58.

Abowd, G. D., E. D. Mynatt et T. Rodden (2002). « The Human Experience », *IEEE Pervasive Computing*, vol. 1, n° 1, p. 48-57.

Abowd, G. D., C. G. Atkeson, A. F. Bobick, I. A. Essa, B. MacIntyre, E. D. Mynatt et T. E. Starner (2000). « Living Laboratories : the Future Computing Environments Group at the Georgia Institute of Technology », Conference on Human Factors in Computing Systems (CHI 2000), The Hague, Netherlands, April 1-6, ACM Press, p. 215-216.

Abrassart, C., P. Gauthier, S. Proulx et M. D. Martel (2015). « Le design social : une sociologie des associations par le design ? Le cas de deux démarches de codesign dans des projets de rénovation des bibliothèques de la Ville de Montréal », *Lien social et Politiques*, n° 73, p. 117-138.

Abu-Hakima, S., R. Liscano et R. Impey (1998). « A Common Multi-Agent Testbed for Diverse Seamless Personal Information Networking Applications », *IEEE Communications Magazine*, July, p. 68-74.

Agfunder (2015). « Agtech Investing Report 2014 », San Francisco, Agfunder, < https://bit.ly/2ImsReG>.

Alcock, R. (2004). « Zorrotzaurre : Eco-Barrio. Principios y propuestas », *Bizkaia Maitea*, Uda/Verano, p. 29-35.

Almirall, E et J. Wareham (2008). « Living Labs and Open Innovation: Roles and Applicability », *The Electronic Journal for Virtual Organizations and Networks*, vol. 10, n° 3, p. 21-46.

Almirall, E. et J. Wareham (2010). « Living Labs: Arbiters of Mid-and Ground-Level Innovation », *Global Sourcing of Information Technology and Business Processes*, p. 233-249, <https://bit.ly/2VMlPaH>.

Almirall, E., M. Lee et J. Wareham (2012). « Mapping Living Labs in the Landscape of Innovation Methodologies », *Technology Innovation Management Review*, vol. 2, p. 12-18.

Alvedalen, J. et R. Boschma (2017). « A Critical Review of Entrepreneurial Ecosystem Research : Towards a Future Research Agenda », *European Planning Studies*, vol. 25, n° 6, p. 887-903.

Anderson, C. (2012). *Makers : theNew Industrial Revolution,* New York, Crown Business.

Andrieu, B. (2017). *Se fondre dans la nature*, Montréal, Liber.

Angulo, W., J.-L. Klein et D.-G. Tremblay (2017). « Potencial y límites de las estrategias culturales de desarrollo urbano : el caso de Bilbao », *Finisterra*, vol. 52, n° 105, p. 49-78.

APOLLON [Ståhlbröst A., P. Turkama, B. Leivens, P. Hochtein, C. Merz, C. Vandi] (2010). *Framework for Evaluation and Impact Assessment Including KPI Definition and Measurement*, 38 p. <https://bit.ly/32U6CpU>.

Archer, M. (2013). « Reflexivity », *Sociopedia.isa*, <https://bit.ly/2POCRBv>.

Argyris, C. et D. Schön (1978). *Organizational Learning : a Theory of Action Perspective*, Massachusetts, Addison Reading.

Asheim, B., M. Grillitsch et M. Tripp (2017). « Introduction : Combinatorial Knowledge Bases, Regional Innovation and Development Dynamics », *Economic Geography*, vol. 93, n° 5, p. 429-435.

Askunze, C. (2013). « Más allá del capitalismo : alternativas desde la Economía Solidaria », *Documentación Social*, n° 168, p. 98-116.

Aydalot, P. (1976). *Dynamique spatiale et développement inégal*, Paris, Economica.

Aydalot, P. et D. Keeble (dir.) (1988). *High Technology Industries and Innovative Environments: The European Experience*, Londres, Routledge.

Baccarne, B., D. Schuurman et C. Seys (2013). *Living Labs as a Navigation System for Innovative Business Models in the Music Industry*, XXIV ISPM Conference - Innovating in Global Markets : Challenges for Sustainable Growth in Finland, 16-19 juin, <https://bit.ly/2TF4XQC>.

Baedeker, C., J. von Geibler, N. D. Jordan, H. Rohn et C. Liedtke (2012). *The 'Sustainability Living Lab' as a Reflexive User-Integrating Research Infrastructure*, International Conference on Sustainability Transitions - IST 2012, Lyngby, Danemark, <https://bit.ly/2x8mxVz>.

Baedeker, C., K. de Greiff, V. Grinewitschus, M. Hasselkuß, D. Keyson, J. Knutsson, C. Liedtke, D. Lockton, T. Lovrić, G. Morrison, M. van Rijn, H. Rohn, S. Silvester, W. van Harinxma et L. Virdee (2014). *Transition Through Sustainable Product and Services Innovation in Sustainable Labs : Application of User-Centred Research Methodology within Four Living Labs in Northern Europe*, 5th International Sustainable Transitions (IST) Conference, 27-29 août, Utrecht, Pays-Bas.

Bagnasco, A. (1977). *Tre Italia*, Bologne, Il mulino.

Bajgier, S., H. D. Maragah, M. S. Saccucci, A. Verzilli et V. R. Prybutok (1991). « Introducing Students to Community Operations Research by Using a City Neighborhood as a Living Laboratory », *Operations Research*, vol. 39, p. 701-709.

Ballon, P. et D. Schuurman (2015). « Living Labs : Concepts, Tools and Cases », Editorial Introduction, vol. 17, n° 4.

Ballon, P., J. Pierson et S. Delaere (2005). « Test and Experimentation Platforms for Broadband Innovation : Examining European Practice », <https://bit.ly/2TQlHon>.

Barthe, L. et S. Lagarde (2007). « La faible densité à l'épreuve de l'ingénierie du développement territorial : des approches contrastées de la fonction d'animation territoriale en Ariège et en Aveyron », dans L. Barthe, F. Cavaille, C. Eychenne et J. Pilleboue (dir.), *Habiter et vivre dans les campagnes de faible densité*, Clermont-Ferrand, Presses universitaires Blaise Pascal, p. 283-304

Baye, M. et J. Morgan (2001). « Information Gatekeepers on the Internet and the Competitiveness of Homogeneous Product Markets », *American economic review*, vol. 91, n° 3, p. 454-474.

Beaudoin, P. et P. Pemezec (2005). *Livre noir de l'intercommunalité, les incohérences de la Loi Chevènement*, Édition Beaudoin.

Becattini, G. (1979). « Dal "settore" industriale al "distretto" industriale. Alcune considerazioni sull'unità d'indagine dell'economia industriale », *Rivista di economia e politica industriale*, n° 1, p. 7-21.

Becattini, G., M. Bellandi et L. De Propris (dir.) (2009). *A Handbook of Industrial District*, Cheltemham (RU), Edward Elgar.

Beigl, M., T. Zimmer et C. Decker (2002). « A Location Model for Communicating and Processing of Context, Personal and Ubiquitous Computing », vol. 6, p. 341-357.

Bendavid, Y. et L. Cassivi (2012). « A 'Living Laboratory' Environment for Exploring Innovative RFID - Enabled Supply Chain Management Models », *International Journal of Product Development*, vol. 17, n°s 1-2, p. 23-42.

Bergvall-Kåreborn, B. et A. Stahlbrost (2009). « Living Lab : an Open and Citizen-Centric Approach for Innovation », *International Journal of Innovation and Regional Development*, vol. 1, n° 4, p. 356-370.

Bergvall-Kåreborn, B., C. I. Eriksson et A. Ståhlbröst (2015). « Places and Spaces within Living Labs », *Technology Innovation Management Review*, vol. 5, n° 12, p. 37–47.

Bergvall-Kåreborn, B., C. I. Eriksson, A. Ståhlbröst et J. Svensson (2009). « A Milieu for Innovation : Defining Living Labs », dans K.R.E. Huizingh *et al* (dir.), Simulating Recovery - the Role of Innovation Management : Proceedings of the 2nd ISPIM Innovation Symposium, New York City, 6-9 December.

Bergvall-Kåreborn, B., C.I. Eriksson et A. Ståhlbröst (2015). « Places and Spaces within Living Labs », *Technology Innovation Management Review*, vol. 5, n° 12, p. 37-47.

Bergvall-Kåreborn, B., M. Holst et A. Ståhlbröst (2009). « Concept Design with a Living Lab Approach », Hawaï International Conference on Systems Science (HICSS´42), Big Island, Hawaï, <https://bit.ly/38iIaPW>.

Berque, A. (2014). *Poétique de la terre, histoire naturelle et histoire humaine*, Paris, Belin.

Berroneau, D. (2005). *Les bibliothèques numériques. D'hier à aujourd'hui, la transmission d'un savoir*, Mémoire de Master Ingénierie des Médias pour l'Education, UFR Lettres et Langues, Poitiers, Université de Poitiers.

Besson, R. (2012). *Les Systèmes Urbains Cognitifs : des supports privilégiés de production et de diffusion d'innovations ? Études des cas de 22@ Barcelona (Barcelone), GIANT/Presqu'île (Grenoble), Distrito tecnológico et Distrito de Diseño (Buenos Aires)*, Thèse de doctorat, université Joseph Fourier, Grenoble.

Besson, R. (2014). « Le paradigme économique des Tiers Lieux », *Echosciences*, 1er août 2014, <https://bit.ly/2vDjrsl>.

Besson, R. (2015). « Les centres de sciences Inmédiats : de nouveaux acteurs de la fabrique territoriale », *Rapport d'activité Inmédiats*, n° 4, <https://bit.ly/2Ihbtb2>.

Bitencourt da Silva, S. (2015). *Orquestraçao de redes de inovaçao em Living Lab brasileiros para o desenvolvimento de inovaçoes sociais*, Thèse de doctorat, Universidade da vale dos sinos, Sao leopoldo, Brasil.

Blanc, N. (2012). *Les Nouvelles Esthétiques urbaines*, Paris, Armand Colin.

Bly, S., S. Harrison et S. Irwin (1993). *Media Spaces: Bringing People Together in a Video, Audio, and Computing Environment*, Communications of the ACM, vol. 36, n° 1, p. 28-45.

Boehm, B., J. A. L. S. Koolmanojwong et R. Turner (2014). *The Incremental Commitment Spiral Model: Principles and Practices for Successful Systems and Software*, Boston, Addison-Wesley Professional.

Boschma, R. (2005). « Proximity and Innovation: a Critical Assessment », *Regional Studies*, vol. 39, n° 1, p. 61-74.

Boschma, R. A. et A. Ter Wal (2007). « Knowledge Networks and Innovative Performance in an Industrial District: The case of a Footwear District in the South of Italy », *Industry and Innovation*, vol. 14, n° 2, p. 177-199.

Bourdieu, P. (1977). *Outline of a Theory of Practice*, Cambridge, Cambridge University Press.

Bourdieu, P. (1979). *La distinction. Critique sociale du jugement*, Paris, Les Éditions de Minuit.

Boutang, Y.-M. (2008). *Le Capitalisme Cognitif : La Nouvelle Grande Transformation*, Paris, Éditions Amsterdam.

Boutang, Y.-M. (2010). *L'abeille et l'économiste*, Paris, Carnets Nord.

Boyd, R. et R. J. Holton (2017). « Technology, Innovation, Employment and Power: Does Robotics and Artificial Intelligence Really Mean Social Transformation ? », *Journal of Sociology*, vol. 54, nº 3, p. 331-345.

Bradford, N, et D. Wolff (2013). « Governing Regional Economic Development: Innovation Challenges and Policy Learning in Canada », *Cambridge Journal of Regions, Economy and Society*, nº 6, p. 331-347.

Brangier, E., A. Dufresne et S. Hammes-Adelé (2009). « Approche symbiotique de la relation humain-technologie : perspectives pour l'ergonomie informatique », *Le Travail Humain* vol. 72, nº 4, p. 333-353.

Brankaert, R. et E. den Ouden (2016). « The Design-Driven Living Lab: A New Approach to Exploring Solutions to Complex Societal Challenges », *Technology Innovation Management Review*, vol. 7, nº 1, p. 44-51.

Brassard, M.-J., S. Dugré, S. Ducruc et L. Veillette (2016). « CISA-L'innovation sociale par la racine », *Découvrir*, magazine Acfas, vol. 15, <https://bit.ly/2VIcAIC>.

Buhalis, D. et A. Amaranggana (2013). « Smart Tourism Destinations », dans Z. Xiang et L Tussyadiah (dir.), *Information and Communication Technologies in Tourism 2014*, New York, Springer International Publishing, p. 553-564.

Buhl, J., M. Hasselkuß, P. Suski et H. Berg (2017). « Automating Behavior ? An Experimental Living Lab Study on the Effect of Smart Home Systems and Traffic Light Feedback on Heating Energy Consumption », *Current Journal of Applied Science and Technology*, vol. 22, nº 4, p. 1-18.

Buhr, K., M. Federley et A. Karlsson, (2016). « Urban Living Labs for Sustainability in Suburbs in Need of Modernization and Social Uplift », *Technology Innovation Management Review*, vol. 6, nº 1, p. 27-34.

Bulkeley, H., L. Coenen, N. Frantzeskaki, C. Hartmann, A. Kronsell, L. Mai, S. Marvin, K. McCormick, F. van Steenbergen et Y. Voytenko Palgan (2016). « Urban Living Labs: Governing Urban Sustainability transitions », *Current Opinion in Environmental Sustainability*, vol. 22, p. 13-17.

Burbridge, M. (2017). « If Living Labs are the Answer - What's the Question ? A Review of the Literature », *Procedia Engineering*, vol. 180, p. 1725-1732.

Burret A. (2016). *Tiers-lieux... Et plus si affinités*, Paris, FYP éditions.

Bussières, D. (2018). *La recherche partenariale : d'un espace de recherche à la coconstruction de connaissances*, Thèse de doctorat, sociologie, Montréal, Université du Québec à Montréal.

Buxton, W. (1997). « Living in Augmented Reality: Ubiquitous Media and Reactive Environments », dans K. Finn, A. Sellen et S. Wilber (dir.), *Video-Mediated Communication*, Erlbaum, p. 363-384.

Callon, M. (2012). « Quel rôle pour les sciences sociales face à l'emprise grandissante du régime de l'innovation intensive ? », *Cahiers de recherche sociologique*, n° 53, p. 121-165.

Camagni, R. et D. Maillat (dir.) (2006). *Milieux innovateurs - théorie et politiques*, Paris, Economica.

Cap Rural (2016). « 1996-2016. Vingt ans de développement local », *Regards Croisés*, n° 9, <https://bit.ly/32OJglr>.

Cap Rural (2018a). « Aménagement et développement », *Regards Croisés*, n° 13, <https://bit.ly/2Ig4lvw>.

Cap Rural (2018b). « Métiers en émergence », *Regards Croisés*, n° 12, <https://bit.ly/3cyJrWe>.

Capdevila, I. (2016). « Une typologie d'espaces ouverts d'innovation basée sur les différents modes d'innovation et motivations à la participation », *Gestion 2000*, vol. 33, n° 4, p. 93-115.

Cardon, D. (1997). « Les sciences sociales et les machines à coopérer. Une approche bibliographique du Computer Supported Cooperative Work (CSCW) », *Réseaux*, vol. 15, n° 85, p. 13-51.

Carroll, J. M. et M. B. Rosson (2013). « Wild at Home: the Neighborhood as a Living Laboratory for HCI », *ACM Transactions on Computer-Human Interaction*, vol. 20, n° 3, p. 16-28.

Casas-Cortés, M. I., M. Osterweil et D. E. Powell (2008). « Blurring Boundaries : Recognizing Knowledge-Practices in the Study of Social Movements », *Anthropological Quarterly*, vol. 81, n° 1, p. 17-58.

Castells, M. et P. Himanen (dir.) (2014). *Reconceptualizing Development in the Global Information Age*, New York, Oxford University Press.

Ceccagno, A. (2012). « The Hidden Crisis: the Prato Industrial District the Once Thriving Chinese Garment Industry », *Revue européenne des migrations internationales*, vol. 28, n° 4.

CEFRIO (2013). *Des laboratoires vivants pour des territoires innovants*, Synthèse des travaux, mai, <https://bit.ly/2VJv5fS>.

Celenza, C. S. (2007). « Le studiolo à la Renaissance », dans C. Jacob (dir.), *Lieux de savoir*, Espaces et communautés, Paris, Albin Michel, p. 371-391.

Centre national de ressources textuelles et lexicales (CNRTL) (2012). *Genèse*, <https://bit.ly/2TkWKlM>.

Champagne, C. (2008). *Développement écovillageois et renouvellement de l'habiter rural : le cas de Saint-Camille au Québec*, Mémoire de maîtrise, Géographie, Montréal, UQAM.

Chesbrough, H. (2003). *Open innovation. The new imperative for creating and profiting from technology*, Boston, Harvard Business School Press.

Chesbrough, H. (2006). « Open Innovation: a New Paradigm for Understanding Industrial Innovation », dans H. Chesbrough, W. Vanhaverbeke et J. West (dir.), *Open Innovation: Researching a New Paradigm*, Oxford, Oxford University Press, p. 1-14.

Chesbrough, H. et K. Schwartz (2007). « Innovating Business Models with Co-Development Partnership », *Research Technology Management*, vol. 50, n° 1, p. 55-59.

Chesbrough, H. W., W. Vanhaverbeke et J. West (dir.) (2006). *Open Innovation: Researching a New Paradigm,* Oxford, Oxford University Press.

Chevalier, J. M., D. J. Buckles et M. Bourassa (2013). *Guide de la recherche-action, la planification et l'évaluation participatives*, Ottawa, SAS2 Dialogue.

Chevalier, J. M. et D. J. Buckles (2008). *Guide sur la recherche collaborative et l'engagement social*, Ottawa, Centre de recherches pour le développement international, édition ESKA, <https://bit.ly/32Qp8PH>.

Christensen, C. M. (1997). *The Innovator's Dilemma: The Revolutionary Book that Will Change the Way You Do Business*, Boston, Harvard Business School Press.

Christensen, C. M. et M. E. Raynor (2003). *The innovator's Solution: Creating and Sustaining Successful Growth*, Boston, Harvard Business School Press.

Christensen, C. M., T. Hall, K. Dillon et D. S. Duncan (2016). *Competing Against Luck. The Story of Innovation and Customer Choice*, New York, Harper Business.

Cohendet, P., D. Grandadam et L. Simon (2011). « Rethinking Urban Creativity: Lessons from Barcelona and Montreal », *City, culture and society*, vol. 2, n° 3. p. 151-158.

CO-LLABS (2009) [Schaffers, H. (dir.)]. *D2.2 CO-LLABS Technical Report for WP2*, CO-LLABS D2.2.

Colletis, G. et B. Pecqueur (2005). « Révélation de ressources spécifiques et coordination située », *Économie et Institutions*, n°s 6-7, p. 51-74.

Colletis-Wahl, K., J. Corpataux, O. Crevoisier, L. Kebir, B. Pecqeur et V. Peyrache-Gadeau (2008). « The Territorial Economy: A General Approach in Order to Understand and Deal with Globalization », dans M. J. Aranguren Querejeta, C. Iturrioz Landart et J. R. Wilson (dir.), *Networks, Governance and Economic Development: Bridging Disciplinary Frontiers*, Cheltenham (R.-U.), Edward Elgar, p. 21-29.

Cometti, J.-P. (2010). *Qu'est-ce que le pragmatisme ?*, Paris, Gallimard.

Cooke, P. (2016). « The Virtue of Variety in Regional Innovation Systems and Entrepreneurial Ecosystems », *Journal of Open Innovation: Technology, Market and Complexity*, vol. 2, n° 13, p. 1-19.

Cooper, H.M. (1988). « Organizing Knowledge Syntheses: A Taxonomy of Literature Reviews », *Knowledge in Society*, vol. 1, p. 104-126.

Coopérative pour l'agriculture de proximité écologique (CAPÉ) (2019). « La CAPÉ », *Site Internet de la CAPÉ*, <https://www.cape.coop/la-cape/>.

Coorevits, L. et A. Jacobs (2017). « Taking Real-Life Seriously: An Approach to Decomposing Context Beyond " Environment " in Living Labs », *Technology Innovation Management Review*, vol. 7, n° 1, p. 6-36.

CORELABS [Living Labs Portofolio Leadership Group] (2007). *Building Sustainable Competitiveness. Living Labs Roadmap 2007-2010. Recommendations on Networked Systems for Open User-Driven Research, Development and Innovation*, Luleå University of Technology - Centre for Distance Spanning Technology, <https://bit.ly/39qMKNp>.

Corneloup, J. (2014). « L'habitabilité récréative périurbaine », *Sociétés*, vol. 2014/3, n° 125, p. 47-58.

Corneloup, J. (2016). « Les laboratoires récréatifs, activateurs du développement territorial en milieu rural », dans J.-L. Klein, B. Pecqueur, K. Koop et S. A. Soussi (dir.), *L'innovation locale à l'épreuve du global*, Québec, Presse de l'Université du Québec, p. 125-135.

Courlet, C. (2001). « Les Systèmes Productifs Localisés : un bilan de la littérature », *Cahiers d'Économie et de Sociologie Rurale*, n°58-59, p. 82-103.

Courlet, C. et B. Pecqueur (2013). *L'économie territoriale*, Grenoble, Presses universitaires de Grenoble.

Crevoisier, O. (2010). « La pertinence de l'approche territoriale », *Revue d'économie Régionale et Urbaine*, vol. 5, p. 969-985.

Crevoisier, O. et H. Jeannerat (2009). « Territorial Knowledge Dynamics : from the Proximity Paradigm to Multi-Location Milieus », *European Planning Studies*, vol. 17, p. 1223-1241.

Cunningham, P., M. Herselman et M. Cunningham (2012). *Supporting the Evolution of Sustainable Living Labs and Living Labs Networks in Africa*, Version 2.0 31 January, IIMC & ISTAfrica-LLISA.

D'Herbemon, O. (2012). *Booster l'intelligence collective. La stratégie agile de transformation durable des organisations*, Paris, Armand Colin.

Da Cunha, A. et I. Thomas (2017). *La ville résiliente : comment la construire ?*, Montréal, Presses de l'Université de Montréal.

Dagnino, R. (dir.) (2009). *Tecnologia social, ferraenta para construir outra sociedade*, <https://bit.ly/2wl6hA6>.

Davezies, L. (2012). *La crise qui vient. La nouvelle fracture territoriale*, Paris, Seuil.

de Lama, N. [Atos Origin] (2007). *User-Centric Innovation in the Service Domain. New Innovation Ecosystems,* International Conference on 2007 Industrial Technology Innovation, 20 p.

De Moor, K., I. Ketyko, W. Joseph, T. Deryckere, L. De Marez, L. Martens et G. Verleye (2010). « Proposed Framework for Evaluating Quality of Experience in a Mobile, Testbed-oriented Living Lab Setting », *Mobile Networks and Applications*, vol. 15, n° 3, p. 379-391.

Dejean, S., T. Pénard et R. Suire (2010). « La gratuité est-elle l'avenir des marchés numériques ? », *Économie et Prévision*, n° 3, p. 15-32.

Del Castillo, J. et S. N. Haarich (2003). « Urban Renaissance, Arts and Culture : the Bilbao Region as an Innovative milieu », dans R. Camagni, D. Maillat et A. Matteaccioli (dir.), *Ressources naturelles et culturelles, milieux et développement Local*, Neuchatêl, Université Neuchatêl, Institut de recherches économiques et régionales IRER, p. 195–216.

Dell'Era, C. et P. Landoni (2014). « Living Lab: A Methodology Between User-Centred Design and Participatory Design », *Creativity and Innovation Management*, vol. 23, n° 2, p. 137–154.

Deskmag (2017). *Final results of the global coworking survey in charts*, <https://bit.ly/38jS8kd>.

Dewey, J. (1927). *The Public and Its Problems*, Athens (OH), Swallow Press.

Dewey, J. (1993). *Logique : La théorie de l'enquête* (Traduit par Gérard Deledalle, 2e éd.), Paris, Presses universitaires de France.

Dewey, J. (2012). *Expérience et nature* (Traduit par Joëlle Zask), Paris, Éditions Gallimard.

Dezuanni, M., M. Foth, K. Mallan et H. Hughes (dir.) (2017). « Digital Participation through Social Living Labs : Valuing Local Knowledge, Enhancing Engagement », Cambridge, *Chandos Publishing*.

Doing, P. (2008). « Give Me a Laboratory and I Will Raise a Discipline: The Past, Present, and Future Politics of Laboratory Studies in STS », dans Hackett E. J. *et al.* (dir.), *The Handbook of Science and Technology Studies* (3e éd.), Cambridge (MA), MIT Press, p. 279-298.

Donati, P. (2011). « Modernization and relational reflexivity », *International Review of Sociology*, vol. 21, n° 1, p. 21-39.

Dostaler, G. (2003). « Orthodoxie et hétérodoxie, une vieille histoire », *Alternatives Économiques*, Hors Série, n° 167, p. 12-16.

Douheihi, M. (2011). *Pour un humanisme numérique*, Paris, Seuil.

Doyon, M., J. Rochman, J.-M. Fontan, J.-L. Klein, S. Ducruc, J. Xiao, C. Yorn, J. Fortin et S. Dugré (2015). « L'approche Living Lab et l'aménagement des espaces ouverts agricoles. Un exemple en région métropolitaine de Montréal », *Articulo-Journal of Urban Research*, n° spécial 6, <https://journals.openedition.org/articulo/2662>.

Duarte Masi, S. (2016). « Social Labs: Identifying Latin American Living Labs », *Humanities and Social Sciences*, vol. 4, nº 3, p. 76-82.

Dubé, P., J. Sarrailh, Ch. Billebaud, C. Grille, V. Zingraff et I. Kostecki (2014). *Qu'est-ce qu'un Living Lab ? Le livre blanc des Living Labs*, Montréal, UMVELT, <http://www.umvelt.com/node/54>.

Dufresne, C. (2013). *Une communauté apprenante, innovante et solidaire. Un modèle porteur de développement rural*, Mémoire de maîtrise, Études et interventions régionales, Chicoutimi, Université du Québec à Chicoutimi (UQAC).

Dutilleul, B., F. Birrer et W. Mensink (2010). « Unpacking European Living Labs: Analyzing Innovation's Social Dimensions », *Central European Journal of Public Policy*, vol. 4, nº 1, p. 60-85.

EC [European Commission, Directorate General for the Information Society and Media, Unit F4 New Infrastructure Paradigms and Experimental Facilities, P. Blixt et M. Lemke] (2009). *Living Labs for User-Driven Open Innovation: an Overview of the Living Labs Methodology, Activities, Achievements*, Bruxelles, EC.

Edwards-Schachter, M. E., C. E. Matti et E. Alcantara (2012). « Fostering Quality of Life through Social Innovation: a Living Lab Methodology Study Case », *Review of Policy Research*, vol. 29, nº 6, p. 672-692.

Egger, R., I. Gula et D. Walcher (dir.) (2016). « Towards a Holistic Framework of Open Tourism », dans R. Egger, I. Gula et D. Walcher (dir.), *Open Tourism: Open Innovation, Crowdsourcing and Co-Creation Challenging the Tourism Industry*, New York, Springer, p. 3-16.

Eizaguirre, S. (2017). « De la innovación social a la economía solidaria. Claves prácticas para el desarrollo de políticas públicas », *CIRIEC-España, Revista de Economia Pública, Social y Cooperativa*, nº 88, p. 201-230.

Eizaguirre, S., M. Pradel, A. Terrones, X. Martínez-Celorrio et M. García (2012). « Multilevel Governance and Social Cohesion: Bringing Back Conflict in Citizenship Practices », *Urban Studies*, vol. 49, nº 9, p. 1999-2016.

ENoLL [European Network of Living Labs] (2015). *Citizen Driver Innovation. A guidebook for city mayors and public administrators*, Washington/Bruxelles, Banque Mondiale/ENoLL.

ENoLL [European Network of Living Labs] (2017). *Open Living Labs Days*, Research Day Conference Proceedings 2017, Krakow.

ENoLL (2018a). « À propos », page d'ENoLL sur le site Linkedin.com, <https://bit.ly/2x3fwFs>.

ENoLL [European Network of Living Labs] (2018b). *What are Living Labs ?*, <https://enoll.org/about-us/>.

Eriksson, M., V.-P. Niitamo et S. Kulkki (2005). *State-of-the-Art in Utilizing Living Labs Approach to User-Centric ICT Innovation: a European Approach*, Luleå, Centre for Distance-spanning Technology (CDT) at Lulea University of Technology, Suède, <https://bit.ly/2uYGKg0>.

Eskelinen, J., A. Robles García, I. Lindy, J. Marsh et A. Muente-Kunigami (2015). *Citizen-Driven Innovation. A Guidebook for City Mayors and Public Administrators*, Washington, The World Bank/ENoLL.

Evans, J. et A. Karvonen (2011) « Living Laboratories for Sustainability : Exploring the Epistemology of Urban Transition », dans H. Burkeley *et al.* (dir.), *Cities and Low Carbon Transitions*, Londres, Routledge, p. 126-141.

Falaix, L. et J. Corneloup (2017). « Habitabilité et renouveau paradigmatique de l'action territoriale : L'exemple des laboratoires récréatifs », *L'information géographique*, vol. 82, p. 78-102.

Femenías, P. et P. Hagbert (2013). « The Habitation Lab: Using a Design Approach to Foster Innovation for Sustainable Living », *Technology Innovation Management Review*, novembre, p. 15-21.

Fernández, L. (2018). « Los vecinos de Zorrotzaurre se reunirán con el Ayuntamiento », *Deia*, 25 février, <https://bit.ly/38p06bN>.

Fersing, K. (2013). « Lorsqu'ethnologie et architecture croisent leur regard dans le cadre d'un projet d'écodéveloppement territorial. L'exemple de Roquefort-sur-Soulzon », *Le Journal des anthropologues*, n° 134-135, p. 243-265

Fersing, K. (2018), « L'affinage du roquefort ou la valorisation par la conservation », *Techniques & Culture*, n° 69, 2018, p. 42-55.

Feurstein, K., A. Hesmer, K. A. Hribernik, T. D., Thoben et J. Schumacher (2008). « Living Labs: A New Development Strategy », dans Schumacher, J. et V.-P. Niitamo (dir.), *European Living Labs - a New Approach for Human Centric Regional Innovation*, Berlin, Wissenschaftlicher Verlag, p. 1-14.

Filser, M. (1993). *Le comportement du consommateur*, Paris, Dalloz.

Fitzmaurice, G. (1993). « Situated Information Spaces and Spatially Aware Palmtop Computers », *Communications of the ACM*, vol. 36, n° 7, p. 38-49.

Floch, J. M. (2002). *Sémiotique, marketing et communication*, Paris, Presses universitaires de France.

Følstad, A. (2008). « Living Labs for Innovation and Development of Information and Communication Technology: A Literature Review », *eJov The Electronic Journal for Virtual Organisations and Networks*, vol. 10, Special Issue on Living Labs, p. 100-131.

Fontan, J.-M., J.-L. Klein et B. Lévesque (dir.) (2003). *Reconversion économique et développement territorial*, Québec, Presses de l'Université du Québec.

Fontan, J.-M., J.-L. Klein, J. Caillouette, M. Doyon, B. Lévesque, P.-A. Tremblay, D.-G. Tremblay et C. Trudelle (2017, daté de 2014). « Vers de nouveaux modèles d'action en développement territorial : l'expérimentation à l'échelle locale de la transition vers le *buen vivir* », *Économie et solidarités*, vol. 44, n°s 1-2, p. 84-102.

Food and Agriculture Organization of the United Nations ([FAO] Organisation des Nations Unies pour l'alimentation et l'agriculture) (2009). *Comment nourrir le monde en 2050*, Rome, FAO, <https://bit.ly/39jFXFf>.

Fortin, M.-J., et M. Handfield (dir.) (2016). *Re-penser l'innovation hors métropole*, Rimouski, GRIDEQ-CRDT.

Fournis, Y. (2018). « La voie du GRIDEQ Du développement régional au développement territorial », *Cahiers du GRIDEQ*, n° 28, Rimouski, UQAR.

Franz, Y. (2015). « Designing Social Living Labs in Urban Research, *Emerald Insight*, vol. 17, n° 4, p. 53-66.

Franz, Y., K. Tausz et S. K. Thiel (2015). « Contextuality and Co-Creation Matter: a Qualitative Case Study Comparison of Living Lab Concepts in Urban Research », *Technology Innovation Management Review*, vol. 5, n° 12, p. 48–55.

Frej, S., M. Doyon, D. Granjon et C. Bryant (2003). « La construction sociale des localités par des acteurs locaux : conceptualisation et bases théoriques des outils de développement socio-économique », *Interventions économiques*, n° 30, <https://bit.ly/2Tr6uet>.

Friedmann, J et W. Alonso (1964) [1963]. *Regional Development and Planning. A Reader*, Cambridge, MIT Press.

Friedmann, J. (2002). *The Prospect of Cities*, Minneapolis, University of Minnesota Press.

Friedmann, J. et W. Stöhr (1966). « The Uses of Regional Science: Regional Planning in Chile », *Regional Association, Papers XVIII*, p. 207-222.

Friedmann, J. et C. Weaver (1979). *Territory and Function. Evolution of regional planning*, Oakland, University of California Press.

Frochot, I. et W. Batat (2014). *Marketing expérientiel*, Paris, Dunod.

Fu, Z. et X. Lin (2014). « Building the Co-Design and Making Platform to Support Participatory Research and Development for Smart City », *International Conference on Cross-Cultural Design*, Springer, p. 609-620, <https://bit.ly/38jSwPH>.

Fulgencio, H., H. Le Fever et B. Katzy (2012). « Living Lab: Innovation through Pastiche (a Research Linking Disparate and Discorded Ontology), dans Cunningham P. et M. Cunningham (dir.), *eChallenges e-2012 Conference Proceedings*, IIMC International Information Management Corporation, p. 1-8.

Galloway, K. et S. Rabinowitz (1980). *Hole in Space*, projet au Lincoln Center, NYC and Century City, Los Angeles, novembre, <http://www.ecafe.com/getty/HIS/>.

Garcia Robles, A., T. Hirvikoski, D. Schuurman et L. Stokes (2015). *Introducing ENoLL and its Living Lab Community*, Bruxelles, European Network of Living Labs, <https://bit.ly/3cyxos0>.

Gariépy, S., T. Hirvikoski, D. Schuurman et L. Stokes (2015). *Adaptation of the Open Innovation Approach for Knowledge and Technology, Transfer in an Intensive Agricultural Landscape*, 5th International Symposium for Farming Systems Design, 7 au 10 septembre, Montpellier, France.

Garofoli, G. (1992). « Les systèmes de petites entreprises : un cas paradigmatique de développement endogène », dans G. Benko et A. Lipietz (dir.), *Les Régions qui gagnent. Districts et réseaux : les nouveaux paradigmes de la géographie économique*, Paris, Presses universitaires de France, p. 57-80.

Geels, F. W. et J. W. Schot (2007). « Typology of sociotechnical transition pathways », *Research Policy*, vol. 36, n° 3, p. 399-417.

Geibler, J. von, S. Berner, L. Erdmann, N. D. Jordan, K. Leismann, C. Liedtke, H. Rohn et M. Stabe (2012). « Sustainable Innovations in Living Labs: Exploring the Potential of a German Research Infrastructure for User-Lead Product and Service Innovations », *Conference Proceedings, Sustainable Innovation 2012 Resource Efficiency*, Innovation and Lifestyles Towards Sustainable Product Design: 17th International Conference 29 & 30 October 2012 Alanus University, Bonn, Germany. p. 101-152.

Geibler, J. von, J. Piwowar et A. Greven (2018). « Living-Lab-as-a-Services: Exploring the Market and Sustainability Offers of Living Labs in Germany », *Open Living Lab Day (OLLD 18) Proceedings*, Genève, 22-24 août, p. 252-271, <https://bit.ly/2P6uaSJ>.

Georges, A., D. Schuurman et K. Vervoort (2016). « Factors Affecting the Attrition of Test Users During Living Lab Field Trials », *Technology Innovation Management Review*, vol. 6, n° 1, p. 35-45.

Gershenfeld, N., A. Gershenfeld et J. Cutcher-Gershenfeld (2017). *Designing Reality: How to Survive and Thrive in the Third Digital Revolution*, New York, Basic Book.

Gervais, A. M. D. (2006). *As incubadoras tecnológicas de cooperativas populares : uma primeira tentativa de construãço de modelo*, Sociedade Brasileira de Economia, Administracao e Sociologia Rural (SOBER), 44th Congress, 23-27 juillet, Fortaleza, Ceará, Brazil.

Ghaffari, L., J.-L. Klein et W. Angulo (2018). « For a Socially Acceptable Gentrification: a Survey of Strategies and Practices against Displacement », *Geography Compass*, vol. 12, n° 2, p. 1-15.

Giannetti, M. et A. Simonov (2009). « Social Interactions and Entrepreneurial Activity », *Journal of Economics and Management Strategy,* vol. 18, n° 3, p. 665-709.

Giddens, A. (1984). *The Constitution of Society: Outline of the Theory of Structuration*, University of California Press, Berkeley/Los Angeles.

Giddens, A. (1994). *Les Conséquences de la modernité*, Paris, Éditions l'Harmattan.

Giddens, A. (2012). *La constitution de la société : éléments de la théorie de la structuration*, Paris, Presses universitaires de France.

Gless, É. (2014). « Quand les écoles passent en mode design », Site *EducPros*, <https://bit.ly/2TxT3rO>.

Godin, B. (2006). « The Linear Model of Innovation: The Historical Construction of an Analytical Framework », *Science, Technology, & Human Values*, vol. 31, nº 6, p. 639-667.

Godin, B. (2008). « In the Shadow of Schumpeter: W. Rupert Maclaurin and the Study of Technological Innovation », *Minerva*, vol. 46, p. 343-360.

Godin, B. (2016). « Making Sense of Innovation: from Weapon to Instrument to Buzzword », *Quaderni*, vol. 90, p. 21-40.

González, S. (2006). « Scalar Narratives in Bilbao: A Cultural Politics of Scales Approach to the Study of Urban Policy », *International Journal of Urban and Regional Research*, vol. 30, nº 4, p. 836–857.

Gorz, A. (2004). « Économie de la connaissance et exploitation des savoirs », *Multitudes*, n° 15, p. 205-216.

Guba, E. G. et Y. S. Lincoln (1998). « Competing paradigms in qualitative research », dans E. G. Guba et Y. S. Lincoln (dir.), *Landscapes of qualitative research*, Thousand Oaks, Sage, p. 195-220.

Guesnier, B. et A. Joyal (dir.) (2004). *Le développement territorial : regards croisés sur la diversification et les stratégies*, Poitiers, Éditions Adicueer.

Guimont, D., D. Lapointe et A. Sévigny (2017). « Changing Collaborative Practices in Tourism – a Living Lab Case », *Canadian Journal of Regional Science / Revue canadienne des sciences régionales*, vol. 40, nº 1, p. 63-69.

Guimont, D. et D. Lapointe (2016a). *Cocréation, au sein d'un Living Lab, d'une expérience touristique enrichie par la technologie. Que se passe-t-il à la fin du projet Living Lab ?*, ACFAS, colloque 44, Montréal, 9 mai.

Guimont, D. et D. Lapointe (2016b). « Empowering Local Tourism Providers to Innovate through a Living Lab Process: Does Scale Matter ? » *Technology Innovation Management Review*, vol. 6, nº 11, p. 18-25.

GUST [Governance of Urban Sustainability Transition](2015). *Theoretical Framework Working Paper on Urban Living Labs and Urban Sustainability Transitions*, Deliverable 1.1.1, Lund, Suède.

Guyomard, H. (2016). *Pour des laboratoires vivants territoriaux de l'agroécologie et de la bioéconomie*, Paris, rencontre Agriculture et Innovation 2025, Salon International de l'agriculture, 4 mars.

Guzmán, G. J., N. M. De la Cruz, H. Schaffers et S. Kulkki (2007). « Methodological Framework for Human and User Centric Rural Living Labs », dans P. Cunningham et M. Cunningham (dir.), *Expanding the Knowledge Economy: Issues, Applications, Case Studies*, Amsterdam, IOS Press, p. 730-737.

Guzmán, J. G, C. Merz et H. Schaffers (2009). « Living Labs for Enchancing Innovation and Rural Development. Methodology and Implementation », *eJOV, The Electronic Journal for Virtual Organizations and Networks*, vol. 11, n° 1, p. 1-11.

Habibipour, A., A. Padyab, B. Bergvall-Kåreborn et A. Ståhlbröst (2017). « Exploring Factors Influencing Participant Drop-Out Behavior in a Living Lab Environment », *Proceedings of the 2017 Scandinavian Conference on Information Systems*, New York, Springer, p. 28-40.

Hacking, I. (2001). *Entre science et réalité : la construction sociale de quoi ?*, Paris, Éditions la Découverte.

Hakkarainen, L. et S. Hyysalo (2013). « How Do We Keep the Living Laboratory Alive ? Learning and Conflicts in Living Lab Collaboration », *Technology Innovation Management Review*, vol. 3, n° 12, p. 16-22.

Hakkarainen, L. et S. Hyysalo (2016). « The Evolution of Intermediary Activities: Broadening the Concept of Facilitation in Living Labs », *Technology Innovation Management Review*, vol. 6, n° 1, p. 45-58.

Hargadon, A. (2003). *How breakthroughs happen: the surprising truth about how companies innovate*, Boston, Harvard Business School Press.

Harrisson S. et P. Dourish (1996). *Re-place-ing Space: the Roles of Place and Space in Collaborative Systems*, CSCW'96 Proceedings of the ACM conference, p. 67-76, <https://bit.ly/38DiUEV>.

Herran Lekunberri, E. (2016). « Another side of Zorrotzaurre », *Naiz*, 2 août, <https://bit.ly/2wtv7Om>.

Herselman, M., M. Foko, A. Nungu, P. Ng'amba et M. Mgeni (2015). « Scientific Collaborations on Living Labs: some Lessons Learnt from South Africa and Tanzania », dans J. Steyn et J. P. Van Belle (dir.), *Beyond development. Time for a new ICT4D paradigm ? Proceedings of the 9th IDIA conference, IDIA2015*, Nungwi, Zanzibar, p. 40-51

Hess, J. et C. Ogonowski (2010). « Steps Toward a Living Lab for Socialmedia Concept Evaluation and Continuous User-Involvement », *Proceedings of the 8th International Interactive Conference on Interactive TV&Video*, p. 171-174, <https://bit.ly/2vG9dHs>.

Hippel (von), E (2005). *Democratizing innovation*, Cambridge, (MA), MIT Press.

Hirczak, M., M. Moalla, A. Mollard, B. Pecqueur, M. Rambonilaza et D. Vollet (2008). « Le modèle du panier de biens », *Économie rurale*, n° 308, p. 55-70.

Hirvonen-Kantola, S., P. Ahokangas, M. Iivari, M. Heikkilä et H.-L. Hentilä (2015). « Urban Development Practices as Anticipatory Action Learning: Case Arctic Smart City Living Laboratory », *Procedia Economics and Finance*, vol. 21, p. 337-345.

Hjalager, A.-M. (2002). « Repairing innovation defectiveness in tourism », *Tourism Management*, vol. 23, n° 5, p. 465-474.

Hlauschek, W., P. Panek et W. L. Zagler (2009). « Involvement of Elderly Citizens as Potential End Users of Assistive Technologies in the Living Lab Schwechat », *Proceeding PETRA 09, 2nd International Conference on Pervasive Technologies Related to Assistive Environments*, ACM, New York, p. 1-4, <https://bit.ly/2VRdmmC>.

Holst, M., A. Ståhlbröst et B. Bergvall-Kåreborn (2010). *Openness in Living Labs- Facilitating Innovation*, Information Systems Research Seminar in Scandinavia, Aalborg, Denmark, August, p. 1-22, <https://bit.ly/330MaUp>.

Houdart, S. (2007). « Un monde à soi ou les espaces privés de la pensée », dans C. Jacob (dir.), *Lieux de savoir*, Paris, Albin Michel, p. 363-370.

Howells, J. (2006). « Intermediation and the Role of Intermediaries in Innovation », *Research Policy*, vol. 35, n° 5, p. 715-728.

Hughes, H., M. Foth, M. Dezuanni, K. Mallan et C. Allan (2017). « Fostering Digital Participation and Communication Through Social Living Labs: A Qualitative Case Study from Regional Australia », *Communication Research and Practice*, vol. 4, n° 2, p. 183-206.

Huot, G. (2001). « Effets sur la proximité des regroupements de Caisses Populaires au sein de territoires ruraux en transformation », *Cahiers du CRISES*, n° TM0101, Montréal, CRISES.

Ingold, T. (2013). *Marcher avec les dragons*, Bruxelles, Zones Sensibles.

Institut agile et L. Bossavit (2011). *Référentiel des Pratiques Agiles*, Institut Agile, <http://institut-agile.fr/assets/AgileDeAaZ.pdf>.

Intille, S. (2002). « Designing a Home of the Future », *IEEE Pervasive Computing*, April-June, p. 80-86.

Intille, S. (2006). « The Goal: Smart People, Not Smart Homes », *Proceedings of the International Conference on Smart Homes and Health Telematics*, IOS, 4 p., <https://bit.ly/3cq5Mpb>.

Intille, S., K. Larson, E. M. Tapia, J. S. Beaudin, P. Kaushik, J. Nawyn et R. Rockinson (2006). « Using a Live-In Laboratory for Ubiquitous Computing Research », dans Fishkin, K. P. *et al.* (dir.), *Proceedings of PERVASIVE 2006*, Berlin, Springer-Verlag, vol. 3968, p. 349-365.

Intille, S., K. Larson, J. S. Beaudin, E. M. Tapia, P. Kaushik, J. Nawyn et T.J. McLeish (2005a). *The PlaceLab. A Live-In Laboratory for Pervasive Computing*, House-n, MIT [Vidéo de 8 min. repéré à <https://bit.ly/2wwGpBG>].

Intille, S., K. Larson, J. S. Beaudin, J. Nawyn, J., E.M. Tapia, P. Kaushik (2005b). « A Living Laboratory for the Design and Evaluation of Ubiquitous Computing Technologies », *Proceedings of CHI 2005*, New York, ACM Press, p. 1941-1944.

IPCC (2013). *Climate Change 2013: The Physical Science Basis*, Contribution of Working Group I to the Fifth Assessment Report of the Intergovernmental Panel on Climate Change [Stocker, T.F. et al. (dir.)], Cambridge, Cambridge University Press.

Isard, W. (1956). « Regional Science, the Concept of Region, and Regional Structure », *Papers and Proceedings of the Regional Science Association*, vol. 2, n° 1, p. 13-26.

Isard, W. (1979). « Note on the Origins, Development and Future of Regional Science », *Papers in Regional Science*, vol. 43, n° 1, p. 1-22.

Ishii, H. et B. Ullmer (1997). « Tangible Bits: Towards Seamless Interfaces between People, Bits and Atoms », *Proceedings of CHI '97*, <https://bit.ly/32RT9P2>.

ISTAG (2004). *Report on Experience and Application Research Involving Users in the Development of Ambient Intelligence*, Luxembourg, Office des publications de l'Union européenne.

Jacob, C. (2007) « Alexandrie, IIIe siècle avant J.-C. », dans C. Jacob (dir.), *Lieux de savoir. Espaces et communautés*, Paris, Albin Michel, p. 1120-1145.

Jacquet, A. (2015) *Bibliothèques troisième lieu*, Paris, Association des Bibliothécaires de France.

James, M. (1991). *Rapid Application Development*, Londres, Macmillan.

Janin, C., D. Lapostolle et E. Grasset. (2011b) « Ingénierie et apprentissage collectif : de l'intelligence à la compétence territoriale. Le cas de deux démarches de spécification de produits AOC », *1re Conférence Intercontinentale d'Intelligence Territoriale « Interdisciplinarité dans l'aménagement et développement des territoires »*, octobre 2011, Gatineau, Canada, 13 p., <halshs-00965141>.

Janin, C, et B. Pecqueur (2017). « Les Living Labs : remise en question des processus de mise en marché et de politique publique », *Canadian Journal of Regional Science/Revue canadienne des sciences régionales*, vol. 40, n°1, p 5-11.

Janin, C., B. Pecqueur et R. Besson (2013). *Les living labs : définitions, enjeux, comparaisons et premiers retours d'expériences*, Rapport de recherche, PACTE-UJF, <https://bit.ly/38tMWKI>.

Janin, C., E. Grasset, D. Lapostolle, E. Turquin et B. Pecqueur (2011a). *L'ingénierie, signe d'intelligence territoriale ?*, Paris, Economica.

Juujärvi, S. et K. Pesso (2013). « Actor Roles in an Urban Living Lab: What Can We Learn from Suurpelto, Finland? » *Technology Innovation Management Review*, vol. 3, n° 11, p. 22–27.

Juujärvi, S. et V. Lund (2016). « Enhancing Early Innovation in an Urban Living Lab: Lessons from Espoo, Finland », *Technology Innovation Management Review*, vol. 6, n° 1, p. 17-26.

Kanstrup, A., K. Bjerge et J. Kristensen (2010). « A Living Laboratory Exploring Mobile Support for Everyday Life with Diabetes », *Wireless Personal Communications*, vol. 53, p. 395-408.

Karvonen, Andrew et Bas van Heur (2014). « Urban Laboratories: Experiments in Reworking Cities - Introduction », *International Journal of Urban and Regional Research*, vol. 38, n° 2, p. 379-392.

Katzy, B. (2012). « Designing Viable Business Models for Living Labs », *Innovation Management Review*, vol. 2, n° 9, p. 19-24.

Keating, M. et M. De Frantz (2004). « Culture-Led Strategies for Urban Regeneration: a Comparative Perspective on Bilbao », *International Journal of Iberian Studies*, vol. 16, n° 3, p. 187-194.

Kébir, L. et O. Crevoisier (2004). « Dynamique de ressources et milieux innovateurs », dans D. Maillat, R. Camagni et A. Mattéaccioli (dir.), *Ressources naturelles et culturelles*, Neuchâtel, EDES-GREMI, p. 261-290.

Kehayia, E., B. Swaine, C. Longo, S. Ahmed, P. Archambault, J. Fung, D. Kairy, A. Lamontagne, G. Le Dorze, H. Lefebvre, H. Overbury et O. T. Poldma (2014). « Création d'un laboratoire vivant en réadaptation pour optimiser la participation et l'inclusion des personnes avec déficiences physiques », *ALTER, European Journal of Disability Research*, vol. 8, p. 151-157.

Keyson, D. V. (dir.) (2014). *Sustainable Labs North West Europe*, SusLab NWE Brochure, 24 p.

Kidd, C. R., G. Orr, C. Abowd, I. Atkeson, B. Essa, E.MacIntyre, T. Mynatt, W. Starner, et W. Newstetter (1999). « The Aware Home: a Living Laboratory for Ubiquitous Computing Research », *Lecture Notes in Computer Science LNCS*, vol. 1670, p. 191-198.

Kinsella, T. K. (1986). « Traditional Manufacturing Cities in Transition to Human-Centered Cities », *Journal of urban history*, vol. 13, n° 1, p. 31-53.

Klein, J.-L. (2016). « Le leadership : un facteur vital pour le développement territorial », dans É. Glon et B. Pecqueur (dir.), *Au cœur des territoires créatifs. Proximités et ressources territoriales,* Rennes, Presses universitaires de Rennes, p. 49-57.

Klein, J.-L., D. Bussières, J. Caillouette, M. Doyon, J.-M. Fontan, D.-G. Tremblay et P.-A. Tremblay (2015). « Saint-Camille : Récit d'une expérience de co-construction de la connaissance », *Cahier du CRISES*, n° ES1505, Montréal, CRISES.

Klein, J.-L., J.-M. Fontan, D. Harrisson et B. Lévesque (2014). « L'innovation sociale au Québec : un système d'innovation fondé sur la concertation », dans J.-L. Klein, J.-L. Laville et F. Moulaert (dir.), *L'innovation sociale*, Toulouse, ERES, p. 193-246.

Klein, J.-L. et D. Harrisson (2007). *L'innovation sociale. Émergence et effets sur la transformation des sociétés*, Québec, Presses de l'Université du Québec.

Klein, J.-L, J.-L. Laville et F. Moulaert (dir.) (2014). *L'Innovation sociale*, Toulouse, Éditions Érès, 246 p.

Klein, J.-L., B. Pecqueur, K. Koop et A. Soussi (dir.) (2016). *L'innovation locale à l'épreuve du global. Un défi pour les acteurs*, Québec, Presses de l'Université du Québec.

Klein, J.-L. et B. Pecqueur (2017). « Living Labs, innovation sociale et territoire », *Revue canadienne des sciences régionales/Canadian Journal of Regional Science*, vol. 40, n° 1, p. 1-5.

Kline, S. J. et N. Rosenberg (2010). « An Overview of Innovation », dans N. Rosenberg (dir.), *Studies on Science and the Innovation Process: Selected Works of Nathan Rosenberg*, Singapour, World Scientific Publishing Co. Pte. Ltd., p. 173-203.

Knudsen, M. P (2007). « The Relative Importance of Interfirm Relationships and Knowledge Transfer for New Product Development Success », *The Journal of Product Innovation Management,* vol 24, n° 2, p. 1.

Koenig, G. (2006). « L'apprentissage organisationnel : repérage des lieux », *Revue Française de Gestion,* n° 160, p. 293-306.

Kusiak, A. (2007). « Innovation: The Living Laboratory Perspective », *Computer-Aided Design & Applications,* vol. 4, n° 6, p. 863-876.

Kviselius, N. Z., H. Ozan, M. Edenius et P. Andersson (2008). « The Evolution of Living Labs – Propositions for Improved Design and Further Research », *Proceedings of the 5th international conference Innovation and Management 2008*, Maastricht, The Netherlands, 10-11 décembre 2008, p. 842–856.

Kviselius, N. Z., P. Andersson, H. Ozan, et M. Edenius (2009). « Living Labs as Tools for Open Innovation », *Communications & Strategies*, vol. 74, n° 2, p. 75-94.

Lacour, C. (1996). « La tectonique des territoires : d'une métaphore à une théorisation », dans B. Pecqueur (dir.), *Dynamiques territoriales et mutations économiques*, Paris, L'Harmattan, p. 25-48.

Lacour, C. (2000) *Les territoires, nouvelles ressources du développement, INRA, Recherches pour et sur le développement territorial*, Symposium de Montpellier, 11-12 janvier, Montpellier.

Ladwein, R. (1999). *Le comportement du consommateur et de l'acheteur*, Paris, Economica.

Lafontaine, D. (2005). « Le développement régional et territorial : un nouveau paradigme ? », dans D. Lafontaine et B. Jean (dir.), *Territoires et fonctions. Tome 1 : Des politiques aux théories : les modèles de développement régional et de gouvernance en débats*, Rimouski, GRIDEQ/CRDT, p. 347-387, <http://semaphore.uqar.ca/569/> [reproduction partielle dans Fournis, Y. (2018) (voir plus haut), p. 381-408].

Lafontaine, D. (2013). *Living Labbing, the Quebec Way: a Participatory Research, a Framework and two Experimentations*, 4th ENoLL Summer School, Manchester School of Arts, 27 août, <https://bit.ly/2TnfRvz>.

Lafontaine, D. (2015). « À l'épreuve de l'austérité. L'action et la recherche territoriales : des moyens de comprendre et d'agir face aux défis de notre temps », *Organisations et territoires*, vol. 24, n° 3, p. 29-36.

Lafontaine, D. (2017). « Aspects et effets territoriaux du Living Lab : une expérience hors métropole au Québec », *Canadian Journal of Regional Science / Revue canadienne des sciences régionales*, vol. 40, n° 1, p. 23-31.

Lafontaine, D. et B. Jean (dir.) (2005). *Territoires et fonctions. Tome 1 : Des politiques aux théories : les modèles de développement régional et de gouvernance en débats*, Rimouski, GRIDEQ/CRDT, <http://semaphore.uqar.ca/569/>.

Lafontaine, D., M. Lagacé, M. Boire et F. Demers (2013). *Des laboratoires vivants pour des territoires innovants, synthèse des travaux*, Québec/Montréal, CEFRIO.

Lafontaine, D., M. Lalonde et M. Boire (2016). « Le laboratoire vivant (Living Lab) Jeunesse : genèse et apports d'une démarche participative d'innovation sociale et territoriale », dans Klein, J.-L. *et al.* (dir.), *La transformation sociale par l'innovation sociale*, Québec, Presses de l'Université du Québec, p. 181-189.

Lafontaine, D., V. Tanguay et G. Bertrand (2011). *Des outils et des usages prenant appui sur les TIC pour soutenir l'innovation sur les territoires : les laboratoires vivants*, Sherbrooke, 79e Congrès de l'ACFAS, 11 mai.

Langlois, G. (2004). *La Coop de solidarité en soins et services de Saint-Camille et son impact sur la cohésion sociale*, Mémoire de maîtrise, sociologie, Montréal, UQAM.

Lapointe, D. et D. Guimont (2015). « Open Innovation Practices Adopted by Private Stakeholders: Perspectives for Living Labs », *Info*, vol. 17, n° 4, p. 67-80.

Lapointe, D., D. Guimont et A. Sévigny (2015). « The Living Lab Approach to Raise Innovation Capability among Tourism Practitioners », *Tourism Dimensions*, vol. 2, n° 2, p. 18-27.

Lappo, G. et P. Polian (2007) « Naoukograds, les villes interdites », dans, C. Jacob (dir.), *Lieux de savoir. Espaces et communautés*, Paris, Albin Michel, p. 1226-1250.

Larson, K. (2002). « Interview avec P. Hall, Living Tomorrow », *Metropolismag.com*, décembre.

Larson, K. (2016). *Conférence à la Smart city Expo World Congress*, <https://bit.ly/32RTAZG>.

Lasher, D. R., B. Ives et S. L. Järvenpää (1991). USAA-IBM Partnerships in Information : Managing the image project, *MIS Quarterly : Management Information Systems*, vol. 15, n°4, p. 551-565.

Latour, B. (2011). « Il n'y a pas de monde commun : il faut le composer », *Multitudes*, vol. 2/2011, n° 45, p. 38-41.

Laursen, K. et A. Salter (2006). « Open for Innovation: the Role of Openness in Explaining Innovation Performance among UK Manufacturing Firms », *Strategic Management Journal*, n° 27, p. 131-150.

Lebailly, M. et L. Benardia (2011). *Le marketing culturel*, Montreuil, Pearson.

Lehmann, V. (2016). *Le Living Lab : un incontournable pour bien des projets ou le projet par le LL, pourquoi ?*, ACFAS, colloque 44, Montréal, 9 mai.

Lehmann, V., M. Frangioni et P. Dubé (2015). « Living Lab as Knowledge System: an Actual Approach for Managing Urban Service Projects ? », *Journal of Knowledge Management*, vol. 19, n° 5, p. 1087-1107.

Leloup, F. (2010). « Le développement territorial et les systèmes complexes : proposition d'un cadre analytique », *Revue d'économie régionale et urbaine*, n° 4, p. 687-705.

Leminen, S., T. Turunen et M. Westerlund (2015a). « The Grey Areas Between Open and Closed in Innovation Networks », *Technology Innovation Management Review*, vol. 5, n° 11, p. 5-14.

Leminen, S. (2015). « Q&A. What Are Living Labs ? » *Technology Innovation Management Review*, vol. 5, n° 9, p. 29-35.

Leminen, S., R. Defillippi et M. Westerlund (2015b). *Paradoxical Tensions in Living Labs*, The XXVI ISPIM Conference – Shaping the Frontiers of Innovation Management, 14-17 juin, Budapest, Hongrie.

Leminen, S., V. P. Niitamo et M. Westerlund (2017). « A Brief History of Living Labs: from Scattered Initiatives to Global Movement », Open Living Labs Days, *Research Day Conference Proceedings*, p. 42-58, <https://bit.ly/2To8cx6>.

Leminen, S. et M. Westerlund (2008). *Living Labs Fostering Innovation in the Retail Industry: a Network Perspective,* IMP 2008 Conference, September 4-6, Uppsala, Suède, <https://bit.ly/39LuI8u>.

Leminen, S. et M. Westerlund (2016). « A Framework for Understanding the Different Research Avenues of Living Labs », *International Journal of Technology Marketing*, vol. 11, n° 4, p. 399-420.

Leminen, S. et M. Westerlund (2017). « Categorization of Innovation Tools in Living Labs », *Technology Innovation Management Review*, vol. 7, n° 1, p. 15-25.

Leminen, S., M. Westerlund et A. G. Nyström (2012) « Living Labs as Open Innovation Networks », *Technology Innovation Management Review*, vol. 2, n° 9, p. 6-11.

Lepik, A. et U. Varblane (2010), « How to Speak the Same Language with European Innovation-Policy in Terms of Living Labs ? » *Eastonian Discussions on Economic Policy*, vol. 18, p. 215-232.

Lepik, K.-L., M. Krigul et E. Terk (2010). « Introducing Living Lab's Method as Knowledge Transfer from one Socio-Institutional Context to another : Evidence from Helsinki-Tallinn Cross-Border Region », *Journal of Universal Computer Science*, vol. 16, n° 8, p. 1089-1101.

Leroux I., P. Muller, B. Plottu et C. Widehem (2014). « Innovation ouverte et évolution des business models dans les pôles de compétitivité : le rôle des intermédiaires dans la création variétale végétale », *Revue d'économie industrielle*, vol. 146, p. 115-151.

Létourneau, A. (2010). « Pour une éthique de l'environnement inspirée par le pragmatisme : l'exemple du développement durable », *VertigO - la revue électronique en sciences de l'environnement*, vol. 10, n° 1, <https://doi.org/10.4000/vertigo.9541>.

Létourneau, A. (2017). « L'adaptation au changement climatique devant les questions de gouvernance de l'eau ». *Cahiers de géographie du Québec*, vol. 61, n° 174, p. 447-467.

Lévesque, B. et Y. Vaillancourt (1998). « Les services de proximité au Québec : de l'expérimentation à l'institutionnalisation », *Cahiers de la Chaire de recherche en développement communautaire* (CRDC), n° 12, Montréal, Université du Québec à Montréal.

Lévy, P. (1994). *Intelligence collective - Pour une anthropologie du cyberespace*, Paris, La découverte

Lewin, K. (1951). *Field Theory in Social Science: Selected Theoretical Papers* (D. Cartwright [dir.]), New York, Harper & Row.

Liedtke, C., C. Baedeker, M. Hasselkuß, H. Rohn et V. Grinewitschus (2015). « User-Integrated Innovation in Sustainable LivingLabs: an Experimental Infrastructure for Researching and Developing Sustainable Product Service Systems », *Journal of Cleaner Production*, vol. 97, p. 106-116.

Liedtke, C., C. Baedeker, J. von Geibler et M. Hasselkuß (2012b). « User-Integrated Innovation: Sustainable LivingLabs », dans Fricke V., U. Schrader et V.W. Thoresen (dir), *2nd PERL International Conference Beyond Consumption - Pathways to Responsible Living Conference Proceedings*, Berlin, Technical University Berlin, p. 203-219.

Lievens, B., H. Schaffers, P. Turkama, A. Ståhlbröst et P. Ballon (2011). « Cross-Border Living Labs Networks to Support SMEs Accessing New Markets », dans *Proceedings of the eChallenges e-2011 Conference*, vol. 8.

Liedtke, C., M. Welfens, H. Rohn et J. Nordmann (2012a). « Living Lab: User-Driven Innovation for Sustainability », *International Journal of Sustainability in Higher Education*, vol. 13, n° 2, p. 106-118.

Light, A. (2009). « Pragmatisme méthodologique, pluralisme et éthique de l'environnement », dans H.-S. Afeissa (dir.), *Écosophies, La philosophie à l'épreuve de l'écologie*, Paris, Éditions MF, p. 207-228.

Light, A. et E. Katz (dir.) (1996). *Environmental Pragmatism*, Abingdon-on-Thames, Routledge.

Lipietz, A. (2012). *Green Deal. La crise du libéral-productivisme et la réponse écologiste*, Paris, La Découverte.

Lorenzen, M. (1998). « Specialisation and Localized Learning in the Furniture Industry », *Copenhagen Studies in Economics and Management*, n° 16, p. 9-33.

Lucassen, I., B. Klievink et L. Tavasszy (2014). « A Living Lab Framework: Facilitating the Adoption of Innovations in International Information Infrastructures », *Transport Research Arena (TRA) 5th Conference: Transport Solutions from Research to Deployment*, Paris, p. 1-9, <https://bit.ly/2IwpLF3>.

Maccani, G., S. McLoughlin, D. Prendergast et B. Donnellan (2017). « Positioning Living Labs within Action Design Research: Preliminary Findings from a Systematic Literature Review », dans A. Maedche, J. vom Brocke et A. Hevner (dir.), *Designing the Digital Transformation*, Karlsruhe, Allemagne, 30 mai-1 juin, p. 119-127, <https://bit.ly/3amnJD4>.

Mahy, I. et P. Carle (dir.) (2012). *Théorie U. Changement émergent et innovation. Modèles, applications et critique*, Montréal, Presses de l'Université du Québec.

Maillat, D. (1991). « The Innovation Process and the Role of the Milieu », dans Bergman E. M., G. Maier et F. Todling, *Regions Reconsidered : Economic Networks, Innovation, and Local development in Industrialized Countries*, Londres, Mansell, p. 103-117.

Maillat, D. (1995). « Les milieux innovateurs », *Sciences Humaines*, Hors Série n° 8, février-mars, p. 18.

Maillat, D., M. Quevit et L. Senn (1993). *Réseaux d'innovation et milieux innovateurs : un pari pour le développement régional*, Neuchâtel, EDES.

Manifesto [Helsinki Manifesto] (2006). « We Have to Move Fast, Before it is to Late », *EU 2006*, Finlande, Helsinki 20 novembre, <https://bit.ly/2PMwE94>.

Mankoff, J., J. Somers et G. Abowd (1998). « Bringing People and Places Together with Dual Augmentation », *Papers from the AAAI Spring Symposium on Intelligent Environments*, Technical Report SS-98-02, p. 168-172.

Marchand, A., J. Caillouette, J. LeBlanc et P. Morin (2012). *Innovations sociales territoriales (IST) dans les six MRC rurales de l'Estrie*, Sherbrooke, Direction de la recherche du centre affilié universitaire/Centre de santé et de services sociaux – Institut universitaire de gériatrie de Sherbrooke, <https://bit.ly/2PMowFC>.

Marion, G. (2010). *Création et co-création de valeur : une approche interactionnelle du marketing*, Working paper, janvier, Lyon, EM-Lyon.

Markopoulos, P. et G.W.M. Rauterberg (2000). « Livinglab: a White Paper », *IPO Annual Progress Report 35*, Eindhoven University of Technology (TU/e), Eindoven, The Netherlands, p. 53-65.

Marsh, J. (2008). « Living Labs and Territorial Innovation », dans Cunningham P. et M. Cunningham M. (dir.), *Collaboration and the Knowledge Economy: Issues, Applications, Case Studies*, Amsterdam, IOS Press, p. 1-8.

Marsh, J. (2011). « The Territorial Dimension of Innovation and the MedLab Project », dans Marsh J., F. Trapani (dir.), *MEDLAB in Sicily: an opportunity for social and territorial innovation*, Palerme, Gulotta, p. 39–57.

Marsh, J., F. Molinari et F. Trapani (2013). « Co-Creating Urban Development: a Living Lab for Community Regeneration in the Second District of Palermo », dans B. Murgante, S. Misra *et al.* (dir.), *Computational science, and its applications* – ICCSA 2013, 13th international conference, Ho Chi Minh City, Vietnam, June 24–27, Heidelberg, Springer, p. 294-308, <https://bit.ly/2P4juE4>.

Marshall, A. (1919). *Industry and Trade: a Study of Industrial Technique and Business Organization ; and of their Influences on the Conditions of Various Classes and Nations*, Londres, Macmillan.

Massicotte, G. (dir.) (2008). *Sciences du territoire, Perspectives québécoises*, Presses de l'Université du Québec, Québec.

Mastelic, J., M. Sahakian et R. Bonazzi, (2015). « How to Keep a Living Lab Alive ? », *info*, vol. 17, n° 4, p. 12-25.

Mavridis, A., F. Molinari, A. Vontas et P. Crehan (2009). « A Practical Model for the Study of Living Labs Complex Environment », *2009 3rd IEEE International Conference on Digital Ecosystems and Technologies*, p. 563-567.

Maxwell, J. A. et M. Chmiel (2014). « Generalization in and from Qualitative Analysis », dans U. Flick (dir.), *The Sage Handbook of Qualitative Data Analysis*, Los Angeles, Sage, p. 540-553.

May, T. et B. Perry (2017). *Reflexivity: The Essential Guide*, Londres, Sage.

Mccormick, K. et C. Hartmann (2017), *The Emerging Landscape of Urban Living Labs: Characteristics, Practices and Examples*, Lund University, <https://bit.ly/2SB3209>.

McNeese, M. D. (1996). « Collaborative Systems Research: Establishing Ecological Approaches Through the Living Laboratory », *Proceedings of the Human Factors and Ergonomics Society 40th annual Meeting*, vol. 5, p. 767-771.

McNeese, M. D. et P. K. Forster (2017). « Introduction », dans McNeese, M.D. et P. K. Forster, *Cognitive Systems Engineering. An Integrative Living Laboratory Framework*, Boca Raton, CRC Press Taylor & Francis, p. 3-28.

McNeese, M. D., K. Perusich et J. Rentsch (2000). « Advancing Socio-Technical Systems DesignVia the Living Laboratory », *Proceedings of the IEA 2000/HFES 2000 Congress*, p. 610-613.

McPhee, C., M. Westerlund, et S. Leminen (2012). « Editorial: Living Labs », *Technology Innovation Management Review*, vol. 2, n° 9, p. 3-5.

Measson, L. (2008). *L'apport des territoires de projet à la géographie politique*, acte du colloque international de géographie politique « L'espace politique : concepts et échelles », Reims, France, 2-4 avril, <https://halshs.archives-ouvertes.fr/halshs-00291708>.

Meier, G. M et J. E. Stiglitz (dir.) (2001). *Frontiers of Development Economics, The Future in Perspective*, New York, World Bank et Oxford University Press.

Mendez, A. (dir.) (2010). *Processus Concepts et méthode pour l'analyse temporelle en sciences sociales*, Louvain, Academia-Bruylant.

Merton, R. K. (1957). « Priorities in Scientific Discovery, A Chapter in Sociology of Science », *American Sociological Review*, vol. 22, n° 6, p. 635-659.

Miles, M. B. et A. M. Huberman (2003). *Analyse des données qualitatives*, Bruxelles, De Boeck Supérieur.

Milot, N., A. Létourneau et L. Lepage (2015). « La gestion de l'eau par bassin versant au Québec : d'une théorie à sa pratique par les acteurs locaux », *Territoire en mouvement*, n° 25-26, <https://bit.ly/32OLAc9>.

Minteer, B. A. (2017). « Environmental Ethics, Sustainability Science, and the Recovery of Pragmatism », dans S. M. Gardiner et A. Thompson (dir.), *The Oxford Handbook of Environmental Ethics*, Oxford, Oxford University Press, p. 528-540.

Minteer, Ben A. (2012). *Refounding Environmental Ethics: Pragmatism, Principle, and Practice*, Philadelphie, Temple University Press.

Mirijamdotter, A., A. Ståhlbröst, A. Sällström, V.-P. Niitamo et S. Kulkki (2006). « The European Network of Living Labs for CWE: User-Centric Co-Creation and Innovation », *eChallenges* e-2006 Barcelona, p. 840–847.

Mitchell W. J. (1995). *Space, Place and the Infobahn. City of Bit*, Cambridge, MIT Press.

Mitchell, W. J. (2003). *Me++: The Cyborg Self and the Networked City*, Cambridge, MIT Press.

Mitchell, W. J. (2000). *E-Topia*. Cambridge, Cambridge, MIT Press.

Mondada, L. (2005). *Chercheurs en interaction : comment émergent les savoirs*, Lausanne, Presses polytechniques et universitaires romandes.

Moses, J. W. et T. L. Knutsen (2012). *Ways of Knowing. Competing methodologies in social and political research* (2e ed.), Basingstoke, Palgrave Macmillan.

Moulaert, F. (2000). *Globalization and Integrated Area Development in European Cities*, New York, Oxford University Press.

Moulaert, F. et F. Sekia (2003). « Territorial innovation models: a critical survey », *Regional studies*, vol. 37, n° 3, p. 289-302.

Moulaert, F. et J. Nussbaumer (2008). *La logique sociale du développement territorial*, Québec, Presses de l'Université du Québec.

Mulder, I. (2012). « Living Labbing the Rotterdam Way: Co-Creation as an Enabler for Urban Innovation », *Technology Innovation Management Review*, vol. 2, n° 9, p, 39–43.

Mulder, I. et P. J. Stappers (2009). *Co-creating in Practice: Results and Challenges*, 15th International Conference on Concurrent Engineering (ICE 2009), Leiden, The Netherlands, 22-24 juin.

Mulder, I., W. Bohle, S. Boshomane, C. Morris, H. Tempelmann et D. Velthausz (2008a). Real-World Innovation in Rural South Africa, *eJOV, The Electronic Journal for Virtual Organisations and Networks*, vol. 10, Special Issue on Living Labs, p. 7-20.

Mulder, I., D. Velthausz et M. Kriens (2008b). « The Living Labs Hamonization Cube: Communicating Living Labs's Essentials », *eJOV, The Electronic Journal for Virtual Organizations and Network*, vol. 10, p. 1-14.

Mulkay, M. (1979). *Science and the sociology of knowledge*, Abingdon, Routledge.

Multitudes (2008). « Universités ; une réforme à inventer ? », *Multitudes*, n° 32, p. 5-26.

Mulvenna, M. D. et S. Martin (2013). « Living Labs: Frameworks and Engagement », in Howlett R. J. *et al.* (dir.), *Innovation Through Knowledge Transfer*, First International Conference 2012, Kingston, London (UK), p. 135-143.

Mynatt, E. D., T. Igarashi, W. K. Edwards et A. LaMarca (1999). « Flatland: New Dimensions in Office Whiteboards », *Proceedings of the 1999 ACM Conference on Human Factors in Computing System*s (CHI 99), ACM Press 15-20 MAY 1999, p. 346-353.

Najda-Janoszka, M. et S. Kopera (2014). « Exploring Barriers to Innovation in Tourism Industry - The Case of Southern Region of Poland », *Procedia - Social and Behavioral Sciences*, vol. 110, p. 190-201.

Negroponte, N. (2003). The Origins of the Media Lab, dans Rosenblith, W. A. (dir.), *Jerry Wiesner, Scientist, Stateman, Humanist*, Cambridge, MIT Press, p. 149-176.

Nesti, G. (2017). « Co-Production for Innovation : the Urban Living Lab Experience », *Policy and Society*, vol. 37, n° 3, p. 310-325.

Nielsen, J. S. et P. Nielsen (2011). « Living Labs: A User-Oriented Approach to Public-Private Innovation Networks », *OLKC 2011 Conference at Hull University*, p. 1-16, <https://bit.ly/2vLPTby>.

Niitano, V.-P., S. Kulkki, M. Eriksson et K. A. Hribernik (2006). « State-of-the-Art and Good Practice in the Field of Living Labs », *Proceedings of the 12th International Conference on Concurrent Enterprising: Innovative Products and Services through Collaborative Networks*, Milan, Italie, p. 349-357.

Niitamo, V.-P., M. Westerlund et S. Leminen (2012). « A Small Firm Perspective on the Benefits of Living Labs », *Technology Innovation Management Review*, p. 44-49.

North, X. (2016) « Pour une politique culturelle de l'accès », *L'Observatoire*, n° 47, p. 3-7.

Norton, B. G. (2003). *Searching for Sustainability: Interdisciplinary Essays in the Philosophy of Conservation Biology*, Cambridge, Cambridge University Press.

Norton, B. G. (2005). *Sustainability: A Philosophy of Adaptive Ecosystem Management*, Chicago, University of Chicago Press.

Norton, B. G. (2015). *Sustainable Values, Sustainable Change: A Guide to Environmental Decision Making*, Chicago, University of Chicago Press.

Norton, B. G. et Paul D. Hirsch (2012). « Thinking like a Planet », dans A. Thompson et J. Bendik-Keymer (dir.), *Ethical adaptation to climate change: human virtues of the future*, Cambridge, MIT Press, p. 317-334.

Oldenburg, R. (1989). *The Great Good Place*, New-York, Paragon House.

Oosterlynck, S., Y. Kazepov, A. Novy, P. Cools, E. Barberis, F. Wukovitsch et B. Leubolt (2013). « The Butterfly and the Elephant: Local Social Innovation, the Welfare State and New Poverty Dynamics », *ImPRovE Working Paper*, n° 13/02, <https://bit.ly/3bQMk4m>.

Oreskes, N., D. A. Stainforth et L. A. Smith (2010). « Adaptation to Global Warming: Do Climate Models Tell Us What We Need to Know ? », *Philosophy of Science*, vol. 77, n° 5, p. 1012-1028.

Ostrom, E. (2008). « The Challenge of Common-Pool Ressources », *Environment*, vol. 50, n° 4, p. 8-21.

Ouranos (2015). *Vers l'adaptation. Synthèse des connaissances sur les changements climatiques au Québec*, Édition 2015, Montréal, Québec, Ouranos, <https://bit.ly/2SHhP9T>.

Pade, C. et D. Sewry (2011). « The Practice and Need for Rural ICT for Development Evaluation: An Experience of the Siyakhula Living Lab Baseline Study », *Proceedings of the 3rd International IDIA Development Informatics Conference*, 28-30 October 2009, Berg-en-DalKruger National Park, South Africa, p. 81-93.

Pallot, M., B. Trousse, B. Senach et D. Scapin (2010). *Living Lab Research Landscape : From User Centred Design and User Experience towards User Cocreation*, première École d'été des Living Labs, Paris, <https://hal.inria.fr/inria-00612632>.

Panek, P. W. Hlauschek, M. Schrenk, K. Werner et W. L. Zagler (2011). « Experiences from User Centric Engineering of Ambient Assisted Living Technologies in the Living Lab Schwechat », *Concurrent Enterprising 2011 17th International Conference at Aachen*, p. 1-9, <https://bit.ly/37H2lqq>.

Parker, G. et M. W. V. Alstyne (2005). « Two-Sided Network Effects: A Theory of Information Product Design », *Management Science*, vol. 51, n° 10, p. 1494-1504.

Parker, Kelly A. (1996). « Pragmatism and Environmental Thought », dans E. Katz et A. Light (dir.), *Environmental Pragmatism*, Abingdon-on-Thames, Routledge, p. 21-37.

Pecqueur, B. (2001). « Qualité et développement territorial : l'hypothèse du panier de biens et de services territorialisés », *Économie Rurale*, n° 261, p. 37-49.

Pecqueur, B. (2006). « Quel 'tournant territorial' pour l'économie mondiale globalisée ? », dans J.-L. Klein et C. Tardif (dir.), *Entre réseaux et systèmes, Les nouveaux espaces régionaux*, Rimouski/Montréal, GRIDEQ/CRDT/CRISES, p. 11-26, <https://bit.ly/2Hzmzrt>.

Peirce, C. S. (1879). « Comment rendre nos idées claires », *Revue philosophique de la France et de l'étranger*, quatrième année (tome VII), p. 39-57.

Pénin, J., C. Hussler et T. Burger-Helmchen (2011). « New Shapes and New Stakes: a Portrait of Open Innovation as a Promising Phenomenon », *Journal of Innovation Economics and Management*, vol. 7, n° 1, p. 11-29.

Perrin, J.-C. (1993). *Pour une révision de la science régionale : l'approche en termes de milieux*, Aix-en Provence, Centre d'économie régionale, Université d'Aix-Marseille.

Perroux, F. (1967). « Note sur la ville considérée comme pôle de développement et comme foyer du progrès », *Tiers-Monde*, vol. 8, n° 32, p. 1147-1158.

Pestre, D. (2015). « Savoirs et sciences de la Renaissance à nos jours. Une lecture de longue durée », dans D. Pestre (dir.), *Histoire des sciences et des savoirs*, (tome 3, Le siècle des technosciences, dirigé par Christophe Bonneuil et Dominique Pestre), Paris, Seuil, p. 461-485.

Picard, R. et L. Poilpot (2011). *Pertinence et valeur du concept de « Laboratoire vivant » (Living Lab) en santé et autonomie*, CGIET, Rapport au ministère de l'Économie, des Finances et de l'industrie, juillet, <https://bit.ly/37E81RS>.

Pierson, J. O. et B. Lievens (2005). « Conguring Living Labs for a "Thick" Understanding of Innovation », *Ethnographic Praxis in Industry Conference, American Anthropological Association*, USA, EPIC, nov, p. 114–127, <https://bit.ly/327Mtfx>.

Piette, A. (1996). *Ethnographie de l'action. L'observation des détails*, Paris, Métailié.

Pignot, L. et J.-P. Saez (2017). « Les droits culturels consacrés par la loi : et après ? », *L'Observatoire*, vol. 49, n° 1, p. 9-14.

Pike, A., A. Rodriguez-Pose et J. Tomaney (2017). « Shifting Horizons in Local and Regional Development », *Regional Studies*, vol. 51, n° 1, p. 46-57.

Pikkemaat, B. et K. Weiermair (2007). « Innovation through Cooperation in Destinations: First Results of an Empirical Study in Austria », *Anatolia*, vol. 18, n° 1, p. 67-83.

Pinto, M. de M. et L. Pedruzzi Fonseca (2013). « Profundizando la comprensión de los Living Labs de Brasil », *Revista CTS*, n° 23, vol. 8, p. 231-247.

Piore, M. et Ch. Sabel (1984). *The Second Industrial Divide*, New York, Macmillan.

Plohman, A. (2001). « Videographe », *www.fondation-langlois.org*, <https://bit.ly/32OvAXH>.

Polèse, M. (2012). « À propos de l'extraordinaire diversité (et ouverture) des sciences régionales québécoises (origines et prospective) », *Revue d'Économie Régionale et Urbaine*, vol. 4, p. 513-531.

Pucihar, A., A. Malešic, G. Lenart et M. Kljajić Borštnar (2014). « User-Centered Design of a Web-Based Platform for the Sustainable Development of Tourism Services in a Living Lab Context », dans L. Caporarello, B. Di Martino et M. Martinez (dir.), *Smart Organizations and Smart Artifacts*, NewYork, Sringer, p. 251-266.

Quak, H., M. Lindholm, L. Tavasszy et M. Browne (2015). « From Freight Partnerships to City Logistics Living Labs – Giving Meaning to the Elusive Concept of Living Labs », *Transportation Research Procedia*, vol. 12, p. 461-473.

Raasch, C. et E. von Hippel (2012). *Modeling Interactions between User and Producer Innovation: User-Contested and User Complemented Markets*. Londres, Palgrave McMillan.

Regroupement national des conseils régionaux de l'environnement du Québec (RNCREQ) (2014). *Faire face aux changements climatiques au Centre-du-Québec*, <https://bit.ly/38Fhf1O>.

Rieunier, S. (2002). *Le marketing sensoriel du point de vente*, Paris, Dunod.

Rifkin, J. (1995). *The End of Work*, New York, Putnam Publishing Group.

Ritaine, E. (1987). « Prato ou l'exaspération de la diffusion industrielle », *Sociologie du travail*, n° 2, p. 139-156.

Rits, O., D. Schuurman et P. Ballon (2015). « Exploring the Benefits of Integrating Business Model Research within Living Lab Projects », *Technology Innovation Management Review*, vol. 5, n° 12, p. 19–27.

Robinson, D., J. Bylund, O. Coutard, G. Finnveden, P. Hooimeijer, S. Kabisch, R. Matos, M. Noll, R. Ponds, C. Pronello et J. Riegler (2015). *Transition Towards Sustainable and Liveable Urban Futures*, JPI [Joint programming Initiative] Urban Europe, <https://bit.ly/2u5RWqu>.

Rochet, J. C. et J. Tirole (2003). « Platform Competition in Two-Sides Markets », *Journal of the European Economic Association*, vol. 1, n° 4, p. 990-1029.

Rochman, J., (2008). *Analyse critique de l'application des principes du développement territorial durable dans les zones rurales marginalisées du Brésil*, Thèse de doctorat en aménagement de l'espace et urbanisme, université François Rabelais de Tours, France.

Rochman, J., M. Doyon, J.-M. Fontan, J.-L. Klein, S. Dugré et S. Ducruc (2017a). « L'approche LL et le renouvellement du développement territorial : résultats un projet partenarial », *Revue canadienne des sciences régionales/Canadian Journal of Regional Science*, vol. 40, n° 1, p. 13-21.

Rochman J., J.-L. Klein, M. Doyon, J.-M. Fontan, S. Dugré et S. Ducruc (2017b). « Les living labs : un atout pour la gouvernance des territoires ? », *Revue canadienne des sciences régionales*, vol. 40, n° 2, p. 141-148.

Rodríguez, A. (2002). « Reinventar la ciudad : milagros y espejismos de la revitalización urbana en Bilbao », *Lan Harremanak. Revista de Relationes Laborales*, n° 6, p. 69-108.

Rodríguez, A., L. Vicario et E. Martínez (2005). « Innovación, competitividad y regeneración urbana : los espacios retóricos de la "ciudad creativa" en el nuevo Bilbao », *Ekonomiaz : Revista Vasca de Economía*, n° 58, p. 262-293.

Rojas De Arias, A., S. Duarte Masi, D. Dorigo, F. Arias Rojas, M. C. Vega et M. Rolon (2014). « Living Labs, Spaces for Open iInovation and Technology Transfer. An Alternative to the Solution of Social Problems in Paraguay », *Social Sciences*, vol. 3, n° 3, p. 74-79.

Romero, N., A. Mahmud, S. Beella et D. Keyson (2013). « Towards an Integrated Methodology to Design Sustainable Living Practices », dans J.C. Augusto, J.C Wichert et R. Collier (dir.), *AMI 2013, LNCS*, Heidelberg, Springer, vol. 8309, p. 299-304.

Rufo, B. (2015). *Les ateliers des savoirs partagés*, Rapport d'évaluation, Montréal, Coop Interface.

Rush, G. (2006). « JAD, It's History and Evolution », *MGR Consulting Newsletter*, Juillet, <https://bit.ly/2HE6DUM>.

Santoro, R. et M. Conte (2009). « Living Labs in Open Innovation Functional Regions », *15th International Conference on Concurrent Enterprising.*, <https://bit.ly/2SC5Hqo>.

Sapiro, G., T. Leperlier et M. A. Brahimi (2018). « Qu'est-ce qu'un champ intellectuel transnational ? », *Actes de la recherche en sciences sociales*, n° 224, p. 4-11.

Sauvage, A. (1994). « Villes inquiètes en quête d'Université », dans F. Dubet *et al.* (dir.), *Universités et villes*, Paris, L'Harmattan, p. 211-294.

Sauvageot, A. (1987). *Figures de la publicité, figures du monde*, Paris, Presses universitaires de France.

Scaillerez, A. et D.-G. Tremblay (2017a). « L'activité des Living Labs en faveur du renouvellement des modèles de développement des territoires québécois », *Revue Canadienne des Sciences Régionales*, vol. 40, n° 1, p. 81-86.

Scaillerez, A. et D.-G. Tremblay (2017b). « Coworking, fab labs et living labs, État des connaissances sur les tiers-lieux », *Territoire en mouvement, Revue de géographie et aménagement*, vol. 34, p. 1-17.

Schaffer, S. (1999). « Un monde apprivoisé », *Les Cahiers de Science & Vie*, 1000 ans de sciences, IX-XIXe siècle, les premiers grands laboratoires, n° 51.

Schaffers, H., J. Garcia Guzman et C. Merz (2008). « An Action Research Approach to Rural Living Labs Innovation », dans P. Cunningham et M. Cunningham (dir.), *Collaboration and the Knowledge Economy: Issues, Applications, Case Studies*, Amsterdam, IOS Press, p. 617-624.

Schaffers, H., N. Komninos, M. Pallot, B. Trousse, M. Nilsson et A. Oliveira (2011). « Smart Cities and the Future Internet: towards Cooperation Framworks for Open Innovation », J. Domingue *et al.* (dir.), *Future Internet Assembly*, LNCS 6656, p. 431-446.

Schaffers, H. et S. Kulkki (2007). « Living Labs: A Strategy for Open Innovation Fostering Rural Development », *Asia-Pacific Tech Monitor*, Special Issue on Open Innovation: A New Paradigm in Innovation Management, vol. 9-10, p. 30-38, <https://bit.ly/326g34T>.

Schaffers, H., C. Merz, J. G. Guzman et M. Navarro (2009). « Living Lab and Rural Development: Overview of the C@R Project », *eJOV The Electronic Journal for Virtual Organizations and Network*, vol. 11, p. 1-7, <https://bit.ly/2udz0Gw>.

Schaffers, H. et R. Santoro (2010). *The Living Labs Concept Enhancing Regional Innovation Policies and Instruments*, Rome, ESoCE Net, Via Cortina D'Ampezzo, <https://bit.ly/2HCaeTm>.

Schaffers, H. et P. Turkama (2012). « Living Labs for Cross-Border Systemic Innovation », *Technology Innovation Management Review*, vol. 2, n° 9, p. 25-30.

Schapere, D. (1977). « Scientific Theories and Their Domains », dans Suppe S. F. (dir.) *The Structure of Scientific Theories*, University of Illinois, Chicago.

Scharmer, O. (2012). *Théorie U. Diriger à partir du futur émergent*, Montreuil, Pearson, Éducation, France.

Schneider, R. (2007). « Jardins et Pavillons dans la Chine des Ming », dans C. Jacob (dir.), *Lieux de savoir. Espaces et communautés*, Paris, Albin Michel, p. 392-412.

Schön, D. A. (1992). « The Theory of Inquiry: Dewey's Legacy to Education », *Curriculum Inquiry*, vol. 22, n° 2, p. 119-139.

Schön, D. A. (1996). *Le praticien réflexif : à la recherche du savoir caché dans l'agir professionnel*, Montréal, Éditions Logiques.

Schumacher, J. et K. Feurstein (2007a). « Living Labs-the user as co-creator », *ICE 2007 Proceedings*, 13th International Conference on Concurrent Enterprising, Sophia Antipolis, <https://bit.ly/3bQr1jp>.

Schumacher, J. et K. Feurstein (2007b). *Living Labs – A New Multi-Stakeholder Approach to User Integration*, Communication présentée à la 3e International Conference on Interoperability of Enterprise Systems and Applications (I-ESA'07), Funchal, Madeira, Portugal.

Schumacher, J. et V.-P. Niitamo (2008). *European Living Labs - A New Approach for Human Centric Innovation*, Berlin, Wissenschalicher Verlag Berlin.

Schumpeter, J. A. (1934). *Theory of Economic Development: an Inquiry into Profits, Capital, Credit, Interest, and the Business Cycle*, Cambridge, Harvard University Press.

Schumpeter, J. A. (1939). *Business Cycles*. New York, McGraw-Hill.

Schumpeter. J. A. (1975[1942]) *Capitalism, Socialism and Democracy*, New York, Harper.

Schumpeter, J. A. (2005) [1932]. « Development », *Journal of Economic Literature*, vol. XLIII, p. 108-120.

Schuurman, D. (2015). *Bridging the Gap between Open and User Innovation ? Exploring the Value of Living Labs as a Means to Structure User Contribution and Manage Distributed Innovation*, Thèse de doctorat, Ghent University, Faculty of Political and Social Sciences ; Vrije Universiteit Brussel ; Faculty of Economic and Social Sciences, Ghent ; Brussels, Belgium, <http://hdl.handle.net/1854/LU-5931264>.

Schuurman, D., B. Baccarne, L. De Marez, C. Veeckman et P. Ballon (2016). « Living Labs as Open Innovation Systems for Knowledge Exchange: Solutions for Sustainable Innovation Development », *Journal of Business Innovation and Research*, vol. 10, nos 2-3, p. 322-340.

Schuurman, D. et L. De Marez (2009). «User-Centered Innovation: towards a Conceptual Integration of Lead Users and Living Labs », *Proceedings of COST298-conference The Good, The Bad and The Challenging*, p. 13-15. <https://bit.ly/2HyFBOC>.

Schuurman, D. et L. De Marez (2012). « Structuring User Involvement in Panel-Based Living Labs », *Technology Innovation Management Review*, vol. 2, p. 31-38.

Schuurman, D., L. De Marez et P. Ballon (2013). « Open Innovation Processes in Living Lab Innovation Systems: Insights from the LeYLab », *Technology Innovation Management Review,* vol. 3, n° 11. p. 28-36.

Schuurman, D. et P. Tõnurist (2017). « Innovation in the Public Sector: Exploring the Characteristics and Potential of Living Labs and Innovation Labs », *Technology Innovation Management Review*, vol. 7, n° 1, p. 7-14.

Scott, K., J. Quist, J. et C. Bakker (2009). « Co-design, Social Practices and Sustainable Innovation: Involving Users in a Living Lab Exploratory Study on Bathing », *Proceedings of Paper for the "Joint Actions on Climate Change" Conference*, Aalborg, Denmark, p. 8-9.

Senil, N. (2011). « Réordonner l'espace et le temps : Analyse croisée de la mise en patrimoine de la grotte Chauvet et du viaduc de Millau », *Revue de Géographie Alpine | Journal of Alpine Research* [En ligne], vol. 2, n° 99, <https://bit.ly/2P6Otzr>.

Soetanto, D. et M. van Geenhuizen (2011). « Social Network, University Spin-Off Growth and Promises of 'Living Labs' », *Regional Science, Policy and Practice*, vol. 3, n° 3, p. 305-321.

Ståhlbröst, A. (2012). « A Set of Key-Principles to Assess the Impact of Living Labs », *International Journal of Product Development*, vol. 17, n° 1-2, p. 60-75.

Ståhlbröst, A. (2013). « A Living Lab as a Service: Creating Value for Micro-enterprises through Collaboration and Innovation », *Technology Innovation Management Review*, vol. 3, n° 11, p. 37–42.

Ståhlbröst, A. et B. Bergvall-Kåreborn (2008). « FormIT – An Approach to User Involvement », dans J. Schumacher et V.-P. Niitamo, (dir.) *European Living Labs - A new approach for human centric regional innovation*, Wissenschaftlicher Verlag, Berlin, p. 63-76.

Ståhlbröst, A. et B. Bergvall-Kåreborn (2011). « Living Labs - Real World Experiments to Support Open Innovation », dans P. Cunningham et M. Cunningham (dir.), *EChallenges 2011 Conference Proceedings*, IIMC International Information Management Corporation, p. 1-9.

Ståhlbröst, A. et M. Holst (2012). *The Living Lab Methodology Handbook*, Luleå, Luleå University of Technology, Social Informatics, Centre of Distance-spanning Technology.

Steen, K. et E. Van Bueren (2017). « The Defining Characteristic of Urban Living Labs », *Technology Innovation Management Review*, vol. 7, n° 7, p. 21-33.

Storper, M. (1997). *The Regional World. Territorial Development in a Global Economy*, New York, Guilford Press.

Suchman, L. A. (1987). *Plans and situated actions. The Problem of human-machine communication*, NewYork, Cambridge University Press.

Suire, R. (2013). *Innovation, espaces de co-working et tiers-lieux : entre conformisme et créativité* (No. 201308), working paper, Center for Research in Economics and Management (CREM), Université de Rennes 1, Université de Caen et CNRS, <https://bit.ly/38hfZ3W>.

Suire, R. (2015) *La performance des lieux de co-création de connaissances : le cas des FabLab*, Caen, Université de Caen, Centre de Recherche en Économie et Management.

Suriñach, R. (2016). *Les altres economies de la ciûtat. Identificant l'ecosistema d'economies transformadores de Barcelona*, Barcelone, Ajuntament de Barcelona.

Svensson, J., C. I. Eriksson et E. Ebbesson (2010). « User Contribution in Innovation Processes-Reflections from a Living Lab Perspective, *HICSS'10 Proceedings of the 43rd Hawaii International Conference on System Sciences*, p. 1-10, <https://bit.ly/3bQFzj2>.

Talandier, M. et L. Davezies (2009). *Repenser le développement territorial ? Confrontation des modèles d'analyse et des tendances observées dans les pays développés*, Paris, Lavoisier.

Tang T., Z. Wu, M. Hämäläinen et Y. Li (2012b). « From Web 2.0 to Living Lab: an Exploration of the Evolved Innovation Principles, *Journal of Emerging Technologies in Web Intelligence*, vol. 4, n° 4, p. 379-385.

Tang, T., Z. Wu, K. Karhu, M. Hämäläinen et Y. Ji, Y. (2012a). « Internationally Distributed Living Labs and Digital Ecosystems for Fostering Local Innovations in everyday Life », *Journal of Emerging Technologies in Web Intelligence*, vol. 4, n° 1, p. 106-115.

Tether, B. S. et A. Tajar (2008). « Beyond Industry University Links: Sourcing Knowledge for Innovation from Consultants, Private Research Organisations and the Public Science Base », *Research Policy*, vol. 37, n° 9, p. 1079-1095.

Thompson, Paul B. et Thomas C. Hilde (dir.) (2000). *The Agrarian Roots of Pragmatism*, Nashville, Vanderbilt University Press.

Thulemark, M. et A. Hauge (2014). « Creativity in the Recreational Industry. Re-conceptualization of the Creative Class Theory in a Tourism-dominated Rural Area », *Scandinavian Journal of Public Administration*, vol. 18, n° 1, p. 87-105.

Tietenberg, T.H. (1984). *Environmental and Natural Resources Economics*. Glenview, Scott Foresman.

Torre, A. (2015). « Théorie du développement territorial », *Géographie, Économie, Société,* vol. 17, p. 273-288.

Torre, A. (2018). « Les moteurs du développement territorial », *Revue d'Économie Régionale et Urbaine*, n° 4, p. 711-736.

Torre, A. et F. Wallet (2012). « Innovations et gouvernance des territoires ruraux », dans E. Coudel *et al.* (dir.), *Apprendre à innover dans un monde incertain. Concevoir les futurs de l'agriculture et de l'alimentation,* Versailles, Éditions Quae, p. 135-151.

Tremblay, D.-G (2018). « Communities of Practice: New Modes of Collaborating and Networked Learning ? », dans M. Bajić *et al.* (dir), *Proceedings of the 11th International Conference on Networked Learning 2018*, p. 274-287.

Tremblay, D.-G., J.-L. Klein, T. Ben Hassen et A. Dossou-Yovo (2012). « Les acteurs intermédiaires dans le développement de l'innovation : une comparaison intersectorielle dans la région de Montréal », *Revue d'Économie Régionale et Urbaine,* n° 3, p. 431-454

Tremblay, P.-A. (2017). « Innovation sociale en milieu rural : l'exemple de Saint-Camille (Québec) », *Géoregards, revue suisse de géographie*, n° 9, p. 11-25.

Tussyadiah, I. et F. Zach (2013). « Social Media Strategy and Capacity for Consumer Co-Creation among Destination Marketing Organizations », dans L. Cantoni et Z. Xiang (dir.), *Information and Communication Technologies in Tourism 2013*, New York, Sringer, p. 242-253.

Vaillancourt, Y. (2019). « De la co-construction des connaissances et des politiques publiques », *SociologieS* [En ligne], Dossiers, Savoirs savants, savoirs d'action et politiques publiques, <https://bit.ly/3cy9oFp>.

Veeckman, C. et S. van der Graaf (2014). « The City as Living Laboratory: A Playground for the Innovative Development of Smart City Applications », *Technology Innovation Management Review*, vol. 5, n° 3, p. 6-17.

Veltz, P. (2010). *L'Économie de la connaissance et ses territoires*, Paris, Hermann.

Vinck, D. (1999). « Les objets intermédiaires dans les réseaux de coopération scientifique. Contribution à la prise en compte des objets dans les dynamiques sociales », *Revue française de sociologie*, vol. 40, n° 2, p. 385-414.

Vinck, D. (2007). *Sciences et société : sociologie du travail scientifique*, Paris, Armand Colin.

Voisard, A. (2018). « Philosophie pratique de milieux : à l'écoute des perspectives sur les changements climatiques », *Milieu(x)*, n° 4, p. 13-18.

vom Brocke, J., A. Simons, B. Niehaves, K. Riemer, R. Plattfaut et A. Cleve (2009). « Reconstructing the Giant: On the Importance of Rigour in Documenting the Literature Search Process », *Proceedings of the 17th European Conference on Information Systems* (ECIS 2009), Verona, Italy, p. 2206-2217, <https://aisel.aisnet.org/ecis2009/161>.

Von Hippel, E. (1986). « Lead Users: a Source of Novel Product Concepts », *Management science*, vol. 32, n° 7, p. 791-805.

Von Hippel, E. (1998). « Economics of Product Development by Users : the Impact of "Sticky" Local Information », *Management Science*, vol. 44, n° 5, p. 629-644.

Von Hippel, E. (2005). *Democratizing innovation*, Cambridge, MIT Press.

Von Hippel, E. et R. Katz (2002). « Shifting Innovation to Users via Toolkits », *Management Science*, vol. 48, p. 821-833.

Voytenko, Y, K., McCormick, J. Evans et G. Schliwa (2016). « Urban Living Labs for Sustainability and Low Carbon Cities in Europe: towards a Research Agenda », *Journal of Cleaner Production*, vol. 123, n° 1, p. 45-54.

Want, R. (2010). « An introduction to ubiquitous computing », dans J. Krumm (dir.), *Ubiquitous Computing Fundamentals*, Boca Raton, CRC Press, p. 1-35.

Weiser, M. (1991). « The Computer of the 21st Century », *Scientific American*, vol. 265, n° 3, p. 66-75.

Weiser, M. (1993). « Some Computer Science Issues in Ubiquitous Computing », *Communications of the ACM*, vol. 36, n° 7, p. 75-84.

Weiser, M., R. Gold et J. S. Brown, (1999). « The origns of Ubiquitous Computing Research at PARC in the Late 1980s », *IBM Systems Journal*, vol. 38, n° 4, p. 693-696.

Welfens, M. J., C. Liedtke, H. Rohn et Julia Nordmann (2010). « Living Lab: Research and Development of Sustainable Products and Services through User-Driven Innovation in Experimental Oriented Development », ERSCP-EMSU conference, octobre, Delft, Pays-Bas, p. 25-29, <https://bit.ly/39LX1DO>.

Westerlund, M. et S. Leminen (2011). « Managing the Challenges of Becoming an Open Innovation Company: Experiences from Living Labs », *Technology Innovation Management Review*, vol. 1, n° 1, p. 19-25.

Westerlund, M. et S. Leminen (2014). *The Multiplicity of Research on Innovation through Living Labs*, Paper presented at The XXV ISPIM Conference – Innovation for Sustainable Economy & Society, Dublin, Ireland, 8-11 juin 2014.

Zara, O. (2008). *Le management de l'intelligence collective*, Paris, M21 éditions.

Zhong, X., H. H. Chan, T. J. Rogers, C. P. Rosenberg et E. J. Coyle (2006). *eStadium – The "Living Lab"*, 25th Conference on Computer Communications (INFOCOM 2006), Barcelone, Espagne, 23-29 avril.

Zorrotzaurre Art Work (ZAWP) (2020). *Qué hacemos*, <https://www.zawp.org/que-es-zawp/>.

Zubero, I. (2012). « Primero tomaremos Manhattan : regeneración urbana, insurgencias ciudadanas y emergencias culturales en Zorrotzaurre », *Urban*, n° 3, p. 65-80.

Index

D

E

L

M

N

O

P

R

S

T

U

V

Les auteurs

Raphaël Besson, aménageur et urbaniste, est directeur du bureau d'étude « villes et innovation », Madrid (Espagne) et Grenoble (France).

Marie-Joëlle Brassard est chercheure sénior au Centre d'innovation en agriculture du Cégep de Victoriaville (CISA) et détient un doctorat en développement régional de l'Université du Québec à Chicoutimi (UQAC).

Denis Bussières est docteur en sociologie et agent de recherche au Centre de recherche sur les innovations sociales (CRISES).

Jean Corneloup, sociologue, est maître de conférences, HDR, université de Clermont-Ferrand et chercheur au laboratoire Politiques publiques, ACtion politique, TErritoires (PACTE), université Grenoble Alpes.

Mélanie Doyon est professeure au Département de géographie de l'Université du Québec à Montréal (UQAM) et membre du Centre de recherche sur les innovations sociales (CRISES).

Sandrine Ducruc a été chargée de projet au Centre d'Innovation sociale en agriculture du Cégep de Victoriaville (CISA) jusqu'en 2018. Elle détient une maîtrise en science de l'environnement de l'Université du Québec à Trois-Rivières (UQTR).

Simon Dugré est directeur du Centre d'innovation sociale en agriculture du Cégep de Victoriaville (CISA).

Santiago Eizaguirre est enseignant-chercheur de sociologie à l'université de Barcelone et détient un doctorat portant sur l'innovation sociale et la gouvernance urbaine.

Katia Fersing est ethnologue, chargée de cours, conférencière et formatrice. Elle est chercheuse associée au laboratoire Patrimoines locaux et gouvernance de l'Institut français de recherche pour le développement (IRD).

Jean-Marc-Fontan est professeur au Département de sociologie de l'Université du Québec à Montréal (UQAM), chercheur au Centre de recherche sur les innovations sociales (CRISES) et codirecteur du Laboratoire montréalais de recherche sur la philanthropie canadienne (PhiLab). Il est également directeur de la Chaire de recherche UQAM sur la méthodologie et l'épistémologie de la recherche partenariale.

Claude Janin, géographe, est chercheur associé au laboratoire Politiques publiques, ACtion politique, TErritoires (PACTE), université Grenoble Alpes.

Juan-Luis Klein, détenteur d'un doctorat en géographie de l'Université Laval, est professeur titulaire au Département de géographie de l'Université du Québec à Montréal (UQAM) et membre du Centre de recherche sur les innovations sociales (CRISES).

David Guimont détient une maîtrise en Planification du tourisme de l'Université du Québec à Montréal (UQAM). Il est chercheur et facilitateur au Living Lab en Innovation ouverte du Cégep de Rivière-du-Loup.

Danielle Lafontaine est professeure associée au Département Sociétés, Territoires et Développement de l'Université du Québec à Rimouski (UQAR). Elle est aussi chercheuse au sein du Groupe de recherche interdisciplinaire sur le développement régional de l'Est du Québec (GRIDEQ) et au Centre de recherche sur le développement territorial (CRDT).

Dominic Lapointe est professeur au département d'Études urbaines et touristiques de l'École supérieure de gestion (ESG) de l'Université du Québec à Montréal (UQAM) et responsable du Groupe de recherche tourisme, territoire et société (GRITTS).

Bernard Pecqueur est économiste, aménageur et professeur émérite de l'Institut de géographie alpine (IGA) à l'Université Grenoble Alpes et chercheur au laboratoire Politiques publiques, ACtion politique, TErritoires (PACTE).

Juliette Rochman détient un doctorat en Aménagement de l'espace et urbanisme (université François Rabelais de Tours). Elle est professionnelle de recherche.

Arnaud Scaillerez est professeur en gestion des ressources humaines à l'Université de Moncton et docteur en gestion des ressources humaines de l'université des sciences et technologies de Lille.

Diane-Gabrielle Tremblay est professeure à l'Université TÉLUQ, directrice de l'Alliance de recherche universités-communautés (ARUC) sur la gestion des âges et des temps sociaux et membre du Centre de recherche sur les innovations sociales (CRISES).

Pierre-André Tremblay est docteur en anthropologie. Il enseigne la sociologie et l'anthropologie à l'Université du Québec à Chicoutimi (UQAC). Il est membre du Centre de recherche sur les innovations sociales (CRISES) et du Groupe de recherche et d'intervention régionales (GRIR).

Anthony Voisard est professeur de philosophie à l'Institut de technologie agroalimentaire (Campus de Saint-Hyacinthe) et chargé de cours au Département de Philosophie et d'Éthique appliquée de l'Université de Sherbrooke. Il complète une thèse de doctorat à l'Université de Sherbrooke.

Structures éditoriales du groupe L'Harmattan

L'Harmattan Italie
Via degli Artisti, 15
10124 Torino
harmattan.italia@gmail.com

L'Harmattan Hongrie
Kossuth l. u. 14-16.
1053 Budapest
harmattan@harmattan.hu

L'Harmattan Sénégal
10 VDN en face Mermoz
BP 45034 Dakar-Fann
senharmattan@gmail.com

L'Harmattan Cameroun
TSINGA/FECAFOOT
BP 11486 Yaoundé
inkoukam@gmail.com

L'Harmattan Burkina Faso
Achille Somé – tengnule@hotmail.fr

L'Harmattan Guinée
Almamya, rue KA 028 OKB Agency
BP 3470 Conakry
harmattanguinee@yahoo.fr

L'Harmattan RDC
185, avenue Nyangwe
Commune de Lingwala – Kinshasa
matangilamusadila@yahoo.fr

L'Harmattan Congo
67, boulevard Denis-Sassou-N'Guesso
BP 2874 Brazzaville
harmattan.congo@yahoo.fr

L'Harmattan Mali
Sirakoro-Meguetana V31
Bamako
syllaka@yahoo.fr

L'Harmattan Togo
Djidjole – Lomé
Maison Amela
face EPP BATOME
ddamela@aol.com

L'Harmattan Côte d'Ivoire
Résidence Karl – Cité des Arts
Abidjan-Cocody
03 BP 1588 Abidjan
espace_harmattan.ci@hotmail.fr

L'Harmattan Algérie
22, rue Moulay-Mohamed
31000 Oran
info2@harmattan-algerie.com

L'Harmattan Maroc
5, rue Ferrane-Kouicha, Talaâ-Elkbira
Chrableyine, Fès-Médine
30000 Fès
harmattan.maroc@gmail.com

Nos librairies en France

Librairie internationale
16, rue des Écoles – 75005 Paris
librairie.internationale@harmattan.fr
01 40 46 79 11
www.librairieharmattan.com

Lib. sciences humaines & histoire
21, rue des Écoles – 75005 Paris
librairie.sh@harmattan.fr
01 46 34 13 71
www.librairieharmattansh.com

Librairie l'Espace Harmattan
21 bis, rue des Écoles – 75005 Paris
librairie.espace@harmattan.fr
01 43 29 49 42

Lib. Méditerranée & Moyen-Orient
7, rue des Carmes – 75005 Paris
librairie.mediterranee@harmattan.fr
01 43 29 71 15

Librairie Le Lucernaire
53, rue Notre-Dame-des-Champs – 75006 Paris
librairie@lucernaire.fr
01 42 22 67 13